该书受江南文化与大运河文化带建设研究课题《大运河文化的整体性传承利用研究》（JUSRP12093）项目资助。

| 光明社科文库 |

大运河无锡段文化遗产
及其保护实践

连冬花◎著

光明日报出版社

图书在版编目（CIP）数据

大运河无锡段文化遗产及其保护实践 ／ 连冬花著
. −−北京：光明日报出版社，2022. 11
ISBN 978−7−5194−7019−7

Ⅰ. ①大… Ⅱ. ①连… Ⅲ. ①大运河—文化遗产—保
护—研究—无锡 Ⅳ. ①K928. 42

中国版本图书馆 CIP 数据核字（2022）第 244785 号

大运河无锡段文化遗产及其保护实践
DAYUNHE WUXIDUAN WENHUA YICHAN JIQI BAOHU SHIJIAN

著　　者：连冬花

责任编辑：李　倩　　　　　　　　责任校对：李壬杰　李佳莹
封面设计：中联华文　　　　　　　责任印制：曹　净

出版发行：光明日报出版社
地　　址：北京市西城区永安路 106 号，100050
电　　话：010-63169890（咨询），010-63131930（邮购）
传　　真：010-63131930
网　　址：http：//book. gmw. cn
E - mail：gmrbcbs@ gmw. cn
法律顾问：北京市兰台律师事务所龚柳方律师

印　　刷：三河市华东印刷有限公司
装　　订：三河市华东印刷有限公司
本书如有破损、缺页、装订错误，请与本社联系调换，电话：010-63131930

开　　本：170mm×240mm
字　　数：298 千字　　　　　　　印　　张：17. 5
版　　次：2023 年 8 月第 1 版　　　印　　次：2023 年 8 月第 1 次印刷
书　　号：ISBN 978−7−5194−7019−7
定　　价：95. 00 元

序

　　大运河全长近 3200 千米，开凿至今已有 2500 多年，是我国古代创造的一项伟大工程，2014 年被列入《世界遗产名录》。大运河贯通南北、联通古今，形成了河城相生的人居环境、风景如画的各色建筑、精湛超群的手工技艺、不胜枚举的名人故事以及丰富多元的民俗文化，展现出我国劳动人民的伟大智慧和勇气，传承着中华民族的悠久历史和灿烂文明。习近平总书记多次作出重要指示、重要批示，要求我们要保护好、传承好、利用好大运河这一祖先留给我们的宝贵遗产，要古为今用，深入挖掘以大运河为核心的历史文化资源。

　　大运河江苏段延绵南北 790 千米，拥有世界文化遗产 7 个，历史遗迹星列、人文景观众多、文化积淀深厚，孕育滋养了各具特色的名城古镇，不仅是文化带，也是生态带、经济带、城镇带。水韵江苏，流光溢彩成为大运河江苏段的灵动画卷。在《大运河文化保护传承利用规划纲要》《长城、大运河、长征国家文化公园建设方案》中，大运河江苏段被确定为大运河国家文化公园重点建设区。近年来，江苏深化大运河文化保护、传承、利用的顶层设计，在统筹遗产保护、治理修复、文旅融合等多方面发力，制定《江苏省大运河文化保护传承利用规划》《江苏省大运河国家文化公园建设保护规划》，并出台大运河文化遗产保护传承、文化价值阐释弘扬、生态长廊建设、河道水系治理管护、现代航运建设发展、文化旅游融合发展 6 个专项规划，以规划引领保护和高质量建设，打造江苏"美丽中轴"，谱写"千年运河"的现代化篇章。

　　为策应大运河文化带建设战略，江苏省社会科学院根据省委、省政府的部署，在省委宣传部的直接领导和支持下，牵头整合全省研究力量，成立大运河文化带建设研究院，并被批准为江苏省重点高端智库。大运河文化带建设研究院成立以来，聚焦省委赋予的统筹协调指导全省大运河文化带建设研究的职责，坚持理论与实践相结合，从多学科、多角度推进大运河文化研究，不断促进学术交流，打造专业化、理论性与高水平的学术平台，为大运河文化带建设提供了强有力的学术理论和决策咨询支撑。大运河文化带建设研究院不断推动在运河沿线城市、高等院校和相关单位设立研究分院、研究基地等分支机构，指导开展协同创新研究，有力推动了各地方、各部门研究力量的培育、整合与发展，目前已建立12家分院。2019年9月11日，依托江南大学成立无锡分院，下设10个研究中心，主要开展大运河文化带建设的基础研究和应用研究。无锡分院成立以来，深入研究、挖掘整理大运河无锡段沿线历史文化资源，全面推进大运河无锡段的生态、文化、旅游建设等相关研究，多维度传承发展运河文化精神，启动编纂《无锡运河丛书》等富有创新性的工作，全景式重现无锡运河历史，这些工作为挖掘和彰显大运河无锡段的文化特色做出了有益探索。

　　无锡素有"江南水弄堂、运河绝版地"的美誉，是中国大运河江南河段的典型段落。水是大运河的灵魂，岸是大运河的经络，城是大运河的明珠。大运河在无锡"水、岸、城"融为一体，拥有丰富的历史文化遗产，原生态水韵风貌更是冠绝于世。积淀着千余年大运河文化的古桥、古镇、古码头、古驿站、古村落等，底色厚重且熠熠生辉。为了将大运河无锡段建设成为继古开今的璀璨文化带、山水秀丽的绿色生态带和享誉中外的缤纷旅游带，打造大运河文化遗产保护利用的"无锡样板"，无锡在河道治理、水质提升、遗产整理、保护修缮、古镇开发、街区改造、工业遗产再利用等方面做了大量的保护实践工作，清名桥历史文化街区和惠山古镇成为无锡运河遗产保护利用成果的典范。

　　连冬花博士作为大运河文化带建设研究院无锡分院大运河遗产保护与文旅融合研究中心负责人，本书就是立足无锡市对大运河文化遗产的保护管理实践，围绕大运河无锡段的历史变迁与演进，系统挖掘阐释大运河无锡段文化遗产的多重价值，探讨大运河价值挖掘的有限性和保护实践的普遍性问题。在我看来，本书的主要贡献有三个方面：一是以马克思主义理论为指导，从文化遗产学的视角，围绕着大运河与无锡城的关系，以一系列史实论证了大运河与无锡城之间的共生共进关系，揭示了大运河穿城而过的历史演进过程和节点，彰显了大运河无锡段文化遗产的主要特点；二是立足大运河无锡段文化遗产的历史特点，挖掘阐释了大运河无锡段文化遗产的多重时代价值，体现了作者对文化遗产保护价值层面的深入思考，为进一步保护利用大运河文化遗产带来有益启示；三是基于文化遗产的唯一性和脆弱性，作者在对大运河无锡段文化遗产保护实践进行总结和反思的基础上，探讨了大运河文化遗产保护实践的困境与出路。总的来看，本书是将理论和实践相结合的研究成果，统筹兼顾了大运河文化遗产的历史性和时代性，为后来者的研究提供了新的思路，具有较强的理论和实践意义。

　　大运河文化是流动的文化，由点延展到面，逐步形成"文化带"，由器物到精神，日积月累铸就大运河丰富而厚重的精神品格和文化价值。因此，大运河文化研究要秉承广视角、多领域、全方位的方向和方法，既应关注不同区域的运河文化特质，也应着力挖掘、提炼运河文化的总体精神内涵。要不断深入挖掘不同区域的大运河文化多重价值，结合新时代要求传承创新，以文化遗产活化利用推动大运河文化带建设，让大运河成为两岸人民的致富河、幸福河。希望连冬花博士以该书的出版为契机，立足服务大运河文化带建设实践，面向中国大运河文化历史传承、时代创新和未来发展，从中不断撷取理论深厚、论证严密、调研扎实的创新性成果。同时，也希望无锡分院持续为大运河文化带建设提供创新性、探索性、引领性的思想理论支撑，推出更多标志性的大运河文化研究成果，打造特色鲜明的大运河文化研究智库品牌。

江苏省社会科学院院长，大运河文化带
建设研究院院长，教授、博士生导师

2022 年 7 月

前　言

　　文化遗产是一个不断拓展和深化的概念。目前普遍使用的"文化遗产"的概念来自 1972 年联合国教科文组织实施的《保护世界文化和自然遗产公约》（Convention Concerning the Protection of the World Cultural and Natural Heritage）。1999 年，国际古迹遗址理事会发布的《国际文化旅游宪章（重要文化古迹遗址旅游管理原则和指南）》中对文化遗产概念的界定是："文化遗产是在一个社区内发展起来的对生活方式的一种表达，经过世代流传下来，它包括习俗、惯例、场所、物品、艺术表现和价值。文化遗产经常表现为无形的或有形的文化遗产。"

　　文化遗产是文化和遗产的融合，是对遗产内涵、外延的延伸，其研究对象比文物更具有普遍性，不仅包括了物质性的遗存物，也包括了非物质性的工艺、礼仪、风俗等，分为物质和非物质文化遗产。文化遗产包含了文化传统与意识形态元素，凸显了遗产所负载的文化价值及其社会意义。当今社会，文化遗产已经成为社会发展的战略资源。

　　中国的大运河文化遗产是随着中国大运河成为世界文化遗产而出现的概念，是指在大运河开凿、贯通、疏浚、漕运过程中遗留下来的文化遗存，具有层次性和多样性。大运河文化遗产是运河沿线宝贵的财富。为了保护、传承、利用好大运河文化遗产，我国提出大运河文化带建设战略，要求把大运河文化带建设成璀璨文化带、绿色生态带、缤纷旅游带。

　　先有大运河，后有无锡城，无锡是运河沿线唯一一座大运河穿城而过的城市。从运河边的一座小村落到无锡县再到无锡市，无锡和大运河相依相存，共进共盛。运河沿线留下的大量文化遗产，使无锡享有"千里运河、独此一环""江南水弄堂、运河绝版地"的美誉。

　　当无锡段的环城古运河河道和清名桥历史街区成为中国大运河世界文化遗产点后，无锡段运河的文化遗产及其当代价值备受社会各方关注。之前一些学者对于无锡运河的历史、古运河的保护治理、运河沿线的旅游景点、运河的当代开发利用等方面的相关研究成果，已经不能满足大运河文化带建设对运河文化遗产的历史、特点、价值等多方面需求。在价值为本的保护理念及其实践时代，如何从文化遗产学的理论高度认识无锡段大运河文化遗产的价值、大运河文化遗产保护实践及其过程中存在的问题与成因等，就成为无锡段大运河文化带建设的现实需求。

立足于现实需求编撰的本书，共分六章：第一章"无锡段运河历史变迁与演进"。从水网密布孕育运河雏形、吴地勃兴运河界域扩展、时代更迭引动运河蝶变三个方面阐述了无锡城和大运河相依相存的一体关系，展现了大运河和无锡城的共生演变过程。第二章"无锡段运河文化遗产及其文化表征"。从理解文化遗产的内涵入手，分别阐述了无锡段运河沿线的物质和非物质文化遗产的内涵及其文化表征，展示了每一个遗产的特点和存在意义。第三章"无锡段运河文化遗产的显著特点"。概括总结了无锡段运河文化遗产的显著特点：环抱老城龟背形分布、凸显民族工商业特色、表征江南园林民国韵味，以此彰显大运河无锡段文化遗产的特色。第四章"无锡段运河文化遗产的多重价值"。对大运河无锡段文化遗产的历史价值、艺术价值、经济价值、教育价值、生态价值分别进行了阐述，从多个维度挖掘和深化了保护运河文化遗产的时代价值。第五章"无锡段运河文化遗产的保护实践"。阐述了环城运河治理的历史进程，从政府出台政策、引领运河遗产保护实践等五个方面概括总结了无锡市对大运河文化遗产的保护管理实践，从文化遗产学理论和新时代党中央、国务院提出打造大运河文化带建设的重大决策部署要求，探析无锡在大运河保护、传承、利用实践中的现实困境，在分析成因的基础上指出解决对策。第六章"无锡段运河文化遗产保护利用的前景与展望"。提出在科学认识大运河文化遗产保护的时代意义基础上，通过系统整合物质文化遗产资源促进区域协同发展、营造体验式场景驱动非物质文化遗产的保护传承、创新传承方式，用好用活红色文化资源、挖掘建构遗产价值打造无锡特色样本，对无锡段大运河文化遗产的保护利用前景做出展望。

曾经，文化遗产保护是政府的事、社会精英的事。如今，在政府积极倡导全社会共同保护遗产的大背景下，文化遗产的保护利用逐渐受到社会大众的关注。大运河无锡段是无锡人民的民生家园和精神家园，运河文化遗产蕴含着无锡人民的集体记忆，是无锡人民的精神寄托，大运河文化遗产保护利用成效直接与人民群众的生产生活息息相关。运河文化遗产的特色和价值挖掘得越深刻，运河文化遗产的保护和利用就越科学。希望本书能够对高质量保护利用大运河文化遗产起到促进作用，对传播无锡段运河文化、推动无锡人民共同参与运河遗产保护起到引导作用。

目　录
CONTENTS

第一章　无锡段运河的历史变迁与演进 ………………………… 1

第一节　水网密布孕育运河雏形 ………………………… 3

第二节　吴地勃兴运河界域扩展 ………………………… 11

第三节　时代更迭引动运河蝶变 ………………………… 22

第二章　无锡段运河文化遗产及其文化表征 ………………… 41

第一节　物质文化遗产及其文化表征 ………………… 44

第二节　非物质文化遗产及其文化表征 ………………… 82

第三章　无锡段运河文化遗产的显著特点 …………………… 100

第一节　环抱老城龟背形分布 …………………………… 100

第二节　凸显民族工商业特色 …………………………… 125

第三节　表征江南园林民国韵味 ………………………… 148

第四章　无锡段运河文化遗产的多重价值 …………………… 165

第一节　运河文化遗产的历史价值 ……………………… 166

第二节　运河文化遗产的艺术价值 ……………………… 178

第三节　运河文化遗产的经济价值 ……………………… 184

第四节　运河文化遗产的教育价值 ……………………… 192

第五节　运河文化遗产的生态价值 ……………………… 196

第五章　无锡段运河文化遗产的保护实践 …………………… 199

第一节　环城古运河的保护治理进程 …………………… 200

第二节 运河文化遗产的保护管理 …………………………… 205

第三节 运河文化遗产保护实践的现实困境 ………………… 225

第四节 运河文化遗产保护实践困境的出路 ………………… 240

第六章 无锡段运河文化遗产保护利用的前景与展望 ………… **245**

第一节 科学认识大运河文化遗产保护的时代意义 ………… 245

第二节 系统整合物质文化遗产资源促进区域协同发展 …… 247

第三节 营造体验式场景驱动非物质文化遗产的保护传承 … 253

第四节 创新传承方式用好用活红色文化资源 ……………… 257

第五节 挖掘建构遗产价值打造无锡特色样本 ……………… 260

结　语 ……………………………………………………… **262**

参考文献 …………………………………………………… **263**

后　记 ……………………………………………………… **267**

第一章

无锡段运河的历史变迁与演进

"运河（canal）"一词，在国际上通行的含义是"为改良与扩充天然水路而建造的水道。一般是用以促进运输，但早期是为许多特殊目的所设，如排除水泽区的水、灌溉耕种的土地、促进经济发展及改进交通等"①。从世界历史上的运河功能来看，作为人工开挖的河道，其主要功能是交通航运。概括地说，"运河"是为沟通不同河流或海洋，以发展水上运输、综合利用水利资源而开凿的人工河道。

中国不但是世界上少数最早开凿运河的国家之一，而且开挖了世界上最古老的大运河。作为农业古国，中国开凿的运河，总是和农业生产有着千丝万缕的关系。除灌溉、排水、防洪等功效外，航运是其重要功能，这与中国特殊的自然地理关系密切。中国地势西高东低，大多数河流发源于西部高原山区，而后一路向东流入大海。低廉的水上运输在东西方向相对便利，南北方向则困难重重。作为世界大国，中国领土面积广阔，南北跨度大于东西跨度，以水上航运实现南北方的联系是社会发展的现实需求。于是，古人通过人工开挖河道，将自然河流与人工河道相连，运河便出现了。

关于中国最早的运河，学界尚存争议。一种观点认为可能是春秋时期，位于江淮流域的徐国（今江苏泗洪县境）开凿的运河。为了与中原各国交往，需"通沟陈、蔡之间"②，徐国就在沙、汝之间开通运河直接通航，不过，这条运河目前已经无法考证。按照邹逸麟先生的说法，该运河可能是今河南漯河市和周口市之间沟通汝、颍河道的前身。另外一种观点认为鸿沟是最早的运河。《史记》卷二十九《河渠书》曰："自是之后（编者按：指三代之后），荥阳下引河东南为鸿沟，以通宋、郑、陈、蔡、曹、卫，与济、汝、淮、泗会。于楚，西方则通渠汉水、云梦之野，东方则通鸿沟江淮之间。于吴，则通渠三江五湖。于齐，则通菑、济之间。于蜀，蜀守冰凿离碓

---

① 邹逸麟. 舟楫往来通南北［M］. 南京：江苏凤凰科学技术出版社，2018：2.

② 邹逸麟先生在其《舟楫往来通南北》一书中论证了春秋时徐国开凿的沟通陈蔡两国的运河是最早的运河。其证据是郦道元的《水经注·济水》。

（堆），辟沫水之害，穿二江成都之中。此渠皆可行舟，有余则用溉浸，百姓飨其利。至于所过，往往引其水益用溉田畴之渠，以万亿计，然莫足数也。"① 该资料表明，鸿沟是我国最早的运河。

早期在太湖流域开凿的运河②，一条是胥河，起因是吴国为战争需要，可能是由伍子胥负责开凿的。另一条是《越绝书·吴地传》里记载的吴古故水道："吴古故水道，出平门，上郭池，入渎，出巢湖，上历地，过梅亭，入杨湖，出渔浦，入大江，奏广陵。"据后人考证，认为是今从苏州至常州一段江南运河的前身。

"运河"一词，最早出现于北宋："开成二年夏，旱，扬州运河竭"③。"大运河"一词最早出现于南宋，宋人吴自牧的《梦粱录》中有"过东仓新桥入大运河"④ 的表述。

中国既是世界历史上最早开凿运河的国家之一，也是运河数量最多的国家。春秋战国时期，诸侯林立，各国为了军事和经济、政治的交往，有条件的国家都以国家之力开凿运河，发展水运。春秋末期吴国开凿的邗沟，连通了长江、淮河；战国初期魏国开凿的鸿沟，连通了黄河、淮河。长江中下游和中原地区因运河的开凿拥有了水运交通网。秦始皇统一六国后，为了平定南越，开凿了沟通湘江、漓江的灵渠，长江与珠江水系连通。西汉初年定都长安后，开凿了连通渭水和黄河的漕渠。至此，中国运河网络向西延伸到关中平原，向南延伸到珠江流域。如果把之后不同区域的运河相连，运河可以把中国的西北和东南地区连接起来，构成一个庞大的运河网络，这在世界上是十分少有的。

今天所说的中国大运河，包括京杭运河、隋唐运河、浙东运河，是世界上开凿最早、里程最长、工程最大的古代运河，也是至今还在使用的最古老的运河，与长城、坎儿井并称为"中国古代的三项伟大工程"。

隋唐运河以洛阳为中心，北至涿郡（今北京），南至余杭（今杭州），是隋唐统一王朝后，将运河发展到新阶段的产物。隋定都长安后，在长安开广

① 朱偰先生认为鸿沟是中国最早的运河。朱偰.中国运河史料选辑［M］.南京：江苏人民出版社，2017：3.
② 有人认为无锡的泰伯渎是中国最早的运河。
③ 马端临.文献通考［M］//首都师范大学文献研究所.四库家藏：文献通考9［M］.济南：山东画报出版社，2004：51.
④ 吴自牧.梦粱录：第20卷［M］.杭州：浙江人民出版社，1980：109.

通渠。隋炀帝继位后，将都城迁到洛阳，修建以洛阳为中心的大运河成为首要任务，于是，沟通洛阳与江淮之间的通济渠被开凿。大业四年（608年），为了用兵辽东，开凿了从黄河沁水以北到涿郡的永济渠。开皇七年（587年），为了战争的需要，隋在江淮之间开凿了山阳渎，整治了邗沟。大业六年（610年）又开江南河。"至大业六年，西至大兴，北达涿郡（今北京），南至余杭，总长2000多千米的南北大运河，全线畅通。"① 唐代在隋代开凿的南北大运河基础上有一些小的发展，但主要是维护和疏浚工作。

京杭运河成型于元代。元世祖定都北京后，依赖隋唐运河漕运，路程远，消耗大。为了节省时间和物力、财力，需要开通沟通黄河与卫河的运河，另外，需要将运河从通州延伸到北京城。于是，会通河和通惠河分别被开凿，京杭大运河成型，全长1794千米。

浙东运河又名杭甬运河，始建于春秋越国的"山阴故水道"。西晋时，会稽内史贺循主持开挖西兴运河，此后与曹娥江以东运河沟通形成西起钱塘江，东到东海的完整运河。该运河最终西起杭州，跨曹娥江，经过绍兴市，东至宁波市甬江入海口，全长239千米。

中国大运河南起浙江宁波、北至北京、途中经过浙江、江苏、山东、安徽、河南、河北六省以及天津、北京两市，贯通海河、黄河、淮河、长江、钱塘江五大水系，全长3000多千米。其中，无锡段运河属于京杭大运河。

京杭大运河无锡段，北起常州与无锡交界的五牧（今属洛社镇），南到无锡与苏州交界的望亭，全长41千米。其中，无锡城区段自吴桥至下向桥，全长约11千米，是京杭大运河上穿城而过的唯一河段，不仅地形平坦无惊涛之险，而且水源充足流量大，运输安全通航快。无锡段运河在长三角地区特有的航运优势，造就了无锡繁盛的工商业与工商文化。同时，由于开凿历史最久，沿线古朴风貌浓郁，沿河景观丰富，无锡段运河成为中国大运河江南河段的典型段落。

第一节　水网密布孕育运河雏形

无锡，别名梁溪。据无锡历代县志记载，早在汉代便置无锡县，《光绪

---

① 邹逸麟. 舟楫往来通南北［M］. 南京：江苏凤凰科学技术出版社，2018：20.

无锡金匮县志》中引用陆羽的《惠山寺记》："山东峰当周秦间大产铅锡，至汉兴，锡方殚。故创无锡县。后汉有樵客山下得铭云：有锡兵，天下争；无锡宁，天下清"①。无锡便得名于此。

无锡地处长江三角洲平原腹地，北倚长江，南滨太湖。其地形特点是中心沿靠太湖，地势较低，东南北三面沿江靠海，边缘高起，总体好似蝶形洼地。从整体上看，无锡地形多为平原，即南部为水网平原，北部为高沙平原，中部为低地辟成的水网圩田，利于水利通航。无锡位于北纬31°07′至32°02′、东经119°33′至120°38′，属北亚热带湿润季风气候区，雨量丰沛，年雨日可达 130 余天，年降水量在 1400 毫米左右，丰沛的雨水为运河的开凿和航运提供了良好的自然条件。基于无锡的地理位置、气候条件、地形地貌都利于水量积聚，故无锡水网密布，河道众多。无锡市史志办公室在 2017 年编写的《无锡年鉴》中指出，无锡市共有大小河道 3100 多条，总长 2480 千米。市区河道总长 150 千米，平水期水体容积 800 万立方米。太湖为江南水网中心，面积 2338.1 平方千米，总蓄水量为 44.28 亿立方米，年平均量约 52亿立方米，为无锡提供了丰富的地表水量，河道水源补给充足。市区的储量可为 6349 万立方米，年补给量达 6453 万立方米。丰富的水资源为大运河的开挖和航运提供了可观的水资源条件，而中间低周围高的地形内在的要求当地民众需要通过开挖河渠，防洪泄水，防止水患灾害。运河在无锡的出现是先民生存的必然要求。

无锡属于吴地，吴地早在上古时期就有原始部落居住，他们依河而居，一是河流附近土壤相对肥沃，且水中有鱼虾等可供食用，获得生活资料相对容易；二是依水而居便于借舟而行，交通便利。但水量过盛也常常会引发洪涝灾害，危害民众生活。社会存在决定社会意识。现实问题迫使先民们较早形成了挖掘沟渠、疏浚水患的意识。据《尚书·禹贡》记载：江南地区的先民总是"傍河而居"。吴地作为"土惟涂泥"的"荆蛮洪荒之地"，洪水泛滥，地势低湿，海水倒灌，土地泥泞，人民"水行而山处"，与鱼鳖为伍，后经大禹治水，"淮、海惟扬州……三江既入，震泽底定"②。司马迁著《史记·夏本纪》记载：禹治水于吴，"三江既入，震泽致定"③。据《汉书·地

---

① 裴大中，倪咸生，秦缃业，等. 光绪无锡金匮县志 [M] // 卞惠兴. 中国地方志集成：江苏府县志辑 24 [M]. 南京：江苏古籍出版社，1991：45.

② 尚书 [M] // 吴玉贵，华飞. 四库全书精品文存 1. 北京：团结出版社，1997：74.

③ 司马迁. 史记 [M]. 长沙：岳麓书社，1988：9.

理志》，三江是南江、中江、北江，均流经会稽入海。震泽，即为太湖。《周礼·职方式》也有记载："东南曰扬州……其川三江。"[1] 文献中提到的夏禹开挖的"三江"，即沟通长江和太湖的水渠，是唯一能直接沟通长江和太湖的水道。南宋《毗陵志》在关于运河的记载中，也追溯到大禹"通渠贯江湖"的历史。可见，挖沟开渠是太湖流域地区先民的一种生存方式。

大运河无锡段有据可考的历史最早可以追溯到 3200 多年前。

一、江南运河，肇始泰伯渎[2]

据司马迁《史记·吴太伯世家》记载，商末武乙时期，泰伯让贤，和二弟仲雍一起出走，一路南奔，到达了当时被称为"荆蛮"之地太湖畔的梅里，并定居于此。南朝无锡县令刘昭在注《后汉书·郡国志》时最早提出了梅里位于无锡的说法，但目前学术界关于泰伯南奔后具体的目的地还存有很多争议。一种对吴地梅里较普遍接受的说法是，梅里即今距无锡城约 15 千米的梅村。"太伯之奔荆蛮，自号勾吴。"此后，"荆蛮义之，从而归之千余家。立为吴太伯"[3]。泰伯定都梅里，梅里也成为无锡最早的城址。泰伯奔吴后，为当地带来中原地区先进的农耕文化，促进了梅里经济的发展。面对梅里一片沼泽水乡，滨海临湖，河湖密如蛛网的状况，泰伯带领大众开始了整治河网的劳作。他率当地百姓将地面上众多细小的河流挖通汇聚在一起，形成一条"长八十七里，宽十八丈，连通太湖"的主干河流，通过开渠挖沟排泄洪水，促进了农业生产的发展，"数年之间，人民殷富"。后人将此条人工河道称为"泰伯渎"，《光绪无锡金匮县志》中记载："唐刺史孟简尝开之，亦名孟渎"[4]。

泰伯渎，即今天的伯渎河，它是否就是江南运河的起点，学界有各种不

---

① 周礼 [M].陈戍国，点校.长沙：岳麓书社，1989：91.

② 有学者认为，泰伯渎是泰伯带领当地百姓开挖的一条河渠，是为农业生产服务的。不过，对于江南地区最早的具有农田灌溉的水利工程，按照姚汉源先生在《中国水利史纲要》中的说法是位于今绍兴市境内的鉴湖（镜湖），是东汉顺帝永和五年（140 年）会稽（治今绍兴市）太守马臻，因绍兴常受潮水倒灌，山水排泄不畅，平原形成沼泽地，而在原来一些陂塘的基础上修建而成，周长百十里，可灌田九千余顷。

③ 司马迁.史记 [M].长沙：岳麓书社，1988：237-238.

④ 裴大中，倪咸生，秦缃业，等.光绪无锡金匮县志 [M]//卞惠兴.中国地方志集成：江苏府县志辑 24.南京：江苏古籍出版社，1991：57.

同看法①。主要原因是在宋《太平广记》以前的历史文献中没有有关伯渎河的记载，导致在很长的历史时期，学者们对泰伯渎历史的真实性提出了合理的怀疑。随着梅里考古遗址的研究与发掘，有些学者包括民间学者提出并论证了泰伯渎是中国先民最早开凿的运河。若如此，中国运河的开凿历史将会大大向前推进。

2011 年 2 月 17 日，在无锡新吴区梅村举办了中国吴文化源头与梅里古都学术研究会。来自上海、杭州、苏州、绍兴、南通等地 80 多位专家学者，对吴文化源头与梅里古都之间的关系进行了论证，对一直存在不少争议的中国最早的运河——伯渎河予以确认："伯渎河"是商末吴泰伯在梅里建立勾吴国后，为了安身立命，为了农耕灌溉、排洪，率吴地先民开凿的一条人工河流，为江南最早的人工运河。

历史研究求证，遗址考古是最好的说明。2018 年，无锡市文化遗产保护和考古研究所受无锡市文物局委托，对无锡梅村梅里古镇二期工地进行考古勘探。考古工作者对梅村泰伯庙和新友路之间的伯渎河沿河区域进行了考古挖掘，发现了灰坑、灰沟、水井和建筑基址等古遗址以及印纹硬陶、软陶、夹砂陶和原始瓷等文物，文化断代为商代至春秋时期，文化因素兼具马桥、湖熟以及部分中原因素。通过对伯渎河进行抽样考古发掘，在不同遗迹中提取的三个碳样标本碳十四测年数据分别为 3540±30BP、2540±30BP、2150±30BP，早至商代，晚至春秋战国。其结论是土壤为商末堆土，这是一个非常有力的证明。江苏省社会科学院历史研究所专家王健研究员认为泰伯渎是中国最早的运河。他引证民国著名水利史专家武同举所讲："征诸历史，最古为泰伯渎。"并表示："泰伯开凿运河的传说有许多历史资料可考证，有相当的可信度，不可轻易否认。"大运河史专家嵇果煌也在书面发言中，肯定了泰伯渎是中国最早的人工运河的历史地位。大运河史专家蔡桂林说，淡泊名利的泰伯挖运河就是想造福黎民，正是他领导开挖的这条 43.54 千米长的河流，成了华夏历史上名副其实的人工运河的"先河"，是日后"京杭大运河"的"第一筐土"，永垂简编。

不过，伯渎河是否就是江南最早的运河还处于争论中，期待有更多的文

---

① 对于泰伯渎的开凿时间，在《中国水利史纲要》一书中提出是中唐之后开凿的。当时太湖平原临江滨海，多水道湖泊，中间较低，外沿稍高，中部长患水涝。为治理水患，开孟渎、太（泰）伯渎等。

献记载被发现，有更可信的考古事实被挖掘呈现。

二、吴国争霸，修建河道

春秋后期，水路交通在战争中占据重要地位。吴国国境包括今江苏、安徽两省长江以南部分以及环太湖浙江北部，太湖流域是吴国领土的核心。吴国是春秋中后期最强大的诸侯国之一，其国都前期位于梅里（今无锡梅村），后期位于吴（今江苏苏州）。吴王寿梦时期，吴国开始联晋反楚，国力日益强盛，至吴王阖闾、夫差时期，国力达到鼎盛。

吴地向为水乡，河、湖、港、汊较多，吴人习于水上活动，长于水战，从水上进军自然也最为快捷。于是，夫差首先下令将江南原有那些走向不同，深浅不一的河、湖、港、汊，按军事所需要的走向、宽度和深度进行了沟通串联。通过人工开挖河渠为军事提供水上航运。到哀公九年（公元前486年）秋天，开挖河渠工程一直进展到长江以北。对于吴国开凿的河渠，东汉班固在《汉书》中做了稍为全面的记载：禹治洪水"功施于三代。自是之后……西方，则通渠汉川、云梦之际；东方，则通沟江、淮之间；于吴，则通渠三江五湖"①。其中的"通沟江、淮之间"和"通渠三江五湖"，当是吴王夫差所为。而吴王最终完成一系列的通渠工程，是由数段不同阶段的河道组成的。主要有：

胥溪，又称堰渎

春秋末期，吴王阖闾为与楚国争霸，在周敬王十四年（公元前506年），命伍子胥从苏州城胥门向西开挖河道，贯通太湖，这一段称"胥河"，再过太湖达宜兴荆溪，经溧阳、桐汭（在今江苏高淳），又凿通了今东坝与下坝之间的冈阜，再一路通过固城、石臼等湖泊，直达安徽芜湖，最后到达江口，全长达255千米，共称"胥溪"。胥溪的开掘，大大缩短了吴楚之间的水运路程。吴王阖闾利用这条河道，派伍子胥率兵3万人，突然出现在汉水之滨，大举伐楚，取得了胜利。由安作璋先生主编的《中国运河文化史》②（上）中则认为胥河只限于今高淳东坝附近的一条运河，该河的西边有固城湖、石臼湖和丹阳湖，东边有三塔湖、长荡湖、荆溪和震泽。邹逸麟先生根据后人考证，认为胥溪是今从苏州到江阴、常州一段江南运河的前身。

---

① 班固. 汉书［M］. 赵一生，点校. 杭州：浙江古籍出版社，2000：578.
② 安作璋. 中国运河文化史［M］. 山东教育出版社，2006：9.

胥浦

浦为水边或河流入海的地方，胥一般认为指伍子胥。关于胥浦有两种解读，不过都与伍子胥有关。一为地名，为江苏仪征最古老的地名。春秋时期平王七年（公元前 522 年），伍子胥逃楚投吴，前有滔滔江水，后有楚国追兵，在"渔丈人"的舍命帮助下由此地解剑渡江，故得名"胥浦"，即"胥之浦"之意。另一种是胥浦为伍子胥主持挖掘的人工运河，从吴国国都今苏州通向今杭州湾，遗址在今上海金山区。本书指向后一种解读。

吴国为了出海开展对外贸易，越过今杭州湾的一些地区与南边的越国作战，开凿了一条从太湖通向东海的河道。周敬王二十五年（公元前 495 年），吴王又命伍子胥自太湖长泖，接界泾向东，纳惠高、彭港、处士、沥渎等主要河流，在今上海金山与浙江嘉善间，经淀山湖、泖湖到达东海，将这条河道命名为"胥浦"。胥浦是充分利用天然河湖，结合原来的细小河道开挖而成的。

浙东运河

据《越绝书·吴地记》记载，春秋末年，吴灭越国后，为加强对越国的统治和掠夺，吴王阖闾征发吴越百姓开凿了今绍兴至上虞的运河，"山阴故水道，出东郭，从郡阳春亭，去县五十里"。阳春亭位于今绍兴城东五云门外，向东可达曹娥江。可见，这是一条由郡城山阴县（今绍兴）向曹娥江的航道，故水道史称"山阴故道"。

常州府运河

吴王还征召吴地百姓开凿了一条连通长江的水道。它从吴都（今苏州城）出发，向西北经浒墅关、望亭，连接无锡梁溪河、古芙蓉，穿过常州，再经奔牛，至孟河入江，全长 85 千米。由于奔牛以西属宁镇丘陵地带，阜高冈耸，不易开挖，所以转从孟河入长江。此水道后也被作为大运河江南段的肇始之一。它沟通了三江五湖，《史记·河渠书》中可见："此渠皆可行舟，有余则用浸溉"[①]。

通江水道（古江南运河）

吴王还开凿了另一条通江水道，即吴古故水道。这条水道从吴都"出平门（吴都北门，今存），上郭池，入渎，出巢湖，上历地，过梅亭，入杨湖，

---

① 司马迁．史记［M］．长沙：岳麓书社，1988：225.

出渔浦，入大江，奏广陵。"① 其中，巢湖即漕湖，梅亭在今无锡，杨湖可能是阳湖，在今无锡和常州之间，紧邻江南运河，渔浦为今江阴利港。也就是说，这条水道从苏州城北门出发，经过护城河，入巢湖，利用泰伯渎，经过梅村，至杨湖到无锡芙蓉湖，由江阴渔浦进入长江，直达广陵（今扬州）。夫差在开邗沟前疏通了这一条水道。

练湖

练湖又名练塘、丹阳湖等，在今丹阳城北，临江南运河。西晋惠帝末，陈敏割据江东（305—307 年），令其弟陈谐修练湖。当时筑堰拦七十二山溪水成塘，周长 60 千米，灌田数百顷，后来兼有蓄山洪、济运的作用。湖水以接济江南运河为主。"湖水放一寸，河水长一尺"，为江南著名的济运水柜。

练渎

此河发源于太湖包山（一说太湖鸿鹤山），西南入平湖，北通官渎。相传为吴王训练水军而开。而释文鉴的《洞庭记》中认为是吴王游西湖归来，路过此地，见这条河道"洁白如练，景之涵空"，故称作"练渎"。

邗沟

吴国最后两位君主阖闾、夫差为北上攻打齐国，实现称霸中原的野心，在疏浚江南通江水道之后，沟通长江与淮河两大水系，以便运兵北上。周敬王三十四年秋（公元前 486 年），吴王在长江北岸（今扬州市西北）蜀冈尾闾修建邗城，并在城下开凿运河，《左传·哀公九年》记载："吴城邗，沟通江、淮"②。夫差动用过江的 5 万兵力，加征当地民夫 3 万多人，从邗城西南引江水，在蜀冈下掘深沟叫邗溟沟，再向东北通射阳湖（射陂）叫渠水，折向北，至末口（今淮安）通淮河。《水经注》说，"中渎水自广陵北出武广湖东，陆阳湖西。二湖东西相直五里，水出其间，下注樊梁湖，旧道东北出，至博芝、射阳二湖，西北出夹耶，乃至山阳矣。"③ 清乾隆的《淮安府志》卷六《运河志》曰："春秋时，吴将伐齐于邗江筑城穿沟，曰渠水。首受江于江都县，县城临江，北至射阳入湖。杜预云：自射阳西北至末口入淮，通运道。其水乃自南而北，非自北入南也。"④ 这是最早通江淮的水利

① 袁康. 越绝书 [M]. 北京：商务印书馆，1937：8.

② 左丘明. 左传 [M]. 蒋冀骋，点校. 长沙：岳麓书社，2006：348.

③ 杨守敬. 水经注疏卷三三〇：淮水 [M]. 南京：江苏古籍出版社，1989：2557-2558.

④ 朱偰. 中国运河史料选辑 [M]. 南京：江苏人民出版社，2017：6.

工程。

而关于江南运河与邗沟的关系一开始也并不明晰。从最早的典籍上看，当时所称的江南河并不包括邗沟，两者分别是以长江为界的两条河，长江以南称江南河，以北称邗沟。但到了宋代，这种说法开始发生变化，北宋元丰时，朱长文编撰的《吴郡图经续记》中称"苏常运河为古邗沟"，而南宋咸淳时的《毗陵志》中却称"实则古邗沟乃淮阳间运河，与江以南运河无涉也"。与此同时，邗沟的概念在历史演变中也产生了畸变，演变到后来实有大小概念之分，大邗沟即为吴王夫差北伐中原所经水道的总称，囊括了江淮之间的运河和江南运河；而小邗沟则是单指江北沟通江淮之间的邗沟。在明代水利专家张国维所著的《吴中水利书》中所列的无锡县图中也出现了"邗沟"，文字部分记载的无锡县境内运河支流双河分支也有"北邗沟""南邗沟"等称号。而这些称号在明清县志中出现过，因此关于江南运河和邗沟的关系就更加众说纷纭，难以厘清。本书所要探讨的无锡段运河，在历史上应该既是江南运河的一部分，也是曾经被当作邗沟的一部分。

鲁哀公十一年（公元前484年）五月，吴国联同鲁国向齐国发起进攻，齐国大败于艾陵。据《国语·吴语》记载："十二年，遂伐齐……吴王夫差既杀申胥，不稔于岁，乃起师北征。阙为深沟，通于商、鲁之间，北属之沂，西属之济，以会晋公午于黄池。"而据后世史学家考证，吴王夫差正是在原有邗沟的基础上再次掘深，从而得以雷霆出击，大败齐国。

此外，吴国开凿修建的运河还有百尺渎、间江等。吴国开凿的运河，不仅对吴国的北上称霸和自身国力发展起到了至关重要的作用，而且成为今天大运河及其支流的雏形。

三、整合河道，运河雏形

无锡段运河的雏形，与春申君在吴地大兴水利有关。一直以来，在沿太湖低洼沼泽地带，由于地势低平，不仅取土困难，而且常发生水涝灾害，因此河道的挖掘与河堤的堆筑往往同时进行，堤成河就。修建河道，不仅能够解决积涝问题，而且易于沿河堤布设围（圩）田，进行农耕垦殖。越灭吴后，在统治吴地的140多年里，广泛利用吴国时期挖掘的河道，促进了太湖流域水利设施的发展，圩田范围不断扩大，逐渐向苏州东面和南面的沼泽地带大幅推进，围垦的范围和围田的技术也得到了长足发展。与此同时，在太湖低洼地区初步形成了特色的人文地理景观：围（圩）田和水网。围（圩）

田和水网的存在有利于运河的形成。

楚考烈王十五年（公元前 248 年），春申君黄歇被封江东，封地内共 52 城，以故吴墟为都。为方便吴地治理，他大兴水利，治理三江，再次对苏锡之间的水道加以整治。《越绝书》记载："无锡湖者，春申君治以为陂，凿语昭渎以东到大田。田名胥卑。凿胥卑下以南注太湖，以泄西野。去县三十五里。"① 这为江南运河苏州至无锡段及无锡北段的形成奠定了基础。同时，《越绝书》又记载"无锡历山，春申君时盛祠以牛，立无锡塘，去吴百二十里"。清代周有壬的《锡金考乘》中有云："据言立者是塘岸之塘，非蓄水之塘，可知疑无锡塘，即无锡湖之堤岸。"据此可以推测无锡塘即春申君治芙蓉湖所筑堤岸，芙蓉湖在历史变迁中水域面积一度缩小，其中一段成为今天的无锡段运河，无锡塘变成了无锡段运河最早可追溯的堤岸。无锡塘对无锡段运河文化影响深远，数千年来，无锡人一直把运河两岸称为塘而非堤，运河也被称为塘河，北塘、南塘即为北门塘、南门塘。

在吴王夫差陆续修建运河的基础上，秦代也曾对吴地的河道有过开凿，秦凿丹徒及曲阿冈阜，最早的记载是三国时张勃的《吴录》，但其中提到的河流不能确定是否与后来形成的京杭运河有关。秦始皇三十七年（公元前 210 年），秦始皇东巡会稽。据《越绝书·吴地传》记载，为了这次出巡，曾从苏州至杭州"治陵水道到钱塘越地，通浙江"。这便是日后的江南运河苏杭段（或为杭嘉段）。

第二节　吴地勃兴运河界域扩展

苏南先民活动可以上溯到五千年以前，今昆山等地已发现了多处远古时代先民生活的遗迹。《文汇报》（1995 年 9 月 8 日）报道考古工作者在昆山张浦赵陵山遗址，发现距今五千年前的良渚文化早期遗存，有数项重要发现。不过，当时苏南的社会组织、政治文化不及北方发达。因江南地区水网纵横，交通不便，人们大多分散而居，到春秋战国时期，虽有著名的吴楚之役、吴越之争、吴师北上等大规模军事行动，但留在史籍上的居民集聚点，除了吴都之外，不过是三三两两的"邑"（《周礼》：四井为邑），如延陵、

---

① 袁康. 越绝书［M］. 北京：商务印书馆，1937：12.

平陵、云阳等。

秦朝开始，苏南地方上有了郡县两级地方行政设置。第一批为吴、娄、阳羡、云阳四个县，隶属于会稽郡。汉承秦制，在原来的郡县规划上进行细分，会稽郡领26县，在苏南置有吴、娄、无锡、阳羡、毗陵、曲阿六县，这是无锡由村到县的历史起点。

中国古代的郡县，在魏晋之前，重心全在黄河流域。南北朝之后，由于北方地区战乱频繁，大量的人口南迁，长江流域得以开垦，经济得以发展，中国经济发展逐渐南移，长江中下游地区逐渐成为中国重要的经济区。无锡作为苏南地区的重要区域，依靠着地理优势，社会经济也得到发展。到东汉中期，会稽郡被分拆，其中一部分划归吴郡，会稽郡移治山阴，无锡归吴郡治理。

三国时期，孙吴政权统辖吴地。《宋书·州郡志》记载，吴分溧阳为永平县，西晋又改永平县为永世县，吴时分无锡以西为毗陵典农校尉，溧阳与无锡两县为屯田。[①] 但两县区划并未打散，据《三国志·吴书》（传十一）记载，孙权把无锡、娄、毗陵、由拳四县封给朱治作奉邑，朱治领四县租税，孙权又把溧阳、怀安、宁国三县封给吕范作奉邑。这又似乎证明无锡、溧阳两县区划仍存，仅仅是省去了两县的民政机关而已。

无锡县城起于西汉时期。[②] 据文献记载，当时无锡县城在惠山之东，古运河与梁溪河之间，即今无锡老城区的西北部。无锡县分子城和罗城两城，都为夯土筑成。子城位于古运河西侧、梁溪河东侧的两河交界处，即旧志所说的"东接运河，西距梁溪"。东汉《越绝书》记载："无锡城周二里十九步，高二丈七尺，门一楼四。其郭十一里二十八步，墙高一丈七尺，门皆有屋。"[③] 其中提到的无锡城应是子城，或称内城，郭即外城。城设四正门：东为熙春门，南为阳春门，西为梁溪门，北为莲蓉门，门皆有屋。

从城市发展的一般规律来看，一般先有子城，再有外城，从无锡子城的位置来看，该城应是在江南运河无锡段产生之后，民众依河而居，聚落成城。《汉书·沟洫志》记载："或久无害，稍筑室宅，遂成聚落。"可见，无锡城的形成，是依河流而扩展成形的，这种格局深刻影响了无锡城的未来发

---

① 胡阿祥. 宋书州郡志汇释 [M]. 合肥：安徽教育出版社，2006：131.

② 宗菊如、周解清主编的《无锡通史》一书中认为，无锡设县应是秦朝。西汉时的无锡县是对秦设无锡县的承继。

③ 袁康. 越绝书 [M]. 北京：商务印书馆，1937：11.

展，以至塑造了运河穿城而过的特有样态。现代历史地理学者王维屏甚至提出"无锡内城的兴建，最早当在秦代，其产生和发展与水运有关"。但汉朝以前，无锡也曾有过吴国的吴城，黄歇的黄城，而今却难以发现其遗址或痕迹，它们是否是无锡城的前身，尚待考证。但不可辩驳的事实是，无锡在历史演进过程中的地理位置并未发生太大改变。只是随着政治经济的发展，无锡县的版图疆域、人口规模、河道治理等都呈一种动态扩展形态，原有的县城不断沿着运河向四周延伸扩展，直到呈现民国末年的格局。

从汉代到隋朝，江南运河最重要的成就是确定了京杭大运河的基本线位，完成了南北水系的沟通并实质性地创造出"漕运"这一经济制度。江南运河涉及太湖、钱塘江两个水系，丰富的水利资源和富庶的鱼米之乡，使各朝各代均非常重视江南地区对国家政权的重要意义。运河的开凿、疏浚、整治等都是国家的大事。无锡所在的运河河道，因其地理位置的重要性，在历史变迁中不断发展着，无锡也随运河的兴盛而发展着。

一、运河延伸扩展连通

传统社会，开凿运河是国之大事。早期开凿的运河，大多因军事或农田所需。由于技术有限，且受"天人合一"理念的指导，我国传统社会的运河，一般是在最大限度利用天然河道的基础上，将人工河道与自然河道连接而成。故我国的大运河绝不可能一次性完成，也不可能是一个朝代独立完成的，而是在不同历史时期，将不同的河段逐渐串联贯通而成的。早在春秋战国时期，各诸侯为了争霸，先后开凿了"吴古故水道"、邗沟、鸿沟等运河。这些运河不仅长度有限，而且仅限于本国一定的区域内，但就是这些一段一段的运河，为全国性运河的开凿奠定了基础，打开了连通之门。

秦汉统一诸侯各国后，不仅继承了这些运河，而且还开凿了新的运河，如秦朝开凿了沟通湘江和漓江的灵渠，将运河水网延伸到中国南部。与此同时，运河开凿技术得以发展。魏晋南北朝时期，虽是民族分裂局面，但由于战争频繁，为了军事作战需要，开凿的运河反而有增无减，属于中国运河史上的特殊历史时期。

江南地区，水网密布，不仅开凿运河相对容易，而且因运河的交通运输功能远大于北方，故不同段落的运河更容易连通通航。东汉建安十三年（208年），吴地郡主孙权从吴都迁都于京口（镇江），此后又迁至建业（南京），但其主要经济区在太湖流域。为了运送物资交通便捷，开凿了自吴

（苏州）至京口的水道。同时又命令岑昏整治了丹徒至丹阳的水道。《南齐书》记载："自今吴县舟行，过无锡、武进、丹阳至丹徒水道，自孙氏始。"① 但太湖流域的行船都由京口（今镇江）出长江，沿此路去建业，需要绕道长江面最宽的扬州、镇江的河段，路途不顺且有风涛之险，船只容易受损。赤乌八年（245 年），遣校尉陈勋作屯田，发兵 3 万，开凿句容中道，称破冈渎，自小其至云阳城，以通吴会船舰，与江南运河相连，太湖流域的船只经此道便直达建业（后名建康，今南京），成为通往建业城的运输干线。因经茅山北麓一条山道，沿途冈峦起伏，故将此段运河称破冈渎。破冈渎穿越了镇江，实现了与江南运河的连通。

东晋元帝年间（317—323 年），"晋时江南运河出京口，因水涸，奏请立丁卯埭"。据《晋书》记载，东晋成帝咸和年间（326—334 年），"吴兴太守修沪渎垒，以防海潮，百姓赖之"②。沪渎垒在今青浦县东北旧青浦镇西之沪渎村。《齐书·地理志》中也说"丹徒水道，入通吴（苏州）、会（绍兴）。"江南运河已经成为上至国家政权，下至江南黎民百姓都依赖的一种生产生活方式。河道沟通越宽广，其功能就越重要。

运河的开凿、连通和治理在历史进程中常常呈现一体化趋势。江南运河由于贯穿了江南经济区，运河的治理同样具有重要意义。《唐书·地理志》中提到常州武进县在五代至两宋的情况：江南运河，五代十国时，南唐、吴越曾有修建，北宋未放松。南宋更重视，成为主要运河。③ 可见，江南运河无论在哪个朝代，其重要性都不言而喻。此外，通过其他文献记载还可以看到，当时在天然水道修筑的堰埭等渠化建筑物数量也是可观的。如《南齐书·顾宪之传》中记载，梁代废破冈渎，别开上容渎，自句容县东南五里分流，一支向东南 30 里至丹阳境，有 16 堰埭，另一支向西南 26 里，有 5 埭。陈代又废上容，修复破冈渎。④ 到隋代，《资治通鉴·隋纪》中载：开皇九年（589 年）"陈国皆平。诏建康城邑宫室并平荡耕垦，更于石头置蒋州"⑤。

隋开皇九年（589 年），隋灭陈朝，结束了南北朝长期分裂割据的局面，

---

① 萧子显. 南齐书：卷一~卷五九 [M]. 陈苏镇，等标点. 长春：吉林人民出版社，1995：138.

② 房玄龄，等. 晋书：卷三七~卷八一 [M]. 长春：吉林人民出版社，1995：1206.

③ 欧阳修. 百衲本二十四史：新唐书 7 [M]. 北京：商务印书馆，1936：141.

④ 萧子显. 南齐书：卷一~卷五九 [M]. 陈苏镇，等标点. 长春：吉林人民出版社，1995：438.

⑤ 司马光. 资治通鉴 [M]. 太原：三晋出版社，2008：127.

实现了国家的统一。此时的江南地区，不仅是全国的三大经济区域之一，物资丰富，而且文化也有了较大发展，江南士绅对社会的影响力不容小觑。如何将江淮地区的物资运送到北方都城，如何真正实现对江南地区的政治统治，成为隋朝的国之大事。为此，隋炀帝下令疏浚江南运河，这是自江南运河开凿以来最大规模的一次整修。《资治通鉴》卷一百八十一《隋纪五》和清嘉庆《丹徒县志》中都有记载："大业六年十二月，敕穿江南河，自京口至余杭，八百余里，广十余丈，使可通龙舟，并置驿宫、草顿，欲东巡会稽。"①隋炀帝是否实现了其"东巡会稽"的目的，没有实际的确证，但江南运河被疏浚后，大大便利了漕运运输，也促进了江南地区的发展。

隋炀帝开通江南运河，从历史的角度看，这一举措确实是综合考虑的结果。首先，在经济方面，由于隋朝时期三吴地区发展迅速，重开江南运河之前，这里已经成为可以和中原地区并驾齐驱的又一经济重心地区，粮食及丝织品等物资对隋朝统治者有着巨大的吸引力。为了巩固统一，隋炀帝决心把三吴地区的财富集中到北方地区，这是重开江南运河的经济原因；其次，在军事方面，隋炀帝在开通永济渠后，他需要发三吴兵征讨高丽。《资治通鉴》记："大业九年（613 年）七月，再发三吴兵征高丽。"②再加上隋灭陈后，陈所在的地区很不稳定，需要加强控制；再次，在政治方面，隋朝需要增强对江南地区的政治影响力，提高其向心力，保证隋朝政权的稳定；最后，在文化方面，在南北朝之后，随着北方文化的不断影响渗透，江南文明逐渐进入发展时期，一些江南士绅不仅在经济上拥有一定实力，而且在思想文化上起着引领或影响江南地区发展方向的作用。基于种种原因，隋朝统治者迫切需要通过沟通江浙的水利交通方式，实现对江南地区的掌控。江南运河开凿历史已久，实现全线贯通是历史发展的必然趋势。

无锡位于江南运河的中心位置，通过江南运河，它连通了西北方向的常州、京口，乃至帝都洛阳，向南连接了东南方向的苏州和杭州，可谓"左姑苏而右南徐，引蠡湖而控申江"（见王仁辅《无锡志·卷四》）。具体来说，无锡境内的江南运河从西北的五牧一直到东南的望亭，全长虽仅 40.8 千米，但东南各地往来不绝的漕船都要经过无锡西，才可至润州，再溯江北上直达京城。同时，无锡又滨江临湖近海，境内水道四通八达，水运便利，优越的

---

① 司马光.资治通鉴［M］.北京：古籍出版社，1956：5652.

② 司马光.资治通鉴［M］.北京：古籍出版社，1956：5679.

地理位置和便利的交通运输，使得无锡逐渐成为货物集散、运输的中转站，交通便利带来的商业贸易，大大促进了无锡的发展。

隋以后，江南运河基本定型，水源和河道治理问题成为国家关注的大事。为了保证航运的畅通性，隋朝在河道上大修堰闸。根据隋开皇三年（583年）的记载，在江南运河一段设望亭堰闸，开皇九年（589年）又设望亭驿。《唐书·地理志·润州·丹徒县》记载：开元二十二年（734年），齐瀚开伊娄河，使运船"于京埭下直趋渡江二十里"①。唐代在原有堰埭的基础上，又增建了新的运河堰埭，见于记载的有京口埭（在镇江）、废亭埭（在今丹阳市东23.5千米处）、望亭堰及闸（在无锡望亭）、长安闸（在今崇德县南长安镇附近）。

为了蓄水济运，唐时南段曾引杭州西湖水及临平湖水入运河，唐《白居易集》卷六八中的《钱塘湖石记》一篇（作于长庆四年，即824年）就提到过此事。北段于南唐升元五年（941年），修复练湖济运及发展灌溉，并规定管理办法。《唐文粹》卷二一、李华《润州丹阳县复练塘颂并序》、《全唐文》卷三七〇及刘晏《禁隔断练湖状》等文章中都有所涉及。元和八年（813年）引江济运，在常州武进县西20千米开凿孟渎，渎长20.5千米，引江水南入运河。它本身也可以通航，后来成了一条由运入江的岔道。唐末练湖渐废，太湖水利渐多，有关运河堤塘修建及水道疏浚也有些记载。江南运河的畅通，从根本上促进了无锡经济社会的发展。

二、治理运河保障漕运

江南运河是连通北方都城的一条水上动脉，对漕运有着极其重要的意义。江南运河所在的太湖流域地区，水量充沛利于航运，但地势低洼带来的水灾水患又直接影响了漕运。在保障漕运通畅，重视河道开挖治理的同时，农田水利设施得以不断完善和发展。到唐朝时期，无锡农业生产明显有了发展，唐大历十二年（777年），无锡成为望县。无锡经济社会的持续发展，离不开国家对江南运河及其相关支流的整顿治理。正是在对江南运河的不断治理中，无锡形成了运河漕运和社会经济共同发展的良性循环。

对于江南运河及其相关河道的挖掘和治理，按照历史演进过程，可大体概括如下：

---

① 欧阳修. 百衲本二十四史：新唐书7［M］. 北京：商务印书馆，1936：140.

江南运河在江苏境内的治理，主要集中在长江三角洲西北部一带，其中镇江与丹阳吕城之间的河段，分布在低山丘陵间，地势稍高处水位自然降低，造成行船困难。为了解决地势水源问题，唐朝采取了以下五项措施：

（1）充分利用长江潮水，在江南运河上设置堰埭，涨潮时，江水越过堰埭进入运河，退潮时，拦阻运河内的江水不致流出，这样增加运河水量，抬高江南运河渠首段的水位。

（2）唐肃宗至德年间（756—758年），在无锡和苏州之间，江南运河由高地势逐渐降为平地的地形变换点望亭修建堰闸，节制江南运河水流。

（3）整治位于丹阳县以北的练湖。练湖原为晋时陈敏所建，由于管理不当，唐朝时已经名存实亡。唐代宗永泰年间（765—766年），刘晏任河南、江淮转运使，针对练湖的情况，指示并协助润州史韦损加强了对练湖的管制，在练湖的出口处修建斗门，节制水流，恢复练湖调节江南运河水位的功能。

（4）唐宪宗元和年间（806—820年），苏州刺史李素开凿了一条长达50千米的运河，名为元和塘，南起苏州城西枫桥镇与江南运河相接，北起常熟，不但可以使常熟市与府城苏州直接沟通，便利交通运输，而且可以作为江南运河引水道，引长江水入江南运河。

（5）孟简开凿了孟渎。《新唐书》卷四十一《地理志》在常州武进县下记载："西四十里有孟渎，引江水南注通漕，溉田四千顷。元和八年（813年）刺史孟简因故渠开。"[1]孟渎位于今常州以西奔牛镇附近，南起江南河，北通长江。常州奔牛西的江南河水位低，需要增加水量，因此，这条孟渎的开凿对于江南运河来说至关重要，它可以作为江南运河从长江引水的引水道。以上的这些措施令江南运河北段水量不足的问题基本得到了解决。无锡的发展得益于江南运河的治理和通畅。

唐代中期，长达八年的"安史之乱"再次造就了中西部大量移民南迁，无锡人口再次剧增。此后战乱频繁，社会动荡不安，不少北方士族不断南迁定居于此。丰富的人力、物力和先进的生产技术与大运河四通八达的航运相结合，推动着无锡经济文化的发展，无锡逐渐走向经济文化的中心地带。

江南运河经唐朝的治理与维护，通航条件得到改善。但由于唐末的战乱，江南运河某些河段又出现了水量不足、通航困难的状况。两宋时期，运

---

① 欧阳修.百衲本二十四史：新唐书7［M］.北京：商务印书馆，1936：141.

河漕运关乎朝廷安危，修治运河同样是不遗余力。北宋时期，创新使用了"拖船坝""复式船闸"来解决运河水系中不同水位河道之间的通航问题，江南运河段，还诏令专职官员管理海宁的长安闸、嘉兴的衫青闸和无锡的望亭闸。仁宗嘉祐元年至八年（1056—1063年），运河水量不足，航运涩涩。时任常州知府（领晋陵、武进、宜兴、无锡四县）的王安石，主持了引太湖水济运工程。神宗熙宁八年（1075年），江南连续大旱，运河浅涸，不通舟楫。当时无锡知县焦千之，受命为运河开源，他借梁溪引太湖济运。可见，朝代在变换，不变的是江南运河被持续得到重视和治理。

伴随运河治理的同时，是运河水利基础的不断创新发展。到宋代时期，水闸的修筑技术已经开始采用横插板式的石墩板闸。如在谭徐明等人著的《中国大运河遗产构成及价值评估》一书中，就对当时的复式闸评价道："其工程构造、工作原理与现代船闸完全相同。欧洲直到600多年之后才出现类似工程"①。当时的长安闸就采用了三闸两澳复式结构，即通过各设施的联合运用和严格的管理措施，达到水量循环利用的工程目的。

运河治理技术的创新带动了无锡段运河治理水平的提升。在无锡段的运河沿线，先后修筑了五泄堰、莲蓉闸、斗门闸等，以实现分段蓄水、调节水量，利于防洪、灌溉和船运。历经几个朝代的修建治理，无锡境内的河流和河道都在不同程度上得以连通和治理。航运便利的同时推动了农业的持续发展。1127年，"靖康之变"爆发，宋廷南迁，南宋建立。宋室的南逃对国家而言是一场削国颓败的悲剧，然而对长久以来居于政治边缘的江南地区来说，却是历史发展的转折点。宋廷南迁，再次造成大量北方士族南迁，为江南地区带来了各种文化资源，中国的文化中心逐渐移至江南一带。无锡在历史发展赋予的机遇下，社会经济、文化等综合实力都在不断增强，无锡在运河沿线的重要性日益明显。

元代京杭大运河的开凿进一步促进了无锡的发展。元朝定都北京后，通过原来的隋唐运河将江南的物资运送到京都。不仅时间长，而且风险大、消耗大，路程过长直接影响了漕运。为了缩短漕运距离，元世祖下令开凿一条由杭州直接到京都的运河航线。在各方的共同努力下，元朝通过开凿山东台儿庄到临清的会通河，对原有的隋唐运河线路裁弯取直，京杭运河成型。京

---

① 谭徐明，王英华，李云鹏. 中国大运河遗产构成及价值评估［M］. 北京：中国水利水电出版社，2012：155.

杭运河大大缩短了杭州到京都的路程，但江南运河线路并没有变化。北上运输效率提高，大大促进了江南地区的商业发展。无锡逐渐成为京杭运河经济带上的重要城市。

江南运河在明清两代总体上延续了元末以来的运河线位。明朱棣即位后，将都城由南京迁往北京，由于京都一切物资须仰仗东南，漕运依旧是明朝的生命线。起初，明朝沿用了元朝的海运，而后由于诸多原因不得不放弃了海运，元朝被淤塞的会通河被重新疏浚治理，京杭运河漕运繁忙。到明朝洪武二十五年（1392年），崇山侯李新疏浚了杭、嘉、湖、苏、松、常、镇七府的运河。同年，无锡县也疏浚了位于县北、接近江阴的新河（相传为金乌珠开凿，此前未曾有过疏浚）。此后，运河常州段又经过多次疏浚，"漕舟无阻者五十余载"。明嘉靖二年（1523年），工部都水司郎中刘文沛开浚常州府河渎，檄无锡县开间江港共245丈（817米），又开辟了运河北岸的西新河、永安河、包沿河和苏塘河，来辅助运河泄洪。不过，无锡段的运河线路依旧保持原初样态。

如果没有倭寇的入侵，无锡段运河的运河轨道也许不会发生改变。嘉靖以前，古运河横贯无锡城，从吴桥附近流入市区，出南城门后经过塔桥继续南流，是漕运往来的要道。明嘉靖三十三年（1554年），倭寇入侵，锡城水关关闭，水道改经莲蓉桥、亭子桥、羊腰湾再折向南下。《光绪无锡金匮县志》中提到清康熙《无锡县志》中引用唐鹤徵《河渠书》："锡城久圮，漕艘贯县而行，后因倭警筑城，运道乃绕城而东出，是改从东路在嘉靖甲寅后也。"① 不过，运河河道的变动，并没有根本改变无锡城与运河的关系，反而为日后的无锡留下了更多的运河遗产。

清代的漕运制度继承了明代漕运制度。明清时期，南方的经济在全国经济中居领先地位，在这期间为了漕运畅通，江南运河多次开拓和疏浚，到清康熙、雍正、乾隆年间，运河又出现了黄金时期，运输繁忙。在运河繁荣时期，其最大的作用莫过于对于运河沿线城镇的辐射和带动。这样的辐射作用不仅表现在经济和文化方面，而且渗透社会的方方面面，无锡的经济、文化等得到了长足发展。明代开始，朝廷许可漕船可携带一定数量的私货并沿途出售，这一政策活跃了运河沿线商业贸易，进一步推动了无锡手工业和商业

---

① 裴大中，倪咸生，秦缃业，等. 光绪无锡金匮县志［M］//卞惠兴. 中国地方志集成：江苏府县志辑24. 南京：江苏古籍出版社，1991：51.

的繁荣兴盛。

明清两代持续对太湖流域的农田水利设施进行了整治和扩展。一方面是对太湖的排水系统进行了整治，另一方面是对传统塘浦圩田系统进行了恢复和发展。持续发展的农田水利事业，保障了无锡农业在江南地区占有一席之地，形成地域性优势。加之无锡处于太湖、运河和长江水运的枢纽位置，商业贸易繁荣。因此，不论是农业还是工商业，无锡都在江南漕运的庇护下得到持续发展，以至明清时期达到鼎盛。

三、运河畅通无锡兴盛

在江南运河繁忙的水运中，无锡逐渐由传统单一的农业生产模式向农业与手工业结合、内控与外销兼备的生产方式转变。

尚农崇商的社会风气成就了无锡在江南地区繁盛的工商业地位。无锡本是鱼米之地，农业生产是其主要生产方式。但泰伯奔吴带来了中原地区先进的养蚕织造技术，为无锡手工业的发展奠定了基础。春秋时期，因农耕和造船等现实需求，吴地的冶铁技术得以发展，手工业和商业相应得到发展。虽然中国传统社会存在重农抑商的社会风气，但吴地受此风气影响较小，这可能与范蠡经商影响吴地文化有关。吴越争霸后，范蠡弃政从商，三掷千金的故事从文化层面激励着吴地人从商从艺。这种文化底蕴深刻影响着吴地人的人生追求，如出生于无锡玉祁镇的我国著名经济学家孙冶方（原名薛萼果）的兄长薛明剑曾回忆说，在他小时候读书时，教书先生就教诲他们学成之际要做陶朱公（范蠡）。当时是光绪三十二年（1906年），私塾先生（秀才陈献文）说："询余将来愿学何人，余以陶朱公对。陈公告吾父，是儿必大有为云云，言犹在耳。故五十以后余欲变换旧社会工商业成规，采用基金作股份者由此。"从中可以看出，在当时尚未废除科举制时，无论是老师，还是孩子，以及读书人家的家长，都认为成为一个成功的商人亦可喜可贺，反映了当地文化不仅不轻视商业，还将"士农工商"中的商提到了第一的地位。① 农商皆重的社会风气引导无锡在江南运河沿线众多城镇中形成了一种以农业为本、以工商谋富的新型格局。

到隋唐时期，无锡运河边已经形成了大市街和南市街，商品的种类十分

---

① 武力. 论无锡经济的快速发展与工商文化底蕴 [M] //王立人. 吴文化与工商文化. 南京：凤凰出版社，2008：15.

丰富，不仅囊括了本地的稻米、土布、丝绸、铁具和金银饰品等，还有大运河上南来北往商船带来的其他区域的商品，如产自浙、皖、豫、冀等地的唐代金银饰品、陶瓷用具、漆器、铜镜等文物。在无锡出土的宋代墓葬中，就已经有来自江西景德镇、浙江杭州和湖州等地的瓷器、漆器等。元《无锡志》中记载："自唐武德以后，至今累浚，为东南水驿。"水驿，即驿站，不过是以船而非马为主要交通工具的驿站，其传递手段为"代马船"。水驿具有传播政令和促动商贸发展的功能。无锡水驿的设置，表明无锡已经成为运河沿线具有集聚人口和物资功能的重要经济城镇。一般而言，水驿的设置和城镇的发展是正相关关系。无锡运河两岸出现了多种手工业贸易，如当时闻名遐迩的江西景德镇的青白瓷、宜兴的陶瓷、浙江杭州和福建三明等地的漆器、湖州的铜镜等都随运河来到无锡进行交换流通，手工业的贸易自然也带动了无锡本地手工业的发展，无锡城中遍布金银、彩帛、香烛、油酱、食米等作坊，城市日渐繁华，居民生活也日渐富足安乐。

明清时期，资本主义开始萌芽，江南运河沿线出现了资本主义形式的手工工场。无锡虽是一个县城，但由于其地理位置处在富饶的太湖三角洲中心，资源丰富，更重要的是由于大运河便利的交通条件，无锡的手工业发展迅速，特别是蚕丝业发展领先全国各地，代表资本主义发展的手工工场也在无锡产生了。清后期，无锡开始出现了与蚕丝业有关的工场，养蚕—缫丝的本地一体化，为日后无锡享有"丝都"的美誉奠定了基础。不仅如此，无锡当时的手工棉织业技术在全国已经处于领先地位，不仅产品实用耐用，而且凭借大运河四通八达的航运，销路甚广，享有"布码头"之称。此外，大窑路的砖瓦生产在明朝时期已经很发达了，作为手工业艺术品的惠山泥人也在南来北往的人群中形成了气候，并占据一定的市场份额。

太湖流域主要以生产水稻为主。由于气候原因，江南地区的水稻有早晚两季，而且还可以与小麦复种。江南雨水充沛，且河湖纵横，江南运河除去漕运之外，还具有输水、排水、灌溉等功能。江南水网相连，灌溉、防洪等功能的使用并不影响运河的漕运。因此，没有出现像北方河段因运河水源不足而影响农业生产的情况。到宋朝时，出现了"苏湖熟，天下足"的说法。元朝在无锡设置亿丰仓，"合是州及义兴溧阳之粮，凡为石四十七万八百五十有奇，悉于此输纳焉"①。无锡成为江南地区官粮的聚集地。明清以来，江南大米更是多在无锡集中，然后经大运河北上到京师。无锡一跃成为全国"四大米市"之首，最高年运销量达1200万石之巨。

无锡，这个在远古时期曾经枝蔓横生，荒芜不堪的蛮夷之地，由于江南运河的畅通和因漕运设置的驿站等诸多原因，无锡由单一的农业生产地逐渐转变为江南粮食的集聚和转运中心；依托大运河四通八达的水道，无锡在吸引全国手工业贸易的同时，极大地推动了本地手工业的发展及其贸易活动。到明清时期，无锡已经变成河渠纵横、河道平整、湖塘遍布的运河经济带上重要的富庶城市。

第三节　时代更迭引动运河蝶变

国家盛则运河兴，运河兴则国家盛，运河是否畅通与国家是否兴盛直接关联。清朝末年，政府无能，国力衰退，社会百病丛生，连年战乱，特别是赔款条约的不平等签订，使得清政府无力治理运河。加之黄河在咸丰五年（1855年）和同治八年（1869年）两次决口，运河河道被淤塞，漕运不畅。到光绪之后，南方的漕粮实际上已改为海运。光绪三十四年（1908年），各省的督粮道也完全裁撤，漕运体制瓦解。之后，大运河到了无法修复的地步。民国时期，军阀统治，运河残破，水利失修，洪涝频繁，沿线城镇走向衰落。江南地区的工商业在艰难困境中生存。国民政府统治前期，经济和政治相对稳定，江南地区的工商业得到恢复发展，江南运河得到一定程度的治理，运河航运事业也得以发展。随着日本帝国主义侵华，抗日战争爆发，民族资本主义工业发展处境艰难。对运河的治理，以局部的疏浚和治理为主，江南运河的修浚也是如此，且收效不明显。随着大运河沿线城镇的逐渐沦陷，曾经贯通中国南北的大运河，只保持了山东南段到杭州的局部通航，江南运河航运事业处于全面衰退状态。

中华人民共和国成立后，运河沿线城镇获得新生。但运河沿线的水利事业犹如散架的马车，几乎处于瘫痪状态。1950年6月底，一场特大暴雨袭击

---

① 裴大中，倪咸生，秦缃业，等. 光绪无锡金匮县志［M］// 卞惠兴. 中国地方志集成：江苏府县志辑24. 南京：江苏古籍出版社，1991：99.

了淮河中上游地区，灾情严重。1951 年 5 月，毛主席发出了"一定要把淮河修好"的号召。这是中华人民共和国成立后第一条全面系统治理的大河，治淮工程取得了历史性成就，留下了许多宝贵的治河经验。1956 年，国家着手研究恢复大运河通航的计划。党中央和人民政府制定了关于大运河的"统一规划，综合利用"的宏伟计划。1958 年冬季起，开始发动人民群众投入改造大运河的伟大水利建设工程。古老的大运河重新焕发生机，从历史的暗淡中逐渐走向光明，走向光辉。

一、漕运衰落运河暗淡

　　大运河作为贯通南北的生命线，承担着保障国家稳定的漕运功能。大运河是自然河流与人工河道的合体，因此易造成水流不畅和河岸增高的风险，《清史稿·河渠志二》中就对运河泥沙情况做过描述，部分河段原河底"深丈五六尺高，今只存三四尺，并有不及五寸者，舟只在胶线，进退俱难"，运河的疏浚治理都是历朝历代的大事。就江苏而言，尽管政府对位于苏北和山东交界处的淮扬运河给予了大量的人力、物力，但实际情况不尽如人意。主要原因是江苏徐州、淮安等区域内存在黄河、淮河、运河三河并存的局面，明清时期，黄河几次决口夺淮，泥沙淤积，河堤升高，水灾不断，漕船难行，漕运面临困境。1851 年太平天国运动爆发后，太平军席卷了东南大部分地区，切断了北上漕运路线，漕运被迫中断，清政府只好将大部分漕粮改为银钱征收。咸丰五年（1855 年），黄河在河南三阳铜瓦厢处发生决口，偏离河道，从山东张秋穿过运河，一路东流，从山东利津入海，造成"运河阻滞"（《清史稿·河渠志二》），山东段运河逐渐淤废，不得已，江南漕粮改用海运。太平天国失败后的第二年，即 1865 年，清政府尝试恢复漕运，但大运河各段已经"节节阻滞，艰险备尝"（见《刘坤一遗集》第一册），江南"船户不愿北行"。在封建社会兴盛了几个朝代的漕运体系虽尚未完全崩溃，但大势已去。同治十年（1871 年），清政府完全改用海轮运输漕粮，加上京汉、津浦等铁路的兴建，京杭运河在近百年间衰退了。光绪二十七年（1901年），漕运停止，几百年来沿袭下来的漕粮制也改为了折银。光绪三十四年（1908 年），漕运体系彻底瓦解了。

　　运河漕运废除，江南运河以北的运河经济带城市受此影响比较明显，有些城市在后来的发展中逐渐淡出全国经济商贸发展的重要位置。江南运河由于地处江南，无论是地理位置，还是气候因素，都有利于水上航运，因此，运河漕运的废止，并没有对江南运河造成根本性影响，其功能由国家经济命脉逐渐转变为区域性的重要水利、交通设施。

无锡顺应了历史趋势，把握了时代发展方向，发挥了运河在漕运之外的其他功能。清代时期，长三角地区已经形成全国性的工商业发展中心，手工业、纺织业等已经形成交易中心。在中国大门不断被迫打开的大背景下，中国的商品经济也有了发展，长三角地区的经济发展处于明显的转型期。在漕运制度还没有废除之前，为了将"漕运"权力牢牢掌握在清政府手里，在李鸿章的奏请下，清政府创办了轮船招商局，并于1873年在上海营业，带动了苏锡常地区的贸易发展。1881年，中国自主建设了第一条长途公众电报线路，无锡、常州、上海等长三角地区城市因电报线路而联系在一起。1896年，无锡成立了轮船招商局运输办事分局，新的交通航运进一步增加了无锡的人流和物流。

在运河漕运数量明显减少的情况下，无锡抓住新的航运条件转变思路，利用四通八达的河道，重点开设轮船航班，以客运为主，兼运货物。光绪十六年（1890年），清政府在经济发达、轮运潜力较大的上海地区颁发了内河小轮营运的"准"字告示，允许一些与官方关系比较密切的商人经营内河小轮客运业务。首家非官方形式的"戴生昌轮船局"诞生，到光绪二十七年（1901年），戴生昌轮船局已陆续将客运航线延伸至无锡、常州、镇江等地。光绪二十二年（1896年），日商大东新利洋行（大东汽船株式会社前身）在上海成立，经营上海至苏州的内河长途客班。这是外国航运势力为入侵上海内河在上海开办的第一家内河长途客运企业。在日本政府的大力资助下，日商的大东汽船株式会社击败所有竞争者，成为沪、苏、杭三角航线上的霸主。这些轮船先后在无锡设点经营。光绪二十八年（1902年），官督商办内河招商轮船局在上海成立，经营上海至苏州、杭州、湖州、嘉兴、常州、无锡、镇江、扬州、靖江等地的内河长途客运，为当时轮船最多、国内最大的内河长途客运企业。光绪三十一年（1905年），上海招商局内河轮船公司在无锡设立轮船分局，开辟了无锡到溧阳的航线，长240千米，成为无锡第一条轮船航班。此外，宁波、绍兴旅沪的商人开办的工贸轮船公司也在无锡设置分公司，借助河道开通航线。繁忙的水上航运，改变着无锡发展经济的方式，不变的是无锡经济处于持续发展的态势。

基于繁忙的水上交通，无锡当时形成了两个水运中心：第一个是位于城西北一直延伸到工运桥的北塘运河；第二个是南门外伯渎港与运河汇流之地，即清名桥南运河西岸。便利的水上航运推动着无锡经济社会的发展。与此同时，工商业在无锡开始兴起。1895年，杨宗濂、杨宗瀚兄弟在运河畔东门外的兴隆桥创办了近代无锡第一家棉纺厂，也是近代无锡第一家机器工厂——业勤纱厂。1902年，荣家在西水墩建立了宝兴面粉厂（后更名为茂新面粉厂）。之后的数年中，无锡又相继建立了缫丝厂、榨油厂等，无锡近代工商业的发展与大运河便利的水上航运密不可分，因为这些工商业企业的厂址基本是围绕运河修建的，有些企业在运河边设有自己的运输码头。民国时期，无锡借助自己曾经作为粮食转运中心形成的经济地位，发展起了众多的粮油食品生产企业，1936年，无锡已经有了4家面粉厂、16家碾米厂、15家油料加工厂、120多家粮行和35家堆栈。

历史总是在变化发展的。继轮船航运之后，铁路又出现了。铁路快速又安全的运输方式，对运河航运产生了深刻影响。1897年，中国铁路总公司在上海成立。1905年4月，上海—苏州、苏州—常州、常州—镇江、镇江—南京四段铁路同时开工建造。1906年7月16日，苏州、无锡两站同时举行通车典礼，两天后即开办营业。又经过两年的工程建设，沪宁铁路于1908年4月全线通车，线路全长311千米，由上海北至南京下关站，沿途设上海、苏州、无锡、常州、镇江、南京等37个车站。这样，无锡到上海等地的航班渐渐被火车替代，运河的航运受到影响。但由于无锡所处的长三角地区城市和人口的集聚性，单纯的火车还无法支撑以无锡为枢纽的各县来往的货运，无锡货物集中区的经济地位还是在持续促进着航运业的兴旺，形成水陆联运的局面。通运桥（今工运桥）地区也因为靠近火车站，成为新的人流、物流集散中心。但后期随着无锡地区锡澄、锡宜等公路的建成，原本以水路运输为主的格局再次被打破，且因为管理不善，水路船只过剩，竞争激烈，运河水运受到影响。

1934年大旱后，江苏省政府特别发行江苏水利建设公债，办理全省工赈，用以疏浚运河，并把江南运河划为第三工赈处，负责疏浚从镇江小闸口到无锡洛社共140.399千米的运河。1934年9月，用机船开挖戚墅堰一段的运河，历时5月，成功贯通了镇锡运河。到1937年，无锡已有客运轮局28家、货运轮局7家，轮船共计63艘，共有36条以无锡为中心的客货内河运输线，无锡往返于多地，用于水运任务的民间木帆船多达2000艘。当时，无锡客运轮船的主要停泊点集中在工运桥一带。这使得无锡的航运业出现短暂的繁荣局面。

　　国家强，运河畅，国家不振，运河衰落。1937 年 11 月 16 日，日军兵分三路向无锡进发，在进军无锡途中一路劫杀，经过的村镇全部都无一幸免。11 月 26 日，无锡沦陷。无锡城内涌入了羽田、武市等部队共 1.5 万人，进入无锡后的日军对全城进行了纵火，大火烧了足足十天十夜，无锡繁华市区被付之一炬，城内到处都是残垣断壁。运河边的船只或被炸毁，或被日军征用，河港设施遭遇洗劫。1938 年 7 月，日军在上海设立内河汽船株式会社，在无锡设立出张所（办事处），运河的航运业务被日本人控制。

　　抗日战争胜利后，运河航运事业重新回到无锡人民手中。1948 年 9 月，石塘湾镇公所对高桥到石塘湾一带的运河堤岸进行了修治，航运业恢复迅速，无锡城开往各地的班船包括轮船拖带，高达 200 多班。但好景不长，1949 年年初，因管理不善，且工商业停滞，经济衰退，无锡航道又多军运往来，普通商船为了避让军差而被迫终止商贸往来，停匿回乡，轮船局已经减少到 60 家，可用轮船仅剩 201 艘，航运业的大势已去，恢复到清末至 20 世纪 30 年代初的繁荣景象已无可能。

二、运河新生道路曲折

　　中华人民共和国成立后，运河治理被纳入国家建设改造范围，运河逐渐焕发新的生机。但对于无锡而言，这是一条曲折之路。

　　无锡人民以大干快上、改天换地的改造精神改变了无锡以大运河为中轴线的城市格局。中华人民共和国成立初期，无锡市区被大大小小 20 多条河道分隔着，可谓三步一河、四步一桥，沿河街巷弯弯曲曲，道路狭窄短小，路网残缺不全。在市区 10.6 平方千米范围内只有 486 条道路，总长 48 千米，平均每条道路长度不到 10000 米，全市找不出一条像样的大道。相比于南京、常州、青岛等城市，无锡经济发达，但在城市建设方面却落后许多。为发展城市马路，让汽车畅行无阻，一些领导干部便想在城内河流上做文章，希望把这些城内的运河填埋变成马路。当时与无锡相似的城市，如苏州、宁波、上海等已经开始了填河工程，但无锡却走得最急最快，在不到十年时间里，城内 20 多条河流全部被填埋。千年水城的景象最终只留存在文献中，存在于经历者的记忆里。

　　之后运河航道虽得到修整开通，大运河的治理却并没有受到重视。在"一定要把淮河修好"的号召下，我国成立了治淮委员会，制定了综合性的治淮工作方案，进行了一系列治淮工程，取得了一定进展。1956 年起，又着手研究恢复大运河通航的计划。党中央和人民政府制定了关于大运河的"统一规划，综合利用"的宏伟计划。1958 年冬季起，开始发动群众投入改造大运河的伟大水利建设工程中。1958—1961 年，我国政府对苏北运河进行了第一次大规模整治，总投资逾 20274 万元，新开了徐州地区的不牢河，并要求达到二级航道标准，同时整治了淮阴至淮安、高邮至邵伯、湾头至六圩等航段。水运实行单向行驶。苏南段改为从镇江谏壁进入运河，经丹阳、常州、无锡、苏州、平望到达苏浙交界处的南浔并进入浙江省，又在谏壁、浒墅关、平望北、平望南设置了 4 个梯级，在沿线修建了徐州、无锡、望亭、苏州等煤港和若干货运、客运港埠，在沪宁铁路和陇海铁路修建了 2 座铁路桥，并在扬州、淮阴、徐州修建了 3 座公路桥。不过，无锡段的大运河只是承担了航运而已，运河治理并没有受到多大重视。

无锡市区原江尖至下甸桥一段的运河被划归为七级航道，但该段桥多、湾多、河道较浅、水流湍急，经常发生碰撞、堵塞现象和交通事故。尤其是在洪水期，由于部分桥梁跨度小，桥洞小，导致与桥两边的水位形成高度差，桥下游的水流加快，如果逆水行驶会极度困难，在一定程度上甚至影响到城市的防洪排涝。1957 年，国家交通运输部下发通知，计划分期分段改建京杭大运河。无锡城建局列出 7 条改建运河的线路方案，最终经过决议，通过了另辟新线的方案。1958 年 10 月，相关市县成立大运河工程指挥部，并于 11 月底，完成全线定线测量、征地、动迁、整理场地等施工前期工作。1959 年冬，改建工程设计报省交通厅、交通运输部，获得批准。

新运河的开挖，表明了无锡人民立志改变无锡城市交通落后状况的决心。在没有河塘可以利用的基础上，无锡硬是开挖出 10 多千米的新运河，这样的大手笔大概只有在"大跃进""全民炼钢铁、全民办工厂""大干快上"的时代背景下才能完成。由于受"大干快上"社会氛围的影响，新运河开凿工程的线路设计和施工设计都极为简单，缺乏深入思考与全面论证。在新运河修建过程中，无锡市、县组建大运河工程指挥部，抽调了市、县两级 162 名干部和技术人员（其中无锡县 13 人）参加指挥部工作，动员了民工 2 万多人（其中无锡县 5650 人）施工。先后共拆迁 1403 户居民、27 家工厂、3 个仓库、23 家商店、1 座变电所、3 处工人宿舍，拆除楼房 316 间、瓦平房 1520 间、草房 557 间，征用土地 1900 亩，赔偿费用 108.33 万元。位于蓉湖庄的蓉湖公园划为国有。黄埠墩上的历史建筑也被拆毁。无锡一中校园原在学前街文庙，1955 年迁至运河东路现校址，1957 年 8 月，教育局拨款 3.9 万元建造大礼堂，后要开大运河，这座竣工不久的礼堂于 1958 年 11 月拆掉，1959 年又花 3.9 万元重建大礼堂。

新运河土方工程于 12 月 1 日正式开工，平均每天出工 2.4 万人，下旬在开挖了土方 58 万立方米后，因农村抗旱和其他水利工程同时开工，劳力严重不足而被迫停工。1959 年冬，整治工程恢复，集中开挖梁溪河至下甸桥段新河，按四级航道标准施工，需挖土 500 万立方米，组织了民工 14 万人。不久，因"大跃进"后遗症爆发，民众处于饥饿状态。1960 年春节后，大运河工程停工，仅完成土方 278.5 万立方米（其中人工开挖 250 万立方米，机械挖土 28.5 万立方米）。由于仓促下马，河中坝埂众多，深浅不一，河虽成形而未通，未能使用。

1965 年，在完成了新运河的拓浚、开挖土方、修建公路桥等第一期工程后，新运河挖成通航，京杭运河无锡段改由江尖经西门桥、西水墩、梁溪桥（现健康桥），转向新运河并到达下甸桥。而原本的莲蓉桥、工运河、亭子桥、跨塘桥、清名桥至下甸桥一段的老运河逐渐成为市区短途用港口中转运输船的辅航道。此后无锡段的航道分东、中、西三线，东线即老运河，全长 15 千米，中线为运河古道，西线则是新航线。最终建成的新运河总长 11.24 千米。当时无锡地理教材是这样描述的："新运河由吴桥以东的黄埠墩南折，过食品机械厂、蓉湖公园、锡山，再向西南经扬名新村、动力机厂西南，至下甸桥入老运河。其规格为：河底宽 60 米，河面宽 102.6 米，需运土方 15100 多万方。在新运河上将建造大桥 10 座，4 个大型装卸码头。全部工程将于 1959 年春季完成。"

无锡城中段的老运河在 1958 年被填平，发展为现今市内最繁华的中山路。从此，老运河被城市的主干道分成两股，分别从一东一西两个方向围绕城区环流，最后在跨塘桥汇合，汇合后继续南流至下甸桥，与 20 世纪 80 年代竣工的绕城新运河汇合。

自 1976 年 6 月起，无锡市政府开始实施开通黄埠墩到梁溪河（老鸦浜）的改道工程。同年，无锡市大运河工程指挥部成立。该工程在 1977 年秋基本完工，但直到 1983 年，锡山大桥和梁溪大桥建成后，才彻底完成河床清理。第二期工程完工。新运河水道比古运河水道宽，且贯通全市，因此新运河开通以后成为无锡市水运网络的枢纽航道，市区内的大运河古道实际航运能力已经大打折扣，曾经对古运河做过重新疏浚、切角、改建桥梁等工程，但依旧不能适应现代水运的需求。

新运河于 1983 年 12 月 6 日全线通航，成为京杭运河无锡市区段主航道。全国有 12 个省市的船只经过此航道。1984 年，新运河按四级航道标准全线整治，称为续建工程，到 1997 年 10 月底全部结束。京杭运河无锡段通航能力提高到 500 亿吨级，年通过量提高到 1 亿多吨，而 40 多年前，通航能力和年通过量还仅有数十吨和 3000 万吨，新运河的开通对整个城市的建设和经济发展都起到了巨大作用。

自此京杭运河完全绕城而过，不但航运条件大大改善，而且缩短北部涝水入湖的距离，清除市区狭窄河道的束水现象，大大改善汛期的排水条件，京杭运河的改道整治在航运和水利上均发挥了巨大作用，但有得必有失：

其一：新运河使无锡西部的交通变得困难，以后虽建了大量桥梁，但出行还是不便。此前从无锡市区前往惠山，经棉花巷与五里香埂可直接到达。但此后在新运河的修建中，秀美的五里香埂被拦腰截断，成为历史记忆，通往荣巷的开源路也被运河一分为二，此后梁溪桥的修建也未能改善绕路的麻烦。

为了解决新运河两岸的交通问题，政府投入了大量财力，新建与改建了多座大桥，11 千米的新运河上间隔不到 1 千米就有一座桥梁。从北到南，具体为：

蓉湖大桥：2003 年 12 月竣工通车。

锡山大桥：1980 年动工，1982 年建成通车。

梁溪大桥：1982 年建成。

开源大桥：2008 年 1 月通车。

红星大桥：1965 年建，1990 年重建。

盛新大桥：2009 年建成。

金匮大桥：1988 年通车，2010 年重建。

清宁大桥：2007 年 12 月通车。

金城大桥：1986 年通车，2004 年重建。

新扬大桥：2009 年竣工。

华清大桥：1965 年建，原名下甸桥，2005 年重建。

其二：无锡城区新运河开通，大运河水向城区新运河大量分流以后，导致城区古运河东、中线流速锐减，许多支流及其河浜变成死水一潭，黑臭期逐年增加，黑臭度愈来愈重。20 世纪 80 年代中期，政府采用一控、二清、三调、四治对策，但收效甚微。黑臭天数逐年增加，出 1983 年的 4 天发展到

1988 年的 201 天。民间流传着 "20 世纪 60 年代淘米洗菜，20 世纪 70 年代河水变坏，20 世纪 80 年代鱼虾绝代，20 世纪 90 年代不洗马桶盖" 的顺口溜。随着新城区的不断扩张，不但使农田逐渐缩减，而且使运河沿岸的地方戏曲和民俗等地方文化日益消失。

2003 年，大运河作为商贸往来的黄金水道历史画上了句号。

大运河无锡段作为唯一一段穿城而过的运河，其面临的治理难题包括如何实现古老运河与现代城市的和谐共存，既顺应城市的快速扩张，顺应民众对经济发展、环境优化、交通便利、生活富足的迫切愿望，又能保留古运河的文化风貌、清澈水质。曾经，无锡在这条路上出现了认知偏差，破坏了城中的运河风貌。特别是对运河沿岸南长桥到跨塘桥一段长 600 米的街区及南门段进行了改造，导致原有街貌被毁，取而代之的是楼层较高的现代水泥建筑墙，水弄堂历史旧景发生了很大变化。对此，国家历史文化名城研究中心主任、上海同济大学教授阮仪三曾评说："古运河穿城而过的城市眼下只剩下了无锡，对无锡来说是绝无仅有的文化遗产，但无锡曾经拆毁一段古运河民居，大大影响古运河水弄堂特有的风貌。" 可见，无锡在中华人民共和国成立后，就如何改造利用大运河问题，确实走过了曲折道路。

三、艰难探索治理有道

不论是以《易经》为代表的中华传统文化，还是以马克思、恩格斯为代表的马克思主义理论，都认为天下没有一成不变的事物，只有永恒变动的事物。社会在发展，无锡对运河的重视和治理也在变化中。

20 世纪 70 年代末，我国进入改革开放的新时期。无锡抓住经济体制改革的良好契机，以民国时期到中华人民共和国成立后发展相对成熟的轻纺工业、机械、化工等工业为产业抓手，大力发展个体企业，特别是大力发展乡镇企业，创造了享誉全国的 "苏南模式"。"苏南模式" 显示了市场配置资源的效率。到 20 世纪末，无锡已实现了经济由以农业为主体向以工业为主体的转变，无锡经济呈现欣欣向荣的繁荣景象，一跃成为全国经济发展的排头兵。在经济快速增长的同时，却出现了严重的生态污染问题。

无锡河道纵横，运河及其相关河道犹如城市的经络血脉。改革开放后，无锡地区的大量工厂企业以运河为经纬，分布在运河沿线。由于对环境污染认识不足，更是经济效益的利益驱动，在机器的快速运转中，纺织企业、化工企业等生产的各种污水不断被排入运河河道。虽然政府没有停止过对运河的修整治理和水质的清理工作，但无锡各河道的水质持续恶化。据 1985 年的统计，无锡市生活污水排放量增加至 8.57 万吨，工业用水日排放量增加到 70 万吨，运河水系的稀释比已经降到 5∶1，作为古运河和新运河的河道同样未能逃脱全国普遍存在的工业污染问题。

　　面对严重的环境污染问题，无锡市政府不得不开始逐渐加强对运河的环境治理。1987 年，无锡市出台《古运河管理暂行规定》对运河水质进行保护管理，但古运河与其他河道水质恶化、生态环境破坏严重的问题仍然没有得到解决，沿岸的古建筑也遭到了严重破坏。到 20 世纪 90 年代，运河两岸工业及生活垃圾污染加剧，据 1992 年的监测资料，京杭运河无锡段上游段、市区段、下游段水体类别都为五类，河道黑臭，严重影响居民健康。1991 年 3 月，无锡市第十届人民代表大会第四次会议上，100 余名代表提出了《关于大力改善水环境质量的议案》，会上做出决议，要求政府采取有力措施。在推行了《无锡市排放水污染物申报管理办法》后，当年市区排放的工业废水中有机物（以化学耗氧量计算）含量比去年下降超过 20%。1992 年，无锡市制定了到 1997 年年底为止京杭运河无锡段排放水污染物总量控制目标和环境污染控制措施，秉持可持续发展理念，制定保护加治理的战略目标，建设总体规划。1994 年 6 月 4 日，市政府常务会议批准正式出台了《无锡市排水管理办法》。无锡市第十一届人大常委会于 1995 年 1 月 9 日的第十二次会议中，制定出台了《无锡市水环境保护条例》，经江苏省第八届人大常委会第十二次会议批准，在全市颁布施行。此后，无锡市环保局制定出台了《排污申报登记实施方案》，市监理总站进行具体的负责和指导。无锡市政府也开展了河道专项治理。8 月 29 日，市环保局通过《无锡日报》发出《关于全面实施排放污染物申报登记的通告》，经过半年时间，全市基本完成申报任务。但古老的运河想要真正融入现代人的生活，工业化时代的人类要想真正把碧绿的运河水嵌入钢筋水泥的城市，还有艰苦而长远的历程。

　　苏南运河航道标准化建设进一步推动了无锡对运河的治理。1995 年以来，我国借鉴了国际航道建设、养护和管理的先进经验，要求对苏南运河进行整治，最大限度发挥其水运效益和综合功能，江苏省航道局于 1995 年 4 月颁发《京杭运河苏南段航道标准化、美化工程实施标准（试行）》，并把京杭运河无锡市城区段作为试点之一。按照国家内河航道标准，无锡对城区的运河河道进行了大规模的整治。由于治理出色，苏南运河无锡段在整治工程中建成了样板河道，之后，无锡市水利局组织市河道管理处实施样板河道建设，全面整治了地处市中心繁华地段、长达 2700 米的南环城河。同时又组织了沿线单位和街道全面整修运河两岸的石驳岸，修葺沿线房屋，恢复运河沿岸的风貌。

1998 年 1 月，无锡市第十二届人大一次会议通过了《关于加快清除城乡河道积淤的决议》，由人大常委会督办这一议案。5 月 26 日，无锡市政府颁发《关于贯彻落实市人大加快清除城乡河道积淤议案决议实施意见的通知》，当年，无锡水利局分期疏浚了城区古运河。市级河道疏浚工作最终于 2002 年年底全部完成。

运河整治成效凸显了运河在无锡城市治理的重要作用，推动了无锡进一步对运河环境的全面治理。1999 年，无锡市规划局委托市规划设计院编制无锡市古运河两侧详细规划，以谋求更系统、更全面的运河治理方案。

首先，遏制运河水质的持续恶化是当务之急。但运河面临的水质威胁已使其失去自我更新的能力，借助其紧邻长江、太湖的优势地位，水利专家提出"引江济太"的治理方针。时任国务院总理温家宝于 2001 年 9 月视察望亭水利枢纽时，就要求水利部门采取措施，通过"引江济太"，实施生态调水工程，有利于运河和太湖水质的改善。从 2002 年开始，无锡利用与长江的天然联系，以及长江位于高水位的优势，定期引入长江水冲洗锡城古运河河道和城区其他河道，并通过北塘联圩闸站工程对无锡城区进行了四次调水，从而有效缓解了河水黑臭现象。

与此同时，无锡市于 2002 年重新编订发布了《城市污水总体规划》，推行排污许可证制度，严格审批制度，从源头减少污染。同年，为了落实市人大十二届五次会议代表提出的第 263 号"关于古运河两侧乱堆乱放必须整治"的建议，市城管局开展了市容环境秩序整治，对沿河墙体进行了粉刷，并修复了驳岸栏杆、绿地、景点等设施。不过，江尖渚上的古建筑，除纸业公所外几乎全部被拆除，以缸甏闻名的遗址遗迹也不可避免地遭到破坏。

在这一年，无锡刊发了《关于古运河钢铁桥南段两侧环境卫生综合整治的实施意见》，此河段后来成为众多河道中的一处治理范例。市城管局也以市级目标管理 86 条小河道的日常保洁管理为基础，组织了对 49 条原区级管理河道进行环境卫生整治达标的活动，市级目标管理小河道范围由年初的 86 条扩大到 135 条。此后，京杭运河无锡段由崇安、北塘、南长、滨湖各区及市环卫处的水上站共同承担保洁义务。

市政府为落实市人大代表提出的迁移北塘船舶交易市场的建议，由城管局牵头，会同有关部门发布《关于加强古运河船舶秩序管理的通告》，清理整治了原相关船舶市场。到 9 月 20 日止，原交易市场 600 多条船已全部迁移到下甸桥锚地管理站停泊区。此后，又针对搬迁后的沿河岸段进行了相关修复工作。

2003 年年初，市水利部门重点对城区主要河道的调水工作进行了调研，研究制定了科学合理的调水方案。1 月下旬，无锡市十三届人大一次代表大会提出《关于综合整治城市河道水环境的议案》，提出了"水清鱼游两岸美"的目标和 10 条建议，产生了连锁反应。4 月起，对城区水质特别差，群众反映最为强烈的部分片区河道进行持续的调水释污。市城管局落实和加强了 135 条（段）市级目标管理小河道的保洁管理。8 月 4 日，无锡市政府制定了《关于城区河道综合整治三年目标的实施意见》。到 12 月底，基本解决了圩区内河道黑臭现象。同年，运河污染治理取得一定成果，对羊腰湾片区、北塘连圩地区、梁溪河和古运河两侧地区完成截污 225 家，7 条主要出入太湖的河流中有 4 条的水质达到 2005 年国家目标要求。同时，借助太湖沿湖闸站，防止污水进入太湖。7 月 5 日至 6 日，由于无锡及上游地区遭遇暴雨天气，城区防洪压力突然增大，市防汛防旱指挥部会商后决定利用长江沿江闸口水位落差，向长江泄洪，以免向太湖泄洪影响太湖水质。从这一年起，无锡市把清淤列为无锡城市河道综合整治工程内容之一。

2004 年，无锡市城市投资建设公司在接受整治古运河任务后，组织专家进行论证、研讨、方案会审等，会议虽存在分歧，但都认为实施项目必须展现复原性、亲民性和亲水性。之后，无锡市水利、城管、环卫等部门开展河道水环境专项整治，对整治范围内列入市级目标管理保洁的 208 条河道加大检查考核力度，对市级目标管理保洁外的 524 条河道进行集中整治。对包括桐桥港、杨木桥河、民丰河、古运河（江尖大桥—莲蓉桥）等在内的 9 条河道进行综合治理，对刘潭河、内塘河等 6 条河道进行清淤。3 月 25 日，无锡市十三届人大常委会第八次会议审议副市长周敏炜做了《关于城区河道综合整治工作安排的情况汇报》。到 12 月底，完成了古运河综合整治规划编制，实施了江尖公园到南长桥的综合整治工程，并完成了环城河周边地块测量和文化宫到南长桥的驳岸整修工程。15 条城区河道整治工作全部完成。这一年，无锡城乡地区共完成 471 条河道共 540.2 千米的清淤工作，所有河道清淤工程验收合格，河道水质有所改善。这一年，也开始了在永定桥—人民桥、人民桥—显义桥和市政府前的古运河整治工程。6 月 28 日，江苏省公布了《内河水域船舶污染防治条例》，同时，调水也从原来的 4 个圩区扩大到 7 个，继续利用防洪工程设施调水释污，基本涵括了全市的河道。10 月 20 日，市人大常委会领导视察城区河道整治，听取了市政府关于城区河道综合整治工作的汇报。

2005 年，无锡市开始实施"退城进园"，即市区搬出全部工厂，移到郊外工业园区，集中处理污水。中国石油化工总公司无锡实验地质研究所高级工程师丁道桂在 2005 年的市十三届人大三次会议上提出："目前对于河道水环境的治理工作正在开展，清淤工程和换水只是治标，很难达到生态修复的目的……在未来城市规划和建设中应制定'退界'原则，即主要河道两岸划出 30~50 米宽的'共有绿化带'和河流恢复自然坡岸的空间。然后才是沿河的道路和道路外侧的房屋建筑。避免在河流人工驳岸边直接建筑高层房屋，形成'建筑峡谷'，以至于以后无法对河流进行生态修复和综合治理。"该建议得到市领导和有关部门的高度重视，此后逐步实施。中共无锡市委书记对古运河规划提出要本着精益求精、慎之又慎、对历史未来和市民负责的三条原则，抢救保护历史格局和历史风貌。12 月 4 日，市委相关领导在无锡市城市投资发展总公司江尖公园会议室主持召开古运河综合整治工作专题会议，传达市委书记对古运河整治工作提出的美化、亮化、绿化、洁化的要求。到 2005 年年底，无锡城区 88 条小河浜综合整治基本完成。

2006 年 1 月 6 日，无锡市建设局批复古运河（永定桥—南长桥）水环境整治及两侧绿化环境工程。永定桥绿地、地轴、显义桥绿地、日晖巷绿地、日晖巷历史保护街区、永定桥—人民桥截污工程部分开始初步设计。同年，古运河整治改造工程列为无锡"十一五"规划的重点工程之一。1 月 20 日，正在施工中的永定桥到人民桥一段结合清淤工程和驳岸工程，也实施了截污整治。

当时，苏南运河无锡段船舶通过量已突破 50 万艘次，共计运输货物 15343 万吨，由于船舶流量不断增大，原本的航行区域已经出现多次船舶拥堵现象，且预备全面实施四级改三级航道建设工程。因此，3 月 1 日起，无锡市下甸桥（华清大桥）船舶交易市场迁到锡北运河五号桥东 500 米处。4 月初开始，整治了从清扬桥到体育场桥段长 600 米的河道，并于 5 月汛期到来之前结束。无锡市城市投资发展总公司在无锡城区古运河放置泡沫浮床，栽种生存能力强、根系发达的香蒲、睡莲、美人蕉等水生植物，用来吸收水体腐殖质，进而进行水生生物造景并净化水体。

运河沿岸几十年来逐步完善起来的石驳岸，由于受到大型船只碰撞以及船行波的冲击被损毁。无锡航道处投入巨资，修复维护了苏南运河无锡段约37.24千米的部分航道护岸，于5月15日完成了对应急抢修段的修复。

到2006年，随着持续不断的调水工程，太湖和长江已经成为城区内河补充活水的重要水源。江阴市沿江各闸会在长江涨潮时，打开闸门，让长江水通过"清水通道"进入锡城。这一年，无锡城区已拥有三大污水处理厂，年处理污水总量达10579万吨，已突破1亿吨，城市污水处理能力居于全国领先地位。2006年年底，无锡26条骨干河道整治已完成了大部分。城区河道3年整治任务除了第三批河道综合整治仍在进行外，其余任务皆已完成。

2003年至2007年上半年，无锡城市河道共清淤6000万立方米。2007年初夏，无锡太湖暴发蓝藻，无锡水质面临严重威胁。2007年下半年，古运河整治二期工程中亭子桥到高墩桥一段进行清淤。自2001年到2007年上半年，无锡城市河道周边地区进行污水截流，陆续封堵了500多个排污口。在2006年古运河一期整治工程竣工后，2007年10月9日开始了污水截流二期整治，主要的截污整治河段为古运河南长街到永定桥一段。

2007年初夏，太湖暴发蓝藻，市民饮用水安全受到影响，无锡通过省水利厅协调，启动"引江济太"工程，在2006年完成城市防洪工程大包围圈后，及时调整思路，将它的功能重点转变为改善水质，实施调水，引清释污。10月，启动古运河整治改造二期工程，这是兼及水环境整治、水生态修复、两岸环境改造等方面的综合性工程。

2007年，无锡古运河建造"截污槽"的试点工程，先期在工运桥到高墩桥的500米之间建造，建成后，岸上的污水都将排入槽中，再送入污水管道，后流入污水处理厂。7月17日上午，省委常委、市委书记召开会议，专题研究加快梁溪河、古运河整治工作。会议决定，成立古运河整治工程指挥部，由副市长吴建选担任总指挥，沈锡良为常务副指挥。会议明确古运河（环城段）于2008年6月底前完成水环境整治。从2007年10月22日开始，市排污升级工程启动，至2008年夏全部竣工。

2008年年初，作为古运河综合整治工程的核心内容之一，在工运桥到亭子桥的云和岸坡（沿工艺路段）砌筑了截污槽，用来拦截沿河污水，并于4月20日完工，建好后，在上面覆盖了钢筋混凝土板，成为亲水平台，人们可以站在上面与古运河近距离接触。同时，又建成了运河西路，并在路边建设绿化带。6月，古运河整治二期工程完工，运河水渐渐重回清澈。

到 2008 年春节时期，城中近百条大小河道截污率全面提升了 20%，每天新拦截污水多达 10 万吨。此前一直为内河四级航道的大运河无锡段开始"扩容升级"工程。到 2010 年，无锡三大污水处理厂通过技术更新、设备引进，污水处理能力也大大提升，污水处理量再次飞跃。

在 2008 年 3 月 10 日召开的京杭运河综合整治暨断面水质达标工作推进会上，确定了金城桥断面水质持续保持达标，新虹桥断面水质达到五类水质标准，高桥断面水质明显改善，并明确要求 2009 年京杭运河所有断面水质力争达到《江苏省地表水（环境）功能区划》要求，形成良性的水生生态系统。

2011 年 11 月，苏南运河"四改三"无锡段三级航道整治工程率先全线建成通航，工程起于直湖港，止于无锡与苏州交界处的丰乐桥，无锡段大运河成为"绿化、亮化、文化、美化"以及"信息化、智能化"的"黄金航道、生态航道、景观航道、智慧航道"。如今的大运河无锡段船舶年流量超过 40 万艘，直通上海国际航运中心的内河集装箱疏运主通道。大运河始终以河的奔腾、水的柔情滋养着无锡人民，无锡依托着大运河继续繁荣发展。

对于在运河两岸修建堤岸的工作，无锡形成了良好的传统。从古代到民国时期，无锡沿岸的官塘或公地河（驳）岸，都是官衙出资修筑，到了近代，无锡工商业更加繁盛，不断涌现众多民族资本家，出现了厂商或者私人出资修筑私用的河岸。如 1918 年，新安乡邹奎顺捐款修建了新安塘石岸；1919 年，邑绅薛南溟、荣德生、陆蔼和、孙应高等人募资修筑从清名桥到望亭一段约 15 千米的运河堤岸。随着堤岸的增加，码头数量也显著增长。1929 年 9 月，无锡市政筹备处主持修筑了工运桥驳岸共计 200 米。1932 年 2 月，无锡集资对竹场巷到莲蓉桥以及黄泥桥到游山船浜的河段进行疏浚。1933 年 4 月，筹备处在疏浚莲蓉桥一段河道的同时，又修复了百余米的石驳岸。

中华人民共和国成立后，面对运河治理的现实需求，无锡政府和无锡人民继承了对运河沿岸建堤的传统。1949 年无锡发生水患后，于 1950 年在三里桥到吴桥约 850 米的长度修筑驳岸。1951 年 2 月，无锡县人民政府组织洛社、藕塘、西漳三个区共同修筑了高桥到洛社一段的运河堤岸。1954 年，无锡再度发生水患，1955 年 2 月，修筑了从吴桥到高桥共计 1260 米的坍塌驳岸。1962—1963 年，在洪水过后，修建了从羊腰湾到工运桥一段运河两岸430 米的驳岸以及顾桥港两侧 528 米的驳岸，并对北塘沿河、树巷沿河 1313米的驳岸进行了修复，新建了包括老三里桥在内共 407 米的沿河驳岸。1964

年，在江尖等地修建了长 168 米的驳岸，并在竹场巷、羊腰湾等地又新建了
485 米的驳岸。1966 年，在西水墩沿线新建驳岸 150 米。1967 年，在长降
路、羊腰湾沿岸修建驳岸 205 米。1970 年，因为江尖发生滞洪现象，在切角
后在两岸建筑起了 20 多米的驳岸。1972 年，整修了洛社段运河沿岸长 500
米的石驳岸。1973 年，修建了吴桥至高桥的石驳岸。1975 年，在南门运河煤
栈新建了 75 米的驳岸以及振新河两侧驳岸和南运河（水泵厂前）两侧驳岸，
对解放南路沿河 120 多米的驳岸进行了修复。1978 年，对北塘长 347 米的驳
岸进行了大修。1979 年，政府开始有保护古运河的相关规划，这一年对西水
墩进行裁角取直并在两侧修建了驳岸。1982 年，当地政府把修建驳岸列入当
地的防汛工程项目。

　　不断增加的堤岸，在防患灾害的同时，割断了原本依河而居的"水弄
堂"原住民与大运河的直接依赖关系，大运河不再是居民的个体用水资源，
而是被归入了城市的统一规划治理，这既是一种治理的现代化，也是一种生
活方式的转变，也为后来统一规划利用南长街做好了准备。

　　新运河的开挖和航运路线的改变，使古运河的航运功能逐渐被弱化，沿
河的江南特色民居及其各种遗产成为旅游资源。古运河的功能需要做出调
整。无锡市城建局决定开发古运河沿线的旅游资源。1983 年 11 月，无锡制
定了《无锡市区古运河规划》，以保护古运河的古朴风貌、水乡城市的特色
为前提，贯彻"全面控制，重点保护，分段改造，逐步建设"的方针。后期
运河两岸逐步建成石驳岸和绿化带，沿岸新的商业区和居民区不断涌现，各
类旅游景点也借助运河风光发展得风生水起。至此，古运河在城市的功能已
经发生了重大转变，从对城市政治经济发展举足轻重的黄金水道，转变为彰
显城市历史与文化的旅游遗产地。

　　伴随旅游开发的是对遗产的大拆大建，文化遗产在现代化建设中一度被
认为是可以改造创新，可以如机器一般进行规划设计的。2000 年，政府鼓励
西水墩一带民众迁出，开始大修旧庙，将原来的水仙庙改建为市群众艺术
馆，有些遗迹如纪念水仙刘五纬的历史遗迹在大修过程中荡然无存。在古运
河的南端，将祭祀明代筑城抗倭的无锡知县王其勤的南水仙庙划归道教，改
为水仙道院。2001 年，无锡市拆除无锡西门运河边的一条著名老街——棚下
街，用以建设五爱家园。旧时的西门棚下街，粮行、布庄、竹木行、酱槽
坊、山地货行、镶牙业、面馆、浴室百业俱全，无锡民族工商资本家在附近
开有面粉厂、纱厂、布厂等。抗战时期，中共地下党组织将秘密联络站设在

这里。棚下街不仅承载着无锡市井的繁华，而且印刻着无锡的红色基因。但在大拆大建的浪潮中，棚下街的历史遗迹被扫除殆尽，转而修建起水泥驳岸、水泥码头，基本看不到运河遗迹，只有对面的运河水流在诉说着历史的过往。

大拆大建的后果引起社会的普遍反思，文化遗产的原真性、唯一性、脆弱性等观念不断渗透到社会的各个层面。拆了真遗产，建了假遗产的旅游景区越来越被人诟病。古运河沿线一些遗产的人为消失，使得政府及其相关部门不得不进行反思。古运河沿线水质问题也迫使政府不得不把河道治理放在重要位置。保护古建筑、维护古风貌、保障环境生态成为政府的工作思路。为此，无锡市规划局制定了《无锡历史文化保护规划》，将古运河的保护按照"全线控制、重点保护、分段改造"的原则，分为六段进行特色定位和保护开发。在保护水系的同时，也对一批重点古桥、渡口进行保护。在对部分古运河段禁航后，规划将古运河建成景观河。

从中华人民共和国成立到无锡运河，特别是古运河的全面治理，无锡走了一条相对曲折却充满着自我探索的道路。不论是把大运河当作新航道，还是把相连河道当作排污水道，无锡与运河的命运休戚相关。传统社会运河兴、无锡盛的命运转变为当今社会运河净美、无锡宜居的人与运河共同体。无锡在传承传统、探索创新的城市改造和水网治理过程中，逐步摸索出适合无锡段大运河的治理方案。在经济稳步上升的过程中，无锡城市蕴含的历史文化，特别是大运河在无锡城的独特江南风情价值，越来越被重视，古老的运河终于迎来了华丽蝶变。

四、申遗成功华丽蝶变

中国大运河是世界上最长的人工河，也是我国唯一南北走向的水上大动脉。它对中华民族的经济繁荣、政治统一、文化交流有着重大的历史作用。千年大运河，不仅是中华民族的宝贵文化财富，也是人类共同的历史文化财富，而且直到今天仍然发挥着难以估量的积极作用，这些价值是其他历史文化遗产难与比拟的。

改革开放带来了我国经济社会的长足发展，也带来了国际层面的文化交流合作。1987年，与大运河同为世界奇迹的长城列入世界文化遗产名录。但大运河一直沉寂无语，运河沿线众多的文物古迹也没有被列入全国重点文物保护单位。进入21世纪后，经济发展实力和国家文化交流的需求，唤醒了寂静的大运河，大运河的"申遗"工作便应运而生。这项文化复兴工程，由民间呼吁发起，官方推进实施，各运河城市积极响应。

大运河的申遗经历了一个曲折过程，但大运河深邃的光芒照亮了前行的路。早在 1985 年，国家文物局郑孝燮、罗哲文等人就曾计划将大运河申报世界文化遗产项目，但因大运河是活态的，未能获得申报资格。2004 年年初的南水北调工程文物调研，展现了运河文物的惊人数量。2004 年 3 月召开的全国政协十届二次会议上，由单霁翔等 7 位委员提交了《关于大运河文化遗产保护亟待加强的提案》。同年 8 月，第 28 届世界遗产委员会会议在苏州召开。之后，联合国教科文组织（UNESCO）在关于《保护世界文化和自然遗产公约》的最新一版《行动指南》中，将运河遗存和文化线路作为新的世界遗产种类列入，并将其归结为，"它们代表了人类的迁徙和流动，代表了多维度的商品、思想、知识和价值的互惠和持续不断地交流，并代表了因此产生的文化在时间和空间上的交流与相互滋养，这些滋养长期以来通过物质和非物质遗产不断得到体现。"当时，联合国教科文组织的新规定是，遗存运河也可以作为新的世界遗产种类进行申报。2006 年 3 月，在全国政协十届四次会议上，在罗哲文等同志的积极倡导下，由 58 位政协委员共同提交了《应高度重视京杭大运河的保护和启动"申遗"工作》的提案。为了摸清古运河遗产的整体情况，2006 年 5 月，全国政协组织大运河保护与申遗考察团，自 5 月 12 日起对古运河流经的北京、天津、河北、山东、江苏、浙江 6 省市 18 个城市进行实地考察，并在北京进行为期 3 天的研讨，为古运河保护以及启动向联合国申报人类物质文化遗产做准备。2006 年 5 月 24 日，在杭州举办的京杭大运河保护与申遗研讨会上通过了《京杭大运河保护和申遗杭州宣言》，宣布"京杭大运河申报世界文化遗产"工作启动[①]。2006 年 12 月，国家文物局将大运河列入我国重新设定的《中国世界文化遗产预备名单》。经过不懈的努力和探索，中国大运河终于在 2014 年 6 月成功成为世界文化遗产。

大运河申遗过程，也是沿线城市不断挖掘整理修缮运河遗产的过程，对于无锡而言，还是一个不断治理运河水道、提升运河水质的过程。基于相关内容已经在前面内容做了概述，这里就不再赘述。

《申报世界遗产文本·中国大运河》对大运河无锡段的范围做了明确说

---

① 蔡桂林. 千古大运河［M］. 北京：文化艺术出版社，2007：11.

明，中国运河无锡城区段的遗产区边界：西界至黄埠墩以西，东界至无锡市区级行政界线止，沿线两岸均以古运河、老运河岸线向南北两侧各处扩 5 米为界。缓冲区边界：遗产区外扩 30 米，即以河道岸线两侧各外扩 35 米为界。清名桥历史文化街区处局部放大，两侧至河岸以西 100～200 米，东侧至河岸线以东 80～150 米。

　　中国大运河无锡段流长 40.8 千米，其中无锡市区自皋桥至下甸桥 14.9 千米。运河经吴桥至江尖一分为二，一支经永定桥、西水墩、南吊桥至清名桥，全长 6.6 千米，拥有典型的江南水乡特色。另一支经莲蓉桥、工运桥、高墩桥、羊腰湾、妙光桥，长 45 千米，属于运河货运航道。无锡市区段的古运河是江南运河风貌保持最有特色的区段，号称"千里运河，独此一环"。

　　经历了跌宕起伏的历史变迁，大运河终于在 21 世纪走向新生。新生后的大运河必将以千年的雄姿照亮无锡的历史，彰显大运河无锡段的时代价值。

第二章

无锡段运河文化遗产及其文化表征

文化遗产是一个逐渐生成的概念，其生成过程与我们对遗产的认识和实践直接相关。文化遗产反映了文化与遗产的内在关系，是遗产中的文化，文化中的遗产，表明了人类对知识和智慧的传承，对历史的尊重与甄选。

诸多研究表明，现代文化遗产概念最早发端于 14~16 世纪西方的文艺复兴时期。当时意大利的知识分子，一方面厌恶宗教的神权文化，另一方面又没有形成成熟的文化体系取而代之，于是出现了希望通过复兴古希腊、古罗马的文化形式来表达自己的文化，古希腊、古罗马留存下来的遗产及其价值受到关注。在文艺复兴的影响下，意大利对文物古迹的修复表现出浓厚兴趣。18 世纪，这种思潮逐渐传播到英国、法国等欧洲其他国家，现代遗产保护实践率先在法国、英国、意大利等国开始。由于启蒙运动解放了法国人的思想，特别是之后爆发的法国大革命，使得国王和大量的贵族被送上断头台。曾经他们居住的宫殿、城堡、庄园以及教堂等逐渐荒废，大量的珍贵文物或者被破坏或者被倒卖，在此情景下，国家接管了保护管理工作，于 1830 年成立了法国历史建筑总检察院，并配备了记录、保护和修缮的资金，对遗产保护进行管理实践。英国对遗产保护的主要背景是工业革命。大量工厂的出现、城市人口的增加，对原有的建筑群落、城市景观、街巷肌理等带来很大冲击，城市空间美学在一定程度上遭到破坏，于是一些有识之士开始致力于历史建筑的保护工作。1877 年，英国成立了古建筑保护协会（SPAB）。法国、英国对遗产的认识和实践工作深深地影响了整个世界。

19 世纪的工业革命及城镇化进程，大大改变了人们的生产生活方式，在历史变迁中，人们在社会和地理上的安全感丧失，需要在社会发展中寻找到一种可以抵御或是寄托时代潮流冲击的物质性客体和精神性寄托。而民族国家的出现，民族主义的思潮风起，使得社会兴起保护历史遗产的潮流，通过保护历史古迹、挖掘其价值意义，获得社会认同感。两次世界大战对西方世界带来的巨大破坏，以及西方在 20 世纪 60 年代的快速城镇化过程，都对历史遗产造成冲击与破坏，这引发了社会精英阶层对遗产保护的普遍担忧，进而积极推动了文化遗产的保护与发展。由于文化遗产具有社会认同感和连通古今的怀旧情感等原因，普通民众也参与到遗产保护运动中，于是，这场发源于欧洲的"遗产运动"迅速变成了全球性的文化现象。

在西方，"遗产（heritage）"一词源于拉丁语，与继承、继续（inheritance）同源，含义为可以传给后代之物，它预设了过去和后世的一种内在联系，并伴随有"托管"和责任之意。在最新的《牛津高级英语词典》（第七版）中，将"遗产"解释为："一个国家、地区或社会长期拥有的，且被认为是其自身特征的重要组成部分的历史、传统和特质。"在传统观念下形成的遗产内涵，即便在后现代的语境下，依旧没有根本性改变。中国《辞海》（缩印本）第一版（1980 年）中对遗产的解释是："①死者留下的财产，包括财物和权。②历史上遗留下来的精神财富。如文学遗产、医学遗产。"2001 年修订的第 3 版《新华词典》中解释为：①法律上指公民死亡时遗留的个人合法财产。包括公民的收入，公民的房屋、储蓄和生活用品，公民的林木、牲畜和家禽，公民的文物、图书资料，法律允许公民所有的生产资料，公民的著作权、专利权中的财产权利，公民的其他合法财产。②借指历史上遗留下来的精神财富或物质财富。可以说，遗产与历史留存到当下的物质性和精神性东西有关，不是所有的历史遗留物都可以称为遗产，遗产是被社会选择的结果，也是被社会传承的对象。

文化遗产是对遗产的延伸。目前普遍使用的"文化遗产"概念来自 1972 年 11 月联合国教科文组织在巴黎制定实施的《保护世界文化和自然遗产公约》，文化遗产和自然遗产不仅被国际公约确认为直接保护对象，而且对其概念进行了明确定义。该公约第 1 条对"文化遗产"一词进行了界定："在本公约中，以下各项为'文化遗产'：纪念地，即从历史、艺术或科学角度看，具有突出的普遍价值的建筑物、碑雕和碑画、考古物体的成分或结构、铭文、窟洞以及联合体；建筑群，即从历史、艺术或科学角度看，在建筑式样、分布或与环境景色结合方面，具有突出的普遍价值的单立或连接的建筑群；遗址，即从历史、审美、人种学或人类学角度看，具有突出的普遍价值的人类工程或自然与人联合工程以及考古遗址等地方。"① 1999 年，国际古迹遗址理事会在《国际文化旅游宪章（重要文化古迹遗址旅游管理原则和指南）》中，对文化遗产概念做了界定："文化遗产是在一个社区内发展起来

---

① 王云霞．文化遗产的概念与分类探析［J］．理论月刊，2010（11）：5-9.

的对生活方式的一种表达，经过世代流传下来，它包括习俗、惯例、场所、物品、艺术表现和价值。文化遗产经常表现为无形的或有形的文化遗产。"①

我国对"文化遗产"一词的使用是近几年才出现的。中华人民共和国成立后，我国使用的相关概念是"文物"。文物概念诞生于近代西方的考古学，是近代科学兴起与发展的结果。在《中国大百科全书·文物博物馆卷》中，我国文物保护先驱谢辰生先生对文物的定义是："文物是人类在历史发展过程中遗留下来的遗物、遗迹。"② 按照《中华人民共和国文物保护法》的规定，文物具有历史、科学和艺术价值，受国家保护的文物的范围包括：①古文化遗址、古墓葬、古建筑、石窟寺和石刻；②与重大历史事件、革命运动和著名人物有关的建筑物遗址、纪念物；③历史上各时代珍贵的艺术品、工艺美术品；④重要的革命文献资料以及手稿、古旧图书资料等；⑤反映历史上各时代、各民族社会制度、社会生产、社会生活的代表性实物。并特别强调，具有科学价值的古脊椎动物化石和古人类化石同文物一样受国家的保护。我国文物范围广泛，不过，这些范围限于可见的物质性的遗产，与西方对遗产的认知从根本上讲是一致的。

我国政府于 1985 年加入《保护世界文化和自然遗产公约》以来，在文化遗产保护实践方面付出了大量的努力，并对文化遗产有了新的认识。进入 21 世纪后，随着国际上"文化遗产"的概念使用频率不断提高，我国也越来越多地使用"文化遗产"，尤其是 2006 年我国设立第一个"文化遗产日"以来，"文化遗产"的概念逐渐深入人心。

文化遗产是对文物概念的扩展和延伸，不仅包括了文物，而且延伸了文物的价值意义，"不仅是人类过去遗留的物质性遗存被视为文化遗产的组成部分，一切与人类的发展过程有关的工艺、技术，知识，礼仪、风俗习惯等也被视为文化遗产的组成部分，人们对文化遗产的内容、其所包含的信息、价值等的认识在提高，从而使这一概念所荷载的文化与社会的意义更加普遍也更加深刻"③。随着世界各国对文化遗产保护实践的不断深入，限于物质层

---

① 联合国教科文组织世界遗产中心，国际古迹遗址理事会，等. 国际文化遗产保护文件选编［M］. 北京：文物出版社，2007：187.

② 曹兵武. 文物与文化：曹兵武文化遗产学论集［M］. 北京：故宫出版社，2013：4-5.

③ 曹兵武. 文物与文化：曹兵武文化遗产学论集［M］. 北京：故宫出版社，2013：5.

面的文化遗产被延伸拓展，文化遗产具有的地方性的特定文化价值及其意义被凸显，而文化的地方性、多样性推动学者们把遗产限于城堡、建筑、纪念牌等物质性的遗产进行思考。遗产需要被体验，遗产可以被展演，在体验、展演过程中，遗产具有的身份认同、情感回忆、历史记忆等文化甚至政治功能才能被激活。而那些被体验、展演的遗产往往在人参与实践中才能表现出来，它是非物质性的存在。

文化遗产分为物质文化遗产和非物质文化遗产。非物质文化遗产（简称"非遗"）是现实的存在，是文化多样性的表征。在联合国教科文组织正式提出非物质文化概念前，联合国教科文组织在 1989 年制定的文件——《关于保护传统文化与民间创作的建设》中，就使用了"口头与非物质遗产"的表述。2003 年，联合国教科文组织通过了《保护非物质文化遗产公约》，该文件明确了非物质文化遗产概念，提出非物质文化遗产会与其所在的人文环境、自然环境及逝去的历史产生互动，在这个互动过程中可以不断强化人们的认同，进而激发人们对文化多样性及人类创造力的尊重。

基于对文化遗产概念的不断理解，我国在 2005 年 12 月，由国务院发布了《关于加强文化遗产保护的通知》指出："文化遗产包括物质文化遗产和非物质文化遗产。物质文化遗产是具有历史、艺术和科学价值的文物，包括古遗址、古墓葬、古建筑、石窟寺、石刻、壁画、近代现代重要史迹及代表性建筑等不可移动文物，历史上各时代的重要实物、艺术品、文献、手稿、图书资料等可移动文物，以及在建筑式样、分布均匀或与环境景色结合方面具有突出普遍价值的历史文化名城（街区、村镇）。非物质文化遗产是指各种以非物质形态存在的与群众生活密切相关、世代相承的传统文化表现形式，包括口头传统、传统表演艺术、民俗活动和礼仪与节庆、有关自然界和宇宙的民间传统知识和实践、传统手工艺技能等以及与上述传统文化表现形式相关的文化空间"。这是迄今为止中国正式文件中对"文化遗产"概念最权威、最明确的解释。

第一节 物质文化遗产及其文化表征

文化表征是语言、符号与意义的生产过程，其最重要的文化内涵可阐释为"一个符号、象征（symbol），或是一个意象、图像（image），或是呈现在眼前或者心上的一个过程"①。就其内涵而言，"表征不是单纯地反映现实世界，而是一种文化建构。"② 就其外延而言，表征反映的是一个独立客观世界的象征行为（an act of symbolism）。斯图亚特·霍尔（Stuart Hall，2003）在《表征——文化表象与意指实践》中认为，"表征是通过语言生产意义"。他把表征看作某种文化内的全体成员生产意义并互相交换意义时的过程。表征既可以是描绘或临摹，也可以是一种象征的意义。文化遗产不仅仅是历史遗存，还是一种文化建构，更是一种文化象征意义，它对于凝聚地域力量、提升文化自信、建设社会意识形态等都具有重要意义。文化遗产的表征意义对保护和利用文化遗产具有重要意义。

世界各地的运河被列入《世界遗产名录》，是伴随遗产实践的不断扩展实现的。运河文化遗产是与运河有关的建筑物、文物、遗址等。在我国，运河遗产具有"等级高，类型齐全，包括各种物质、非物质、口头非物质文化遗产、全国重点文物保护单位、古都、国家级历史文化名城、历史文化名镇等，在全国占比重大"③ 等特点。几千年来，我国人民在运河的开挖、修治、使用和管理过程中，积淀了形式丰富多样、内容博大精深、历史底蕴深厚的文化遗产，这些文化遗产不但是大运河变迁的历史见证，体现了运河区域特有的历史信息，而且表征着中华民族伟大的生命力和创造力。挖掘大运河文化遗产的表征意义，既是遗产内涵的应有之意，也是新时代宣传中华优秀传统文化，提升文化自信的必然要求。

京杭运河穿无锡城而过，长期的通漕为无锡留下了丰厚的文化遗产，赋予了无锡独特的城市精神和文化风貌。大运河无锡段集中了古镇古街、塔窑祠寺、会馆驿站、码头仓储、桥梁闸坝、庙宇衙署、街肆商铺等众多的历史遗存遗迹。惠山泥人、酱排骨、小笼包、锡剧、书法、传统口头文学、传统体育、无锡留青竹刻等非物质文化遗产分布在无锡古城内外，共同构成了丰富多彩的运河文化资源。

无锡运河沿线物质文化遗产类型众多，大致可以分为五大类，分别是：

---

① 雷蒙·威廉斯. 关键词：文化与社会的词汇［M］. 刘建基，译. 北京：生活·读书·新知三联书店，2005：409.

② BARKER C. The Sage Dictionary of Cultural Studies［M］. London：Sage Publications，2004：177.

③ 王健. 大运河文化遗产的分层保护与发展［J］. 淮阴工学院学报，2008（02）：1-6.

运河水利工程遗址、古建筑、古墓葬和石刻、古城遗址、民族工商业遗产。

一、运河水利工程遗址：民生工程的仁爱情怀

水利是一项工程，水利遗产指向是以工程为主体的文化遗存。水利工程与江河关系密切，因我国古代水利工程是自然河道和人工开挖河道相结合的产物，其在存续期间一般会塑造新的人居环境、生态环境和景观环境，因此水利遗产的外延应包括水利工程塑造的自然与人文景观。运河水利工程遗址①包括运河本身以及其河道、航运、水利等直接相关的历史文化遗产，如航道、桥梁、船闸、堤坝、圩堰、驳岸、纤道、码头等，这类遗产的空间范围应是紧贴运河沿岸，即运河沿线周围，与运河"零距离"。对于无锡而言，运河岸边的桥与墩不仅与运河相依相存，而且蕴含着深厚的历史文化，彰显着无锡地区的文化精神，是无锡段大运河遗产的重要内容。

古时在运河上修桥大致有以下四种形式②：第一种是由少数官府拨款并主持建造的桥；第二种是由民间热心人士牵头组织募捐和主持修建的桥；第三种是佛门弟子敬神还愿，积德行善并化缘集资而修建的桥；第四种是地方富商慷慨解囊，为回报乡里而建的桥。无锡段大运河桥梁众多，有清名桥、伯渎桥、宝塔桥、跨塘桥、耕读桥、大公桥、定胜桥等，这些桥梁大多属于地方富商慷慨解囊修建，蕴含着深厚的仁爱思想。

（一）清名桥：枢纽通道

清名桥是无锡运河发展历史上规模最大、保留最完整的单孔石拱桥。始建于明万历年间，是无锡"寄畅园"主人秦燿的两个儿子秦埈、秦梿捐资建造，因两兄弟的号分别为太清、太宁，于是各取两人一字，叫作"清宁桥"。该桥在清康熙八年（1669 年），由无锡县令吴兴祚重建。到了道光年间，因讳道光皇帝的名字旻宁改名为"清名桥"，也有人称它为"清明桥"。清名桥为单孔石拱桥，桥长 43.2 米，宽 5.5 米，高 8.5 米，桥孔跨度 13.1 米，全系花岗岩堆砌而成。因两岸地势高低关系，东西石级不等，东有石级 46 级，西有 43 级。拱圈为江南常见的分节平列式，共 11 节，圈洞两面的圈石上各有题刻。一立于清咸丰年间，介绍桥梁和更改桥名的经过；一立于同治年

---

① 霍艳虹．基于"文化基因"视角的京杭大运河水文化遗产保护研究［D］．天津：天津大学，2017．

② 张翠英．大运河文化［M］．北京：首都经济贸易大学出版社，2019：181．

间，介绍重建清名桥的始末。桥栏上没有雕饰，每侧立两个望柱，显得十分古朴。1983年，在桥东西侧发现清代石碑两方，一为邹一桂所书，乾隆三十一年（1766年）立；一为同治九年（1870年）九月立。清名桥因位于古运河与伯渎港交汇处，东西向横跨运河，虽已成为世界文化遗产，但仍然是当地居民通过运河的重要通道。

清名桥是清名桥历史街区的中心枢纽。东侧为伯渎港，有建于清末的祝大椿故居；南侧是伯渎河，伯渎河右面是大窑路，是无锡古老的开窑烧砖的所在地，今建有无锡窑群遗址博物馆；其西侧是南长街（旧称南上塘），左侧为南下塘，"上塘十里能兴市，下塘十里能烧窑"；其北侧有1929年建造的大公桥，大公桥西面有著名的永泰缫丝厂旧址。

清名桥不仅仅是运河上一座连接两岸的桥梁，贯通沿线遗产点的枢纽，更因其在一定程度上开创了无锡工商士绅慷慨解囊、服务社会的先河而被世代传颂。大运河成为世界文化遗产后，清名桥所在的街区被赋予了清名桥历史街区的称号。

（二）伯渎桥：Y字形交汇古运河

在繁华的南长街、古运河上，历史价值仅次于清名桥的就是与之相对的伯渎桥。伯渎河与古运河呈"Y"字形交汇，交汇口两河之上分别呈60度角横卧着清名桥和伯渎桥，沿河古街荟萃了丰富的历史遗存和人文景观，被誉为"中国活态运河博物馆"、古运河"绝版精华地""江南水弄堂"、古运河"民俗风情水上图""江南历史人文景观长廊"等美称。

据无锡史志记载：泰伯渎，运河之支也，于清宁桥（清名桥）南入口，有桥跨其上，名伯渎桥。伯渎桥为单孔石桥，建于清末，是为方便运河两岸商家的商贸往来，由地方窑业、茶楼、酒楼业主捐资而建，桥面宽4米，净跨12米，初建时为木板桥，后桥身改为砖砌。伯渎桥桥身高大匀称，跨度及拱径能容大型船只通行，桥墩系花岗石垒筑，上部拱圈、拱顶由青砖砌筑，桥面及步阶用石条横铺，北埠连接南下塘，南埠连接大窑路。上下桥步阶采用与桥体十字交叉（马鞍式）的布局。26根望柱与护栏板同高，混凝土砌筑，唯桥顶正中东西两侧的二根望柱"鹤立鸡群"，西侧桥顶部有桥名石，阳刻桥名。如今围绕古桥形成了历史保护街区，其历史价值仅次于清名桥。

（三）黄埠墩：无锡"天关"

无锡，因运河穿城而过，形成了号称"天关"和"地轴"的黄埠墩和西水墩。

　　黄埠墩是江南运河无锡城区段的起点，被誉为"小金山"。黄埠墩是疏浚古芙蓉湖遗留下来的小岛，地处无锡古芙蓉湖中，惠山浜出口处，墩小而圆，面积约 220 平方米，北为双河口，南为江尖渚，因春申君黄歇曾在此疏浚芙蓉湖而得名。其南北长 30 米，东西宽 20 米，用石砌驳岸，四面环水，岛上保留着古老的殿宇和寺庙。墩上的遗迹有环翠楼、文天祥《过无锡》诗碑、通惠井、凤凰石、马槽等。黄埠墩与运河和梁溪河交叉处的西水墩一起，被称为无锡古运河的风水枢纽——"天关"与"地轴"，同时，它还与西面的惠山、锡山一起，组成了人们心目中"龙"的完整概念。

　　黄埠墩的历史几乎和大运河一样悠久。相传春秋时期，吴王夫差伐齐，曾疏浚芙蓉湖。战国时，楚国春申君黄歇又疏浚芙蓉湖，其泥沙堆积而成黄埠墩。2400 多年前，吴王夫差率兵伐齐时，曾在墩上大宴群臣；楚国的春申君曾在这一带水域兴修水利；南宋民族英雄文天祥曾两度经过此墩，写下了一首《过无锡》的爱国诗篇；明代有"海青天"之誉的名臣海瑞，在墩上写有"临水玩山第一楼"的匾额，等等。在老无锡人的观念中，黄埠墩一直被视为无锡古运河的象征，清代康熙帝和乾隆帝各有过六次南巡，每一次来江南，都会在墩上停留观赏，康熙把它比作水中的兰花，乾隆喻它是传说中的"蓬莱"，并题有著名的诗句：两水回环抱一洲，不通车马只通舟。黄埠墩所处地理位置十分重要，它是进出无锡城的必经之路，就在无锡本地，如果人们从无锡的北面去到惠山，也必须从黄埠墩乘坐摆渡船才能过河，因运河的水面辽阔，黄埠墩是渡船在运河中间的中转站。江南运河也是通过黄埠墩而分流，各经不同的路段，最后在跨塘桥汇合一路向北。正因为如此，无锡老城形成非常有特色的龟背状。

　　1982 年，为了纪念南宋宰相民族英雄文天祥，无锡市园林部门将南门外张元庵的前殿及所附戏楼移建于此，名"正气楼"，在楼前留出内院，临水处建码头、平台、门头，又在门头至正气楼之间的两侧建矮墙，即现存建筑格局，并将文天祥在黄埠墩写下的《过无锡》刻成诗碑立于院内。1983 年，黄埠墩被列为无锡市文物保护单位。1986 年，无锡市对黄埠墩进行了改造，正气楼三面透空，视野开阔，对面为自然环境优美、祠堂密集的惠山浜，具有文化旅游价值。但由于种种原因，黄埠墩作为旅游路线只开放过两次，且时间短暂。此后，黄埠墩一直成为人们远观的神秘对象。

　　（四）西水墩：无锡"地轴"

　　与被称作"天关"黄埠墩相对应的是"地轴"西水墩。西水墩位于古运河与梁溪河的交汇处，四面临水，形如岛屿，当地居民称西水墩为西墩上。《康熙·无锡县志》和《乾隆·无锡县志》中都有记载，梁溪河源自惠山，向南流入太湖，流经无锡城的一段被作为护城河，形成梁溪河和古运河汇合处。在西水墩二者被分流，梁溪河向西南入太湖，古运河则向南流。因此，西水墩起着两条河流的转向作用，因而被封为"地轴"，与黄埠墩的"天关"相呼应。

西水墩虽小，却烙印着诸多印记。无锡大家族秦家的秦金曾在这里建有后花园，西水墩也被称为太保墩。从明朝开始，墩上开始建庙，纪念嘉靖年间因抗倭殉难的三十六义士。清顺治初年，因纪念无锡县令刘五纬治水有功，该庙被称为水仙庙，又称刘侯庙。因南门外也有水仙庙，故这里被称为北水仙庙。咸丰十年（1860年），庙宇被毁，同治年间重建。光绪十五年（1889年），米商们集资，重建了"工"字大殿，内外戏台、天后宫、前后偏殿、娘娘庙和东西辕门等，占地面积13600平方米，建筑面积11300平方米。1925年4月，中共早期党员周启邦（又名周愚人）从上海被派来无锡，在西水墩上开办了无锡第一所工人夜校，成为无锡党组织开展工人运动的秘密场所之一。无锡第一任支部书记孙冶方说："西水墩工人夜校是无锡工人运动的摇篮。"20世纪90年代初，中共无锡市委、无锡市人民政府在此树碑勒石，题书"无锡第一所工人夜校旧址"。1986年，被列为无锡市文物保护单位。1998年，整修了大殿、二殿、戏台，扩建了900平方米房舍，设无锡市群艺馆，建成西水墩公园。2001年，无锡市政府对西水墩的环境进行了大规模整治，进一步美化了西水墩公园。

二、民族工业遗产：工商兴盛的百年符号

按照国际工业遗产保护联合会《关于工业遗产的下塔吉尔宪章》（国际工业遗产保护联合会于2003年7月10日至17日在下塔吉尔通过）的定义，工业遗产是指工业文明的遗存，它们具有历史的、科技的、社会的、建筑的或科学的价值。这些遗存包括建筑、机械、车间、工厂、选矿和冶炼的矿场和矿区、货栈仓库，能源生产、输送和利用的场所，运输及基础设施，以及与工业相关的社会活动场所，如住宅、宗教和教育设施等。适当的调查研究方法可以增进对工业历史和现实的认识。

工业遗产具有如下价值：

（1）工业遗产是工业活动的见证，这些活动一直对后世产生着深远的影

响。保护工业遗产的动机在于这些历史证据的普遍价值，而不仅仅是那些独特遗址的唯一性。

（2）工业遗产作为普通人们生活记录的一部分，并提供了重要的可识别性感受，因而具有社会价值。工业遗产在生产、工程、建筑方面具有技术和科学的价值，也可能因其建筑设计和规划方面的品质而具有重要的美学价值。

（3）这些价值是工业遗址本身、建筑物、构件、机器和装置所固有的，它存在于工业景观中，存在于成文档案中，也存在于一些无形记录中，如人的记忆与习俗。

（4）特殊生产过程的残存、遗址的类型或景观，由此产生的稀缺性增加了其特别的价值，应当被慎重地评价。早期和最先出现的例子更具有特殊的价值。①

无锡运河畔的遗产，既不同于世界其他国家运河畔的遗产，也不同于国内长江以北的遗产类型，原因在于无锡是我国近代民族工商业的发源地，运河畔留下了大量的民族工业遗产，它们不仅数量多，而且以集聚方式呈现。

民族工业遗产主要是指近现代的各种纪念物，包括各种旧址、革命纪念碑、近代名人故居、近现代工业遗产等。无锡作为近代民族工商业的发源地之一，拥有得天独厚的工业底蕴，有着"小上海"的美称，随着近代上海的开埠以及民族工商业的崛起，无锡开始兴办实业，涌现了荣氏、杨氏、薛氏、周氏、唐蔡、唐程六大资本集团，他们留下了丰富的近现代民族工业遗产，成为无锡百年工商名城的历史符号。

无锡是近代中国民族工商业的重要发祥地和现代乡镇企业的主要诞生地，工业遗产丰富多样，是国内工业遗产富集的重点城市之一。为更好地保护历史文化遗产，彰显城市的文化底蕴和特色，推动无锡工商名城和文化名城建设，无锡市政府在2006年发布了《关于开展工业遗产普查和保护工作的通知》，对工业遗产开展了普查和保护。2007年6月，无锡市政府公布了第一批工业遗产保护名录，共有20项名列其中，分别是纸业工会旧址、王元吉锅厂旧址、许记磨面作坊旧址、锡金钱丝两业公所旧址、茂新面粉厂旧址、无锡县商会旧址、中国银行无锡分行旧址、庆丰纱厂旧址、永泰缫丝厂

---

① 联合国教科文组织世界遗产中心，国际古迹遗址理事会，等．国际文化遗产保护文件选编［M］．北京：文物出版社，2007：252.

旧址、鼎昌丝厂旧址、北仓门蚕丝仓库旧址、北桥仓库旧址、惠元面粉厂旧址、天元麻纺厂旧址、无锡市第二粮食仓库旧址、江南无线电器材厂旧址、开源机器厂旧址、惠山泥人厂旧址和无锡压缩机厂旧址。[①] 这些工业遗产主要分布在运河沿线，其中，运河公园的数量最为突出，北仓门则最有价值。

（一）无锡运河公园：百年工商盛地

无锡运河公园，位于无锡环城古运河旅游风景区西北部，蓉湖大桥东北堍，因濒临京杭大运河无锡城区段的古运河与新运河的结合部而得名。无锡新运河开挖于1958年的"大跃进"时期，当时是为了解决城区段运河桥多、湾多、河浅、水急等问题，无锡市政府决定开辟一条新航道。新运河从黄埠墩向南转向，经过锡山东麓，穿过梁溪河，至南门下甸桥连接原有运河，全长11.24千米。运河公园处于两河之间，占地面积16.05万平方米，始建于2007年，2009年建成开放。

运河公园所在地，曾经是无锡历史上无锡市米业加工、运输、储存比较集中的地方，内有多处20世纪的工业遗产，有近代著名企业家薛明剑约建于1940年的允福面粉厂、米业公所旧址、储业公会等，是无锡米市现存为数不多的历史载体，也是无锡米市行业组织的最好物证。运河公园面对着三里桥，三里桥运河沿岸原是无锡最繁华的地方，也是全国四大米市之一的所在地，其不同于一般公园的最大特点是工业遗存数量多而集中。

运河公园的园基原为无锡米市和中华人民共和国成立后粮油运输、仓储加工业的集中地。园中保留有17处"工业遗产"建筑，是无锡百年工商城的历史记忆之一。改造前，这里有粮食七库、八库、第一米厂等带有时代印记的工业建筑，超大号的米仓几乎是它的标志。这些米仓是矗立在锡丰浜与生和浜之间的14个砖砌大圆筒，号称"七百万斤砖立筒库"。其功能是为贮存粮食而建的，这些圆筒共占地598.5平方米，原是用来储存粮食的仓库。每个筒库高20米，建造于1980年1月，完工于1981年12月，属于无锡市粮食局第二仓库。无锡市第二粮食仓库由中国银行二栈、同源丰堆栈、联勤仓库于1959年合并而成，1966年改为国营仓库，最初专门用于储存小麦，1988年后，腾出部分库容为无锡第一米厂储存稻谷。该仓库的内径为6米（外径为6.74米），可贮存稻谷25万千克，贮存小麦31.25万千克。仓库建在运河边上，当年运粮船停泊在锡丰浜，通过运输机械将稻谷直接从粮仓顶

---

① 张强．江苏运河文化遗存调查与研究［M］．南京：江苏人民出版社，2016：275.

部输入筒仓。再根据需要，通过配备有计量、提升、吸尘和皮带输送等设备的发放塔，将稻谷传送至隔河相距两百米的第一米厂，仓库见证、传承了无锡米市文脉。2007 年，这些圆筒粮仓以"无锡市第二粮食仓库旧址"名称公布为第一批无锡工业遗产。现旧址保留有 14 个高 20 米、内径 6 米的筒仓和一处坡顶砖混仓库。目前，旧址已经改建为周怀民藏画馆。周怀民祖籍无锡钱桥周巷，生前曾是北京画院著名画家、书画鉴赏家和收藏家。20 世纪 80年代，周先生将毕生所藏无偿捐赠给家乡无锡。他们希望，周怀民藏画馆在彰显城市深厚文化底蕴，弘扬、传承中华民族传统文化的同时，成为爱国主义教育基地。

周怀民藏画馆属于无锡书画博物馆，无锡书画博物馆是在原九丰面粉厂旧址上改建而成的。九丰面粉厂旧址位于圆筒粮仓的东侧，因该厂由蔡缄三、唐保谦等九人集资创办于清宣统二年（1910 年），又正对惠山九峰，故以"九丰"命名。开辟在九丰面粉厂旧址的"无锡市书画博物馆"，总面积2500 平方米，于 2009 年国庆前夕试开放，2010 年 4 月 12 日正式开馆。该馆展示了无锡作为书画之乡的特质文化，专门介绍无锡籍历代书画名家以及其相关作品和史料。馆内以不同的形式展出了"画圣"顾恺之、倪云林、王问、邵宝等历代无锡籍著名画家的作品，以及近现代以来丁宝书、徐悲鸿、诸秋、钱松岩、秦古柳等一批无锡籍著名书画家的精品力作和古文物，并应用现代声光电等综合手段，增强艺术表现力和无锡书画艺术的神韵和魅力。进入候展区，在古色古香的书吧、茶吧的休闲韵味中，十大无锡籍书画家的浮雕墙夺人眼球，经典书柜内故宫博物院出版的馆藏艺术图书琳琅满目。此外，无锡书画博物馆留言系统别出心裁将电子签名作为互动创作平台，任观众随意涂鸦，体验书画创作情趣。

中国民族音乐博物馆同样是"工业遗产"保护与文化展示相结合的成功案例。于 2009 年开馆的中国民族音乐博物馆，位于李家浜南岸，青莲桥东南堍，建筑面积近 4000 平方米，前身为无锡市粮食七库用房，该馆集陈列、收藏、研究、演艺等功能为一身。馆门用中国古代编钟（复制品）作装饰，其陈列布展有："千古遗音"、"太湖美韵"、"民乐大家"、"国风千年"和中国民族乐器展览。中国民族音乐博物馆，是目前国内唯一一家综合性民族音乐博物馆，也是运河公园一道亮丽的人文风景线。

锡丰浜位于公园的北部，该河浜附近原有无锡米市的锡丰堆栈，给人留下"无锡米市繁荣图"的历史记忆。建于 2009 年的锡丰廊桥，是架在锡丰浜上的一座上有游廊的三孔石拱桥，黛瓦红柱，颇具江南水乡建筑特色。桥因浜名，浜因桥胜，寓情于景，发人遐想。该廊在跨越锡丰浜、生和浜、李家浜处，建风雨桥式样的廊桥，令廊身产生前后进退、高低起伏、左右呼应的变化。廊壁镶嵌无锡段悠悠运河近三千年历史文化三组艺术石刻，用以表现无锡历史事件和运河公园的文脉，分别为《运河无锡图纪》浮雕长卷、古画线刻和《歌唱祖国》浮雕，全长218米的《运河无锡图纪》最为抢眼，长卷以汉白玉雕刻而成。廊之外侧河滩，是以天然块石、卵石结合水生植物群落的矶滩景观。此廊与亮化工程相结合，使廊子本身与廊后高大馆舍共同勾勒出高低错落，层次丰富的滨河夜色，呈现"灯火阑珊处，舟行图画中"的无锡古运河美景。

公园内存有无锡米市和中华人民共和国成立后用土法榨油的粮饼厂，后改为塑料厂仓库，占地约16万平方米，目前已经把仓库改造为何振梁与奥林匹克陈列馆。这座室内曲径通幽的陈列馆，是由两幢彼此连接的仓库改建组成的。主馆集中展示了出生于无锡运河边的何振梁先生的生平与他的收藏，并配以奥林匹克的知识；副馆里则展示了一些无锡籍奥运名人的业绩，以及百米奥运玉雕的长廊。它对传播奥运知识，弘扬奥林匹克精神，推进青少年思想道德建设，加强爱国主义教育具有现实意义。

运河公园还兼具水上游与陆上游功能，公园内包括兼顾新运河与古运河水上旅游休闲的两处游船码头（新运河漕运码头与古运河码头）；便于散步游览的两条亲水步行路线，市民游客可沿河而行或环园而行；两个特色体育运动广场，可满足不同年龄层次的市民活动；两片景观绿地，面积约5000平方米的大草坪与8000平方米的树林丘岗；两幢可进行室内活动的会馆，主要面向静态休闲的人群。结合20世纪工业遗产保护，将该园已经建设成一个"集米业文化、运河文化、体育文化、娱乐文化、生态绿化、旅游休闲为一体"的综合性开放式大型城市文化休息公园。

（二）江尖公园：江尖渚上团团转

紧邻运河公园的是江尖公园，它是"无锡米市"和无锡近代工商业的发源地，历史悠久，文化底蕴深厚。京杭运河经黄埠墩之后，逐渐分为两支，到梁溪河分叉处就形成了一个三角形小岛，名芙蓉尖、蓉湖尖，简称湖尖，面积约4万平方米，当地人也称江尖渚。江尖北面与三里桥北塘大街隔运河相对，东南面横浜对岸是长安桥地区的横浜口和横浜里，西南对丁泽里，在以水运为主的旧时，此处是个交通要冲，虽四面环水，有"江尖渚上团团转"说法，但江尖渚上曾是陶都宜兴各窑户陶器集散地，因水运便捷，其商业活动闻名周边。当地居民以贩卖陶器为主。据《无锡市志·商业饮食服务业》记载："民国二十六年（1937年），江尖已形成陶器市场，各地运粮船只在对岸三里桥一带售米后，利用空船装载陶器返航。其时，江尖有陶器栈九家，蒋仁茂、蒋义茂陶器栈已较有名气。""民国三十四年（1945年）抗日战争胜利后……蒋仁茂、蒋义茂业务兴旺，以批发为主，有资金两万元，从业人员三十人，场地库房面积二千九百平方米。蒋仁茂还在宜兴县丁山开设窑货行，操纵窑户，包销全部产品。"

江尖渚因水面开阔，大运河南北往来的船只云集于此，昼则樯桅林立，夜则渔火明灭，旧时每年农历七月三十夜，江尖渚上环岛垒起缸塔，塔顶塔身燃起油脚、木屑，谓之"点塔灯"，"江尖渚上点塔灯"成为无锡特有的民俗。

因江尖渚地势低洼，汛期常遭水淹，2002年，市政府决定搬迁岛上居民四百二十一家；对岛上建筑，除建于1922年的纸业公会旧址（现已列为市级文物保护单位）做有效保护外，拆除其他建筑32822平方米。岛上大量填土，建造以生态绿化为主的江尖公园。在江尖渚原址上修建江尖公园，不仅保留了一些历史上的遗迹遗址，而且还通过艺术手法再现了江尖渚上的社会风俗，同时以新的视角注入了无锡吴文化、工商文化、运河文化。倒扣的小船、木橹、渔灯、酒缸点缀的"怀旧码头"，让人回忆起这里曾经有过中国著名陶器、米市市场的辉煌历史；"吴风楚韵"的水景演绎着古运河与江尖渚特有的水乡风情，目前，江尖公园已经成为古运河沿岸文化旅游休闲集聚带的重要节点。

（三）北仓门：无锡丝码头

过了江尖公园，顺着古运河继续往南行，在古运河东面，是保存完整的北仓门。这里曾经是无锡的丝码头，是无锡工商业繁荣和昌盛的历史见证，是目前已知沿运河边上规模最大的蚕丝仓库。我国古代的仓廪制度中有正仓、义仓和常平仓等分类。正仓亦称官仓，其粮食来源主要是皇粮国赋；义仓所储的是为了救济灾荒的用粮；常平仓的储谷则主要在粮价有所波动时启用。无锡在元代元贞元年（1295年）由县升州，才开始设有两处正仓：一处在甘露，为丰积库；一处在城内今崇安区政府所在地，名为亿丰仓。甘露的丰积库在元末即废，城内的亿丰仓后数度易址，但名字一直没改。明洪武年间（14世纪下叶），无锡在东门外（今长庆路一带）建东仓存储漕粮，由于该仓设有北南两座大门，人们习惯称之为北仓门和南仓门。北仓门蚕丝仓库，始建于1938年，由A库、B库两个呈直角位置的矩形仓库组成，室内面积达6000平方米，仓库青砖黑瓦，无论在设计还是修建上都具有浓郁的江南特色。

据资料记载，北仓门是抗战期间，汪伪政府为控制苏、浙、皖乃至长江三角洲所有的蚕丝商贸活动而建造的规模最大的蚕丝仓库，建成不久后就被日军占为粮仓，后又恢复为蚕丝仓库。由于仓库修建的最初目的是存储蚕丝，因蚕丝重量轻而体积大，整个仓库楼层都比较高，一楼层高5米，二楼层高4.8米，三楼层高8米。为了避光和避风，仓库的窗户多是狭小而多层的。仓库运用大跨度的砖木结构，以此提升存储和搬运空间，在木结构的接头处，全部采用螺栓加固，所以建筑至今仍完好如初。仓库的砖墙上到处可见各式窑款，其中，"吕恒丰""吕恒源""正和"等字样最多，不同的窑款已经成为北仓门的一大特色。仓库的门、窗仍然保留着原有的黑色铁皮，大门上还留有仅容1人通过的小门，而二楼地板上那一个1米见方的洞也保留了下来，据说这是当时方便货物吊上放下用的。仓库的大门采用大门套小门的结构，木质的门上涂有一层厚厚的防火漆。小门专供仓库的管理人员进出，而大门很少打开，主要用于货物的运输，门上有特制的锁，必须有两位以上的管理人在时才能打开，在最大程度上保证了蚕丝货物的安全。这道蕴藏着我国人民管理智慧的特色之门，已经成为提升参观北仓门人们文化自信的重要物质载体。

2004年，以郑皓华女士为核心的海归文创团队发现了运河边这座废弃的仓库，凭着在海外的多年经历，他们深刻感受到仓库具有的历史文化价值，在强烈的时代责任感和艺术情怀的支撑下，对这座仓库进行了保护性修复，改建为LOFT文创产业园。在维修和利用北仓门蚕丝仓库的过程中，该团队在充分听取专家的意见后，制定了修缮保护北仓门蚕丝仓库的原则和技术要求：严格遵循"不改变文物原状"的原则，尽可能多地保留和保护原有建筑上的原始信息。其中，对建筑所有表面的保护性处理，运用了国外最领先的修复技术。为了将北仓门蚕丝库打造为生活艺术中心，该团队在借鉴苏荷艺术街、塞纳河"左岸"艺术家聚居区模式的基础上，完整保留了仓库原有结构和建筑风格，融合了中国传统的美学元素与现代西方艺术形式，构成园区卓尔不群的艺术风格，彰显出独具韵味的情调。同时，为了适应现代社会的需求，修缮工程中还包括了先进的基础设施，从电器、空调到无线通信，应有尽有，被国家历史文化名城专家委员会的专家们一致认可为足以借鉴和推广的保护模式。北仓门不仅是无锡工业遗产成功保护利用的一个范例，同时也成为无锡创意产业的一次成功"试验"。

鉴于北仓门对工业遗产保护树立的典范，2014 年，第九届中国文化遗产保护无锡论坛在此召开，会场就设在仓库的 B 座楼上。目前，北仓门获得了江苏省文物保护单位、江苏省华侨文化交流基地、无锡市文化产业示范园区、无锡市文化示范点、无锡市创业孵化基地、新西兰中国国际贸易促进会重点推荐园区等荣誉。

（四）三里桥一带：无锡米码头

三里桥位于城北门附近，黄埠墩下，古运河河畔，紧邻运河公园、江尖公园，周边很多小河浜在这里交汇，为了出行方便，当时修建了大小两座三里桥，统称为三里桥。因临古运河，交通便利，水岸码头一字排列，拥有强大的仓储能力。无锡的米码头在三里桥一带最为集中，这和无锡的农业和工商业紧密联系。马克思认为，"社会存在是指社会物质生活条件，是社会生活的物质方面，主要包括自然地理环境、人口因素和物质生产方式"[1]。无锡地处太湖之滨，太湖水面开阔，湖底平坦，水位较低，湖水清浅，水草丰美，非常适合鱼类繁殖，是著名的淡水水产基地，出产鱼类品种在 60 种以上，其中以"太湖三白"——白鱼、白虾、银鱼最为著名。而无锡在太湖的滋养下，土地肥沃，河道遍布，水系发达，盛产稻米和水产品，素有"鱼米之乡"之称。

无锡米市始于唐代，兴于明代，盛于清代，主要根源于无锡的自然地理条件和便利的水运交通。无锡的稻米生产根源于其地质多为黏土，东南各乡多高田，适合农业生产，而且每年雨量在 40 厘米以上，适宜种植水稻。无锡米形状浑圆，富含维生素，稻有香粳稻、糯稻、红莲稻、香粳稻、乌野稻、雪里稻、软秆青、时里白、六十日稻、百日稻、金城稻、黄梗秈、细子秈等多种，大多晚熟。[2] 适宜的土壤、气候，加之便利的交通，无锡形成了闻名全国的米市。直到今天，无锡稻米仍以雄厚的实力处于全国领先地位，2020年，无锡稻米走入江苏省优质稻米第一方阵。

---

① 刘建军，郝立新，寇清杰．马克思主义基本原理［M］．北京：高等教育出版社，2021：112.

② 赵永良，蔡增基．无锡历史文献丛书：第 1 辑［M］．上海：上海交通大学出版社，2014：17.

明初，朱元璋在无锡设置粮仓，负责征收和转运江南地区的漕粮。征收任务由苏州、松江、常州、嘉兴、湖州五府承担，而嘉兴、湖州两府的粮食常常自备不足，要在无锡集齐全后才运往淮安入仓，于是，无锡具有了稻米集中地的功能。到清康熙年间（1662-1722 年），朝廷规定所有官粮都由官府经办。随着征收官粮的数额逐年增加，无锡及其附近地区的稻米外流数量逐年上升。于是，外省稻米向无锡传散。无锡自然地成为米粮集散地。乾隆年间，三里桥的米市吞吐量达到七八百万石，甲于省会，即便是清光绪年间，无锡粮行有增无减，从 34 家增至 80 余家，至光绪末年达 140 多家，为江浙府县漕办之地。粮行大多集中在运河畔的北塘三里桥、通汇桥一带，后来逐渐延伸到黄泥桥、伯渎港、南上塘、黄泥 、西塘，同光年间形成八段米市。堆栈业十分兴旺，当时已发展至 50 多家，可储粮数百万石，为东南各省之冠，成为闻名全国的四大米市之一，民国初期居全国四大米市之首。三里桥一带号称"无锡的米码头"。

（五）莲蓉桥一带：无锡布码头和钱码头

莲蓉桥位于北门外，横跨运河之上，始建于唐贞观三年（629 年）。因无锡北城门古称莲蓉门，故建桥后取名莲蓉桥。也有人认为是因附近河道如莲花，故名莲蓉桥。莲蓉桥与三里桥、吴桥都是从无锡北城门出来，沿运河岸边由南向北的名桥。大运河进入江尖后河面变窄，从江尖公园到莲蓉桥的河道中间有两条河道通往护城河，一条在江尖和长安桥的茅蓬沿河之间，到横浜口汇合；另一条在莲蓉桥旁的芋头沿河与北尖（与茅蓬沿河连接的沿河街）之间，经过长安桥通往北门护城河。因为河道分流，北塘街大运河的河水缓慢了，许多南来北往于大运河的货船，常常停泊在此上岸做买卖。于是，商人们也在这里开设店铺，进行商品买卖。

借助大运河的便利交通，无锡从唐朝至明朝中期，都属于江南经济发达之地。当时江南地区贸易交换胜于其他地区，"全吴之沃、渔盐杞梓之利，充物八方，丝棉布帛之饶，覆衣天下"。从泰伯南下传授吴地人养蚕织丝技术后，无锡就开始了桑蚕织造技术。到明朝初年，无锡人口数量大幅增长，有限的耕地资源促使当地人"务本者少而逐末者多"，种桑养蚕纺纱织布就成为许多人家的主要副业。到明中叶时期，无锡当地所产的土布不仅品种多还耐用，在全国逐渐享有名声。到明弘治年间，莲蓉桥附近形成了布料集散地。

在明末清初时，无锡外销土布达百万匹。运河里的船只来时售粮，去时带布，"无锡布码头"声名鹊起。布行弄和江阴巷（该巷旧时为江阴商人来锡经商之地，且有江阴人定居于此得名）一带，形成了庞大的布市。到清光绪年间，业勤纱厂创建，以后又有振新、丽新、申新等厂兴建，无锡的布码头注入新的力量，不仅有布市，而且发展出纱布市场。

随着米粮、丝布贸易的繁荣兴盛，银钱业也随之产生。1869 年，无锡已经有 7 家经营兑换货币、发行钱票、吸收存款业务的钱庄，到 1896 年时，莲蓉桥两岸有 20 多家钱庄。民族工商业的发展兴盛，推动了银行业的出现，从清朝末年一直到中华人民共和国成立前，莲蓉桥畔有 42 家银行和各式钱庄，显然，无锡已经成为苏南的金融中心。此外，伴随银行业的发展，莲蓉桥一带还形成了以黄金、银圆买卖为主的"黄金市场"。

（六）茂新面粉厂：中国民族工商业发源地的缩影

茂新面粉厂 1901 年由我国近代著名实业家荣宗敬、荣德生集资创建，是荣氏家族最早创办的企业，原名保兴面粉厂，后改茂新面粉厂，1916 年更名为茂新第一面粉厂。它是我国民族工商业兴起、发展的历史见证。其生产的"兵船牌"面粉当时享誉全国，还曾远销英、法等国及南洋各地。1937 年遭日机轰炸并烧毁，1945 年重建，由上海华盖建筑师事务所设计，由荣德生之子荣毅仁出任厂长。1984 年年底复名为茂新面粉厂。茂新面粉厂目前还保存着 1948 年建成的麦仓、制粉车间、粉库以及荣毅仁先生工作过的办公楼，并继续发挥着原有的功能，是无锡市至今保存完整的近代民族工业企业。国家文物专家考察评估后认为，茂新面粉厂是中国民族工商业发源地之缩影，其影响之大、保存之完整，不仅在无锡，在全省乃至全国也十分罕见。目前已经成为"无锡民族工商业博物馆"，对于全面挖掘无锡历史文化内涵、彰显区域文化的特色与底蕴、推动无锡城市的全面发展发挥着不可替代的作用。

（七）永泰缫丝厂：丝都风采

在清名桥附近，矗立着的中国丝业博物馆，是以永泰缫丝厂原有建筑为基础改建而成的。永泰缫丝厂始建于 1896 年，是中国早期最重要的机器丝绸厂之一，该厂引进科学管理法，自主设计制作出我国第一台立缫车，目前主要遗存有厂房、茧库、机器。2018 年 1 月 27 日，永泰缫丝厂入选中国工业遗产保护名录（第一批）。当时古运河畔的南长街，码头众多，其中"丝码头"之名更是远播四方。长江三角洲、太湖流域一带气候温和、土质肥沃，栽桑养蚕最为适宜，自古以来就是丝茶之府、鱼米之乡。作为太湖"明珠"的无锡，亦领蚕桑风气之先。明清以降，丝业更是兴旺发达。20 世纪初，民族工商业风生水起，凭借上海开埠机遇，以周舜卿、薛南溟为代表的锡城缫丝企业家怀"实业救国"之梦，1904 年，周舜卿在家乡开办无锡第一家机械缫丝厂——裕昌丝厂，1905 年，永泰缫丝厂缫制出"金（银）双鹿"名牌丝。1921 年冬，"金双鹿"桑蚕丝在美国纽约万国生丝博览会上获得"金象奖"。1930 年，受世界经济危机影响，无锡缫丝工业极度衰退，但永泰缫丝厂通过开办华新制丝养成所，使其设备、管理、培训人才均为全国之冠，在缫丝业中竖立了一块样板。在永泰缫丝厂影响下，无锡"各丝厂群谋刷新"，注重管理和培养技术人才。1933 年，永泰缫丝厂在美国纽约开设永泰公司，在国外直接销售生丝。1936 年，中国厂丝输出 47204 担，无锡生丝出口量占全国半数以上。无锡丝厂的年产丝量、输出量均占全国首位，因而在国内外赢得"丝都"之称。流淌千年运河文明，永泰遗存，演绎百年工商繁华。

作为无锡丝业辉煌历史的见证者——永泰缫丝厂，已经成为大运河无锡段重要的工业遗产。2017 年，由清华大学规划设计，在保留原厂址的基础上，将该厂址改造设计为中国丝业博物馆，场馆占地面积近万平方米，分设丝绸王国、百年辉煌、丝织茧摩、印染服饰、表演展销五个展区。在设计及布展中采用原汁原味表现手法，复原室内场景，再现永泰丝厂与"丝都"历史风采。不仅为古运河的历史增加了历史的辉煌，而且成为走近无锡历史、见证中国近代民族工商业自强不息、勇于开拓进取的参观学习之地。

（八）鼎昌丝厂：周家实业

鼎昌丝厂位于无锡南门外黄泥洚金钩桥街 23 号，是著名实业家周舜卿之子周肇甫投资建造的，是无锡工业企业旧址保存比较完好的一处。周舜卿在 19 世纪末 20 世纪初，是中国民族工商业的巨富。1923 年病故后，其产业由其子负责管理。鼎昌丝厂于 1928 年动工，1930 年建成，耗资 60 万元，设有坐缫车 512 部，抗战期间曾被日军占领。1944 年，产权被周舜卿助理钱凤高占有。中华人民共和国成立后，并入一些小丝厂，改为国营无锡第一缫丝厂。鼎昌丝厂旧厂房设计较有特色。原有生产车间三幢，均为清水砖墙铁皮屋顶的二层楼房，且互相连接呈"王"字形；还有茧库一幢、三层楼，锅炉间、配电间各一幢，也是清水砖墙建筑。1994 年 1 月，由无锡市人民政府公布为市级文物保护单位。

（九）丽新染织厂：唐家实业

丽新染织厂旧址位于无锡市梁溪区丽新路 54 号，是无锡六大家族之唐家的产业。1922 年，唐程资本集团中的唐骧庭与程敬堂在惠商桥西建造厂房，向国外订购织布、漂染、整理等全套机器，建立丽新机器染织股份有限公司，开设丽新染织厂。唐骧庭之子唐君远大学毕业后，即民国十年（1921年）进入丽新染织厂，先后担任车间主任、工务主任、厂长等职，以善于经营管理而著称。在唐君远的管理下，丽新染织厂成为无锡染织业资本最雄厚、设备最完备的企业。后来丽新不断增添设备、扩大规模，于1933年建成丽新纺织漂染整理公司。该厂生产的印花布，压倒当时在国内竞销的日本货，被《朝日新闻》称为日本棉布在"中国的劲敌"。抗日战争前夕，丽新已发展成为纺、织、印染和具有自发电能力的全能工厂。1935年，唐骧庭、程敬堂又与唐熊源（唐保谦次子）等人在无锡创办协新毛纺织厂，是无锡第一家精纺呢绒厂。日本全面侵华战争爆发后，无锡沦陷，大日本纺织公司董事长通过日军司令部胁迫唐家让协新毛纺织厂与日方"合作"，被拒绝后，工厂机器遭日军毁坏，有些机器被日军抢走，房屋也遭局部烧毁。抗战胜利后，唐氏立即着手筹集资金、抽调技术人员恢复在无锡的纺织企业。到1947年时，协新已恢复了纺、织、染部，为中华人民共和国成立后无锡纺织业的发展积淀了雄厚实力。1954年和1955年，无锡和上海丽新、协新各厂先后公私合营，为江南地区纺织业的发展做出了贡献。

（十）庆丰纱厂：唐家实业

庆丰纱厂遗址位于无锡市梁溪区锡沪西路203号。1920年，唐保谦和蔡缄三等人在周山浜集资80万银圆，购地约43333平方米筹办了庆丰纱厂，于1922年建成。1926年，唐保谦之子唐星海回国负责此厂，使庆丰纱厂也成为无锡纱厂后起之秀。生产的"双鱼"牌棉纱在沪宁一带享有盛誉。日军侵华占领无锡期间，庆丰纺织厂损失惨重。1955年企业实现公私合营，1966年改名为国营无锡市第二棉纺织厂。无锡庆丰纱厂见证了无锡工商业的兴衰荣辱。如今，该园区通过修复和改造，原本陈旧斑驳的工业厂房被重新定义、设计和改造，已逐渐发展成画廊、艺术中心、艺术家工作室、设计公司、时尚店铺、餐饮酒吧等各种空间的聚集区，实现工业遗产在新时代的再利用。

三、古建筑：商文同修共行的锡城文脉

古建筑是我国传统社会建筑技术、艺术的结晶，也是我国古代乃至近代政治、经济、社会活动的载体，是全方位反映我国传统社会政治、经济、文化特征的历史遗产，具有地域分布广、分布时间跨度大、类型多样等的特点，古建筑属于传统的物质文化遗产保护对象。

无锡在近现代史上出现了众多著名的实业家，他们既为中国的民族工商业发展做出了不可磨灭的历史贡献，也给无锡留下了大量有价值的建筑。这些古建筑主要包括运河沿线众多中国传统建筑、西式建筑、学宫书院、祠堂寺庙、名人宅第、衙署文庙以及会馆、故居、古塔、城楼等。这些建筑遗存有些是单个存在的，有些是以整体和部分的关系联系在一起的，它们都是无锡经济社会发展的历史见证。其中，一些别具特色的故居，不仅蕴含着故居主人的身份地位、文化修养、社会经历、审美追求等内在的文化表达，而且将这些内在的文化以凝固的形式矗立于运河两岸，以建筑遗产彰显着无锡人对中华文化的传承发展、对西方文化的开放包容，表征着无锡虽为工商名城，但重文好学之风不输其他城市，整个城市积淀而成的是商文同修共进的历史文脉。

（一）"钦使第"薛福成故居："江南第一豪宅"

"钦使第"薛福成故居被誉为"江南第一豪宅"，位于老城运河西水关附近、学前街西头，占据了运河以东、健康路以西、前西溪以南、学前街以北的一大片土地，原面积超过 3 万平方米，现存约 2.1 万平方米，是无锡无人不晓的地标建筑。始建于清光绪十六年（1890 年）至光绪二十年（1894年）。整组建筑气势雄伟、特色鲜明，有"江南第一豪宅"之称。由光绪皇帝御笔亲题的蓝底金字"钦使第"一竖匾仍悬挂在薛府将军门的门额之上，门前砖砌照壁上嵌有慈禧手书"福"字砖雕。2001 年被列为全国重点文物保护单位。

薛福成（1838—1894 年），是中国近代历史上著名的思想家、外交家和资产阶级早期维新派代表人物。"钦使第"，无锡人习惯称它为"薛家花园"，是薛福成在出使英、法、意、比之前，自己亲自设计勾画草图，交其长子薛南溟负责建造，一共耗时四年。"薛家花园"是薛福成的精心之作，从高空俯瞰，花园呈凸字形，前窄后宽，犹如大鹏展翅。现如今保存下来的建筑有160 余间，建筑面积约 6000 平方米。该建筑保留了江南庭院式构架，但独具特色。整个故居有房屋百余间，设有中、东、西三根轴线，中轴线主建筑五进，为门厅、轿厅、正厅、房厅、转盘楼。各厅面阔九间，厅堂两侧有备弄以贯通。从学前街的南大门进入后，有中、东、西三路建筑向北延伸，中路为照壁、门厅、正厅、房厅、转盘楼和后花园；东路为花厅、戏台、仓亭及廒仓等；西路有偏厅、杂屋及藏书楼，后部是水池花园。"钦使第"借鉴了传统文化《阳宅举要》的营造原则和风水要求，同时也借鉴了西方建筑的一些审美情趣，使这座庞大的宅第结构严谨、装饰精美，既具有鲜明的江南地方特征，又呈现清末西风东渐的鲜明时代特征，于东方审美之中透出西方智慧，是目前江苏现存最大的近代官僚住宅。

（二）祝大椿故居：中西合璧商贾别墅

祝大椿故居位于无锡市南门外清名桥东侧的伯渎港街，伯渎港 117～122号。故居整个宅邸规模较大，部分建筑做工精致，是无锡市清名桥古运河景区内保护和修复最完整的清代名人故居，也是街区内故居中规模最大的省级文物保护单位。

祝大椿（1856—1926 年），字兰舫，江苏无锡人。清末资本家，工商实业家（旧时上海十大民族工商业实业家之首），号称中国"电气大王""机械大王"。1872 年在上海一家铁行当学徒，1885 年左右开设源昌号经营煤铁五金商业。由于他经营有道，且恪守商业信用，赢得不少外商的信赖，获利颇丰。在洋行买办建议下，他着手开创自己的事业。于是，祝大椿开始经营海运业，购买轮船，来往于新加坡、上海、日本及所经沿海各港口，并在上海经营房地产。1898 年起，又陆续开办源昌机器碾米厂、源昌机器缫丝厂，合资开办华兴面粉公司、公益机器纺织公司、怡和源机器打包公司等。1900年前后成为怡和洋行买办。

光绪三十年（1904 年）八月，祝大椿和周舜卿等 30 名绅商发起成立了上海商学会，光绪三十一年（1905 年）被公推为上海商务总会议董，锡金商务分会成立时，则被推为总理，并与周舜卿等人发起成立锡金会所。在上海发展事业的同时，他不忘在家乡发展，先后在伯渎港、丁绛里等处开办了惠源米行、福裕堆栈、惠源面粉厂、福昌丝厂，建造了新宅，开办了学堂等。还在苏州、扬州等地开设电灯厂，推动了苏南民族工业的发展。因创业有功，光绪三十四年（1908 年）获得二品顶戴，并被农工商部聘为顾问。

祝大椿故居是不同年代多次修建完成的。其主轴线上的四进是建于清代的老房子，均为面阔三间的硬山顶平房，其中第三进梁架做法奇特，上雕如意云纹，前有船篷形廊轩，后为双步廊，花格木窗、方砖铺地，是典型的中西合璧的商贾别墅，也体现了浓重的运河江南人家特点。主轴线两侧的房子都是后来扩建的，其中西侧有面阔三间、前后四进平房；东侧则为三开间两进、高二层的小转盘楼，其东北角的墙角处至今还留有"祝士记界"的石刻界址碑。整个宅第规模较大，部分建筑做工精致，陈设以中西合璧为特点，里面有私家花园，曲径通幽，别有洞天。民国初年，祝大椿热心于家乡的公益事业建设，先后与人合资创办两所平民学校，又将其故宅改为大椿小学堂，因此获得北洋政府所颁"敬教劝学"匾额。此外，他还出资修复龙光塔、保安寺和青山寺等。祝大椿故居对研究锡商风采具有重要价值。

（三）钱锺书故居：敏而好学英才辈出

钱锺书故居位于无锡市健康路新街巷 30 号、32 号，系钱家族遗产业——钱绳武堂，位于无锡城中七尺场。七尺场位于龟背状的老城城西，原是靠着运河的一条小巷，本名"七尺渡"。早时，七尺场有一条河，河上无桥，行人往来靠渡船，河两岸也无居民。民国时期，此河被填塞，开始有人家居住，七尺渡也改称七尺场，1977 年并入新街巷。故居由两部分组成，其一系钱锺书祖父钱福炯在 1923 年筹建，占地面积 723.5 平方米，原为两进各七开。后钱锺书叔父钱孙卿续建于 1926 年，在屋后西侧陆续建造五间楼房以及若干辅房，占地面积 667.6 平方米。整组建筑属典型江南庭院式民居。钱家人才辈出。钱锺书的父亲钱基博（子泉）和叔父钱基厚（孙卿）是一对孪生兄弟。父亲钱基博是民国著名的学者，曾任清华大学国文教授、中央大学教授，著有《经学通志》《现代中国文学史》等。叔父钱基厚也是满腹经纶。辛亥革命时，他们兄弟俩投身军政界。后来，钱基博重返学术界，而钱基厚则一直投身于无锡地方政治和经济事务，在无锡极有名望。"绳武堂"匾为当时江苏省省长韩国钧所书。

钱锺书，原名仰先，字哲良。后改名锺书，字默存，号槐聚。中国近代著名作家、文学研究家。留学英国牛津大学。晓畅英、法、德语，亦懂拉丁文、意文、希腊文、西班牙文等。深入研读过中国的史学、哲学、文学经典，同时不曾间断过对西方新旧文学、哲学、心理学等的阅览和研究，著有多部享有盛誉的学术著作。二十八岁时就成了抗战时期赫赫有名的"西南联大"最年轻的教授，担任过中国科学院副院长、研究员。他的长篇小说《围城》家喻户晓。

2001 年，无锡市委、市政府决定对钱氏住宅 30 号进行维修，并筹建"钱锺书文学馆"。2002 年，由无锡市文化局负责，博物馆具体承担故居的修复、文学馆的筹建任务。根据古建筑"修旧如旧"和"不改变文物原状"的原则，对钱氏住宅进行了抢救性维修，修复后的 30 号内主体建筑为平房两进，每进面阔七间；中有天井，天井两侧各有侧厢一间；东有备弄，弄底另有厨房、餐室、柴屋数间，后有花园。2002 年被列为江苏省文物保护单位，同时被市委宣传部命名为"无锡市爱国主义教育基地"，市教育局命名为

"假日新视野活动点"。故居辟有相关陈列，向社会免费开放。

（四）顾毓琇故居：一门五博士

顾毓琇纪念馆位于无锡市学前街3号，是在顾毓琇故居原址上，根据江南民居特色修复保护的。顾毓琇故居为其祖上顾鸿逵于清朝嘉庆年间（1808年）建造，是典型的江南民居。在这座故居中，诞生了顾毓琦（德国汉堡大学博士）、顾毓琇（美国麻省理工学院博士）、顾毓瑔（美国康奈尔大学博士）、顾毓珍（美国麻省理工学院博士）、顾毓瑞（台湾文化大学博士）五位博士。顾氏家族"一门五博士"，在无锡被传为佳话。

顾毓琇（1902—2002年），号古樵，江苏无锡人。父亲英年早逝，母亲育其成人。1923年毕业于清华学堂，随后留学美国麻省理工学院，博士毕业后回国任教。1950年后，又旅居美国任教。顾毓琇学贯中西，博古通今，集科学家、教育家、诗人、戏剧家、音乐家和佛学家于一身，在不同领域都有基础成就，是我国近代杰出的文理大师。

顾毓琇于2002年9月9日逝世后，遵照其遗愿，其子顾慰庆代表顾氏家族将故居捐献给了无锡市人民政府。鉴于顾毓琇在海内外的影响，无锡市政府决定修复保护顾毓琇故居，并将其列为文物保护单位。2004年10月，中共中央办公厅批示，同意将顾毓琇故居改建为顾毓琇纪念馆。顾毓琇纪念馆是江苏省自周恩来纪念馆之后第二座被正式批准建立的名人纪念馆。

修复后的故居总占地面积968平方米，建筑面积848平方米，共五开间四进。第一进为序厅和顾毓琇先生的生平简介；第二进为顾毓琇先生的学术成就陈列；第三进为顾毓琇先生成才之路、爱国情深介绍；第四进为纪念馆的资料研究室。故居对传承优秀传统文化，推动面向社会的教育具有重要意义。

（五）秦邦宪故居：红色文化资源

秦邦宪故居，位于无锡城中大河上（今崇宁路112号）。始建于清光绪末年，原为秦邦宪族叔秦琢如的家宅，整个家宅分为东西两路，中以备弄和横廊相连，院中以内廊相通，其中以西路为主，共七进，分门厅、轿厅、正厅和住宅区等，第三进为正厅"既翕堂"，均为面阔三间的硬山顶建筑，至今仍基本上保持了原貌，呈现了晚清时期江南殷实人家的民居风格。

秦邦宪（1907—1946年），字则民，一名博古，无锡人，无锡望族秦观后裔。中国共产党早期主要领导人之一。出生于杭州，1916年，因父亲秦肇煌患病，只得离任回锡，租赁秦琢如家宅的第四进居住。该院中为客堂，东西分别为书房和卧室，庭院前石库门额上刻有"进德修业"四字。秦邦宪先后在秦氏公学江苏省立第三师范附属小学（今锡师附小）、江苏省立第二工业专门学校读书。1925 年，考入上海大学社会学系，并加入中国共产党，从此开始了人生新征程，成为我党历史上早期的共产党人。译著有《联共党史简明教程》《共产党宣言》等。1946 年，秦邦宪作为中共代表，赴重庆与国民党谈判，之后在与王若飞、邓发、叶挺等人乘机返回延安时，飞机途中失事而罹难。

1986 年 7 月，无锡市人民政府将其公布为市级文物保护单位。2002 年10 月经江苏省人民政府批准升格为省级文物保护单位。从 2003 年，无锡市相关部门按原状进行全面整修，与其东侧的秦淮海祠一起归入题名为"文渊坊"的文物古建筑保护小区，统一管理，对外开放。目前成为无锡爱国主义教育基地。

（六）阿炳故居：探寻《二泉映月》

阿炳故居，位于无锡老城区中心崇安寺的东侧，今图书馆路 24～30 号以及 42～50 号。这里原是洞虚宫道院内的雷尊殿和火神殿，因阿炳出生在此，且其多部名曲都在此创作，最后又逝世于此，无锡市政府将这里整体确定为其故居加以保护。现存院落有平房九间，其中，东南角的一间为故居，复原了阿炳的生活状态，另外八间为阿炳生涯及其音乐成就的展览室。1994 年 1月 24 日，经无锡市人民政府批准公布为市级文物保护单位。2002 年 10 月，经江苏省人民政府批准，被公布为省级文物保护单位。2006 年，经国务院批准公布为国家级文物保护单位。无锡市文化、文物管理部门按原状对它进行全面保护和修缮，建立阿炳纪念馆对外开放。故居的西侧广场被命名为二泉映乐广场，并成为音乐和文艺演出场所。

阿炳（1893—1950 年），本名华彦钧，无锡东亭人，正一派道士，因患眼疾而双目失明，也称瞎子阿炳。我国著名的民间音乐家。他一生酷爱民族器乐，尤其精通江南丝竹和道教音乐，在演奏和创作方面均有很深造诣，他长得一表人才，还有一副好嗓子，被人们誉为"小天师"。1918 年，其父亲去世，他继承父业，为雷尊殿的当家大道士。后因交友不慎开始吸食鸦片和嫖妓，患眼疾后导致双目失明，无力参加法事劳动，遂以街头卖艺为生。

阿炳一生所作乐曲甚多，深受民众喜爱，而且有他自己独特的创作特点和演奏风格，具有世界意义。目前仅留下《二泉映月》《听松》《寒春风曲》三首二胡独奏曲，《大浪淘沙》《龙船》《昭君出塞》三首琵琶独奏曲。其中,《二泉映月》最为著名,已在国内外广为流传。阿炳故居成为二胡爱好者,特别是痴迷于《二泉映月》的音乐人士了解阿炳的窗口。

(七)薛汇东住宅:巴洛克风格建筑

薛学海(1897—1965 年),名汇东,生于清光绪二十三年(1897 年),无锡城内前西溪人,是薛福成的孙子,薛南溟的次子。薛学海早年就读于北京清华学堂,1914 年留学美国,毕业于安杜佛高等学校和威斯康星大学经济系,获文学士学位。薛汇东故居由薛南溟于 1911 年筹建,1917 年落成,位于无锡市健康路西侧,前西溪二号。由门楼、正楼、偏楼三幢建筑组成,占地面积 1547 平方米,具有欧洲巴洛克风格。薛汇东与袁世凯女儿袁昭结婚新居,是无锡目前保存最完整、由中国人自己设计的西式住宅组群之一,现为无锡市妇联的办公地点。故居东侧为商业街、西侧即为古运河、南侧为薛福成故居、北侧为居民小区。1995 年,薛汇东住宅被公布为省级文物保护单位。1999 年,市政府出资 100 余万元,对薛汇东住宅进行维修保护,较好地保持了建筑的原貌,使历经沧桑的古宅继续发挥其功能。2000 年健康路拓建时,远宅的东围墙被拆除,改为商店。薛汇东住宅对于了解 20 世纪初的欧洲巴洛克风格建筑具有重要价值。

(八)云薖园:古典私人园林

云薖园在城中长大弄 5 号,建于清末民初,属于中西合璧的古建筑。云薖园中有一幢二层楼洋房,因其外墙是白色的,被人们称为"小白楼"。云薖园的主人是杨味云。杨味云在民国时曾任山东省财政厅厅长、财政部次长等职位,后来弃政从商,1948 年病逝于天津。1905 年,杨味云以二等参赞的身份,赴日、美、英、法、比五国考察,之后又去过南洋。建"小白楼"时,他借鉴欧美的建筑艺术,并使用不少进口材料。与此同时,他又吸收我国传统造园术的经验,楼前池塘边,用太湖石堆砌出龙凤的模样,并建有凉亭、水榭,绿树掩映,曲径通幽,使得云薖园有古典私人园林那种小巧玲珑、清净雅致的意趣。中华人民共和国成立后,"小白楼"里进驻过纺织工业局、税务局等机关,20 世纪 60 年代后是市文化局、市文联的办公用房。现在已经归还杨家后人。2003 年 6 月,云薖园被市文物管理委员会列为市级文物保护单位。对研究江南古典园林具有重要价值。

(九)二泉书院:道德至上,功名次之

二泉书院位于惠山寺以北、寄畅园以西的松坊内,始建于明正德年间,其创作年代比东林书院还要早 88 年,是曾任南京礼部尚书的邵宝所创。筑有点易台、海天石屋等十五景。邵宝（1460—1527年），字国贤，号泉斋，别号二泉斋居士。明成化二十年（1484年）进士，授许州知州，历任户部员外郎、郎中，江西提学副使，浙江右布政使，右副都御史总督漕运。正德四年（1509年），宦官刘瑾欲假手邵宝陷害漕督陈伯熊，邵宝严词拒绝，因被劾回锡。正德五年（1510年）三月抵家，七月建尚德书院于惠山。当年刘瑾伏诛，邵宝起用。正德十一年（1516年）又回到无锡，建二泉书院，正德十四年（1519年）授南京礼部尚书。邵宝为人刚正，居官清廉，时人称他为"千金不受先生""笃行君子"。他"矢志愿为真士夫，不为假学道"，并终身身体力行。邵宝在此讲学十一年，教导学生"道德至上，功名次之"。邵宝去世后，二泉书院改为祭祀他的祠堂。先后在明万历、天启、清顺治、乾隆年间由官府及其族裔修葺。道光十九年（1839年），由族裔邵涵初等主持兴复，时有二十三景。1986年，二泉书院被列为市级文物保护单位。2001年2月起，开始修复。二庑墙间及地下有大批明清时期的石碑，修葺时对这些碑刻进行整理、拓片、翻译等解读工作，专门设计起伏的曲廊来存放碑刻以彰显其历史价值。鉴于明二泉书院十五景已佚，园林文物专家创造性地挖洞叠石，重构"湍涧""青壁丹崖""望阙崖"等景观，新颜旧貌，恍若从前。2003年修复，修复后的二泉书院流泉叮咚、竹苞松茂、闲云野鹤、古碑林立。漫步其间，与先贤神谈，品读历史，虽未有读书之声而文化韵味十足。对当代社会进行道德教育具有重要意义。

（十）东林书院：书声伴国事

东林书院，亦名龟山书院，是我国古代著名书院之一，位于解放东路867号，无锡老城之东，闹中取静，和明代重大政治事件"东林党"关系紧密，有着浓厚的文化底蕴。现为江苏省文物保护单位、全国重点文物保护单位。

东林书院创建于北宋政和元年（1111年），是当时北宋理学家程颢、程颐嫡传弟子、知名学者杨时（号龟山）长期讲学的地方。南宋时，此地建有杨氏祠堂，元代废为东林庵。明万历三十二年（1604年），以顾亭林、高攀龙为首的学者为继承杨时讲学遗志，捐资重修东林书院，并主盟其中，一时间倾动朝野，盛况空前，成为当时江南地区人文荟萃之区和议论国事的主要舆论中心。书院每年一大会、每月一小会，会期各三日，听讲者数百人，成为一个有影响的进步政治集团。他们倡导"读书、讲学、爱国"的精神，讲习之余，讽议朝政，裁量人物，指陈时弊，锐意图新，为匡正时弊而不屈争斗，自称"东林人"的顾宪成撰成的名联"风声雨声读书声声声入耳，家事国事天下事事事关心"更是家喻户晓。

书院布局为东、中、西三条轴线。中轴线上分布有书院正门、石牌坊、东林精舍、丽泽堂、依庸堂、燕居庙、三公祠等讲学建筑。东林书院的标志性建筑和象征就是石牌坊，又称马头牌坊。它位于书院中轴线的导入部位，为三间四柱五楼石坊，坊额上题"东林旧迹"和"后学津梁"，坊上雕刻有二龙戏珠、丹凤朝阳、狮子滚绣球、鲤鱼跳龙门等精美图案。书院的主体建筑依庸堂就是那副传世名联所挂之处，也是东林学派学术领地的象征，被一代学人尊为"南国杏坛"，所谓"脚迹得入依庸堂，人生一大幸事"。堂内保存有明代《依庸堂记》碑刻原石。书院西轴线上有晚翠山房、来复斋、心鉴斋、寻乐处、小辨斋等建筑。东轴线则由祭祀东林书院创始人杨时的道南祠以及报功祠、时雨斋、草庐、东林庵等建筑组成。所存石牌坊、泮池、东林精舍、丽泽堂、依庸堂、燕居庙、三公祠、东西长廊、来复斋、道南祠、东林报功祠等主要建筑，均保持明、清时期布局形制与历史风貌。[1]

东林书院占地面积达 1500 平方米，至今仍然保留书院正门、石牌坊、东林精舍、丽泽堂、燕居庙、三公祠等文物古迹。2006 年被批准为全国重点文物保护单位，在书院北面修建了东林广场。目前，东林书院经常开设传统文化的教学讲座，成为锡城传承中华优秀传统文化的重要场所。

（十一）锡金商会：商贾联络中心

锡金商会旧址位于无锡火车站南侧的站前商贸城内，主体建筑是两幢两层仿西式砖木结构大楼，建筑面积约 1400 平方米，最早由著名实业家周舜卿等人发起建立，原是沪宁线上有名的商贾云集之地和无锡近代工商业发展的联络、指挥中心。

光绪三十一年（1905 年），周舜卿从日本回国后与武进县刘伯森等人发起筹组上海商学会（全国总商会的前身），接着又在无锡成立锡金商会和锡金农会，并分别担任第一任会长。这是在中国近代史上出现比较早的商业流通社团。1917 年 3 月，祝大椿与荣宗敬等人发起成立华商纱厂联合会，进一步促进了无锡布码头的盛誉。

锡金商会所在的无锡火车站片区，历史上是无锡最繁华的商业中心区，这里曾有无锡的钱市、米市、丝市、布市和盐市。锡金商会建成后，成了商

---

① 陈建强，马旭明，等. 无锡文物考释 [M]. 苏州：古吴轩出版社，2017：90.

贾云集之地。虽然目前锡城商业中心已转移，然而这一片区积累了很高的历史知名度和居民认同感。这座百年商会旧址经历了民族工商业兴起、发展直至社会主义市场经济的完整过程，见证了无锡经济发展的历史。

（十二）南禅寺：江南最胜丛林

运河边，南门外，有一座距今 1450 年的古老寺院——南禅寺。昔日南禅寺三桥环抱，一塔耸立，形深幽邃，景色清丽。无锡城内有十大丛林，南禅寺首刹也，因此号称"江南最胜丛林"。该寺始建于南朝梁武帝太清年间，初名护国寺，为唐代诗人杜牧写的"南朝四百八十寺，多少楼台烟雨中"之一。唐咸亨年间，改称灵山寺。北宋雍熙年间建塔，崇宁三年（1104 年）重修寺院，赐额"福圣禅院"，俗称南禅寺。位于寺东侧的妙光塔，高 43.3 米，始建于北宋雍熙年间，距今已逾千年。宋徽宗赵佶赐名，意为菩萨发出的清净庄严之光。古塔为七级八面阁楼式，檐角悬挂铜质铎铃，有"十里传闻金铎响，半天飞下玉龙来"之美誉。当时无锡城里没有高楼，城外都是田野，据传在几里以外都能听到宝塔铃声。妙光塔是当时无锡的最高建筑，每当夜晚塔内燃灯，更是"妙光"四照，蔚为壮观。明永乐（1403—1424 年）以来，妙光塔就被列为"无锡八景"之一。妙光塔，屡有兴废。清光绪年间遭火灾，仅剩无顶荒塔。1926 年，由无锡实业家荣宗敬、荣德生和唐申伯出资重修。1980 年后，无锡市政府多次拨款全面整修，下增清塔衣，环以廊庑，开辟院落，种植花木，恢复了千年古塔"香瓦粉墙，宝蟠绝顶飞普凌空，金锋入云"之雄姿，登临览胜，可喜看深溪之繁华。

经历了太平天国革命和抗日战争，南禅寺多次受到毁坏。1949 年以后，其殿堂大部分改做工厂厂房和居民住宅。1980 年，无锡市政府为了落实宗教政策，弘扬佛家文化，重新修建了妙光塔，之后逐渐修缮了寺院的其他建筑。南禅寺成为佛法圣地。

南禅寺的寺塔与运河、古桥、城楼、码头、民居等是一个整体。在以寺兴市理念指导下，无锡市利用了南禅寺特有的文化景观，将其建成了 12 万余平方米的综合文化市场——南禅寺文化商城，商城北部为仿明清风格建筑群，南部为仿宋风格古建筑，在原址 8500 平方米的地方上，修复南禅寺，同时在其周围新修了古朴风貌的步行街道。如今，南禅寺已经成为 4A 级旅游景区，也成为无锡民俗文化市场的一个标志。

（十三）南城门：古城正门

紧邻古运河，位于南禅寺和南长街之间的，是无锡历史上的南城门。无锡城有东西南北四个城门，南城门是无锡四座老城门中最雄伟的一座。南城门始建于汉初，原名阳春门，其城门的中心线同南长街古运河平行，与南长桥下的环城河垂直，是无锡古城的正门。南宋时建都临安，南门因朝向京城而改称朝京门，元以后恢复原名。明嘉靖三十三年（1554 年），无锡县令王其勤为抵御倭寇，将南门的土城墙改为砖城，成为无锡城最早的砖城门，同时将南门改名为望湖楼，意即登上城门，可见城外太湖。城门之上的重檐歇山顶城楼称为抚熏楼，取抚沐东南和风之意。城门外护城河上有吊桥，俗称南门吊桥。1950 年，因城市交通发展需要，无锡决定拆除旧城墙拓展道路，城门和城楼全部被拆除，吊桥也改成水泥平桥，称南长桥。2009 年，无锡市政府决定重修南城门，在尊重城门历史原貌的基础上，恢复了南门一带的遗迹性建筑，在南门附近，形成了城门—水关—城墙、妙光塔、明代锡山驿旧址等组成的"南门三景"。重建后的南城门，不仅按原状原貌恢复了望湖门和抚熏楼，保持其正对南长街中心线的位置不变，而且在城门正面墙上，嵌置了《重建无锡南门记》碑刻一方，城楼内的屏风上，以漆雕形式刻制着蔡光甫所作的南城门等风俗画六卷，并刻写着明代王其勤所撰的《无锡县城记》全文。南城门是无锡城有四门的历史见证。

（十四）南水仙庙：爱国忠义传承地

南水仙庙是江南运河无锡城区段的终点。南水仙庙又称松滋王侯庙。该庙最初是为祭祀文天祥抵抗元军"血战五牧"时阵亡的部将尹玉和麻士龙两将军，在南上塘立庙，称双忠祠。因庙建在运河旁的驿道上，运河上来往运粮士卒和渔民船民经过这里时，大多会进庙祈祷，遂奉为水仙庙。清康熙二十二年（1683 年），当地民众为纪念无锡知县王其勤，在双忠祠南侧另建一庙，因王其勤是湖北松滋人，取名松滋王侯庙，后二庙合一。据《无锡市志》载：乾隆三十年（1765 年），乾隆南巡途经该庙，适逢农历三月初七王其勤诞辰，乾隆命停舟片刻，嘱太监持香烛致祭，故庙内悬"翠辇停骖"额。南水仙庙在乾隆四十六年（1781 年）重修，咸丰年间毁，同治中重建。有头山门、二门、戏台、大殿、双忠殿、蚕丝殿等建筑。

1928 年，中国共产党组织在此创办了培南小学，1937 年，抗战全面爆发，学校被迫停办。1941 年春，邱宝瑞受党组织委派，从上海回到无锡从事地下情报工作，恢复了学校并出任校长，以教师身份为掩护开展革命工作。1946 年 4 月，中共无锡工作委员会成立，并在此建立活动基地。1989 年该处被列为市级文物保护单位，2001 年又建成无锡道观，属于环城古运河旅游最南景点，也是运河上的红色景点。

（十五）崇安寺：梁溪首刹

崇安寺，又称锡金公园，梁溪首刹，至今已有 1600 多年历史，是无锡最古老的寺院。相传为王羲之故宅。最初叫兴宁寺，寺庙内天王殿"祝圣都道场"的匾额为王羲之所书。北宋太平兴国初年，宋太宗赐名崇安寺。当时寺内建筑齐全，有天王殿、大雄宝殿、千佛阁，后因火灾，寺庙受损。崇安寺地处无锡城的中心，称为"无锡市城市原点"，表明无锡市城市的发展是以这里为起点向四周建造。崇安寺规模宏大，屡经兴废，如今古寺已废，原址已经改建为商贸核心区。

崇安寺区域拥有丰富的人文资源，有画圣顾恺之、书圣王羲之、棋圣过百龄、乐圣华彦钧等人的遗踪供人联想深思。与之相邻的洞虚宫有 500 多年的历史，其三清殿的偏房为世界名曲《二泉映月》的作者阿炳的故居。崇安寺历来是无锡市民的民俗活动中心，尤其是每年正月十五日，无锡市都要在这里举行元宵灯会，寺内寺外，彩灯高挂，人声鼎沸，热闹非常。可与上海城隍庙、南京夫子庙媲美。

从 2003 年开始，崇安寺进行大规模修复工程，在原崇安寺建筑的轴线上，由南向北，重建了石雕牌楼、皇亭、崇安阁，并与国内最早向全社会民众开放的免费"锡公花园"无缝对接，融为一体。锡公花园是中国最早对公众免费开放的公园，誉为华夏第一公园，有方塘书院、池上草堂、绣衣拜石、草堂话旧、松崖挹翠、白水试泉、兰移听琴、樱丛鸟语等 24 景。目前，崇安寺及其周边已经成为无锡市区供市民们休闲和商贸活动的重要区域。

（十六）惠山寺：坐拥天下第二泉

惠山寺，为"南北朝四百八十寺"之一，距今已有近 1600 年的历史。位于无锡惠山秀嶂街（今惠山直街和横街交接处），始建于南北朝。它的前身是南朝刘宋司徒右长史湛挺创立的"历山草堂"读书处。刘宋景平元年（423 年），把历山草堂改作僧舍，称"华山精舍"，梁朝大同三年（537 年），又把"华山精舍"改为"慧山寺"。唐大中至咸通年间（847—874 年），始称惠山寺。唐代茶圣陆羽对惠山寺情有独钟，他不仅评品寺内泉水为天下第二，而且撰写了《惠山寺记》，由此惠山名气大振，成为江南一处著名寺院。李纲、皮日休、苏轼、秦观等历代众多名流在这里留下了弥足珍贵的诗词文赋。清乾隆多次游惠山，清代无锡知县为迎驾专门建了云起楼和竹炉山房（光绪末年重建），并整修了竹炉山房旁"名播九州"的天下第二泉。乾隆游惠山后，题写了"惠山寺"额并题了诗，还将他写的楷书石刻心经、三希堂法帖赐予寺僧成莹珍藏寺内。

中华人民共和国成立后，无锡市人民政府数次对惠山寺进行了全面整修，殿阁高耸，雄壮古朴。惠山寺千年古刹风韵依在，寺内至今仍保存了大量的文物古迹，吸引了海内外众多的游客前来参观礼佛祭拜。现在，惠山寺保留的古迹和建筑物有古华山门、金刚殿、金莲池、金莲桥、御碑亭、听松石床、古银杏树、云起楼等。

（十七）惠山祠堂群：江南烟火处

惠山祠堂群属于惠山古镇，是吴文化中祠堂文化的集中地。惠山古镇位于无锡市西锡山与惠山的东北坡麓，距离市中心仅 2.5 千米。京杭大运河流经惠山古镇腹地。惠山祠堂群东临京杭大运河，西依惠山寺，在不足 1000 平方千米的范围内，汇集了自唐代至民国时期 118 处祠堂建筑及一部分祠堂遗址。这些祠堂是无锡昔日经济繁荣和民族工商业发达的见证，也是无锡及江南宗教文化、园林文化、书院文化、茶文化、酒文化等多元文化相交融的历史遗产。

惠山祠堂群落的形成与无锡的地域经济和民族工商业直接相关。由于交通便利，特别是运河的开凿与畅通，聚集在无锡运河两岸的商人越来越多，他们凭借着江南的地理优势和文化底蕴，逐渐将事业做大做强，大量的富贾不断出现。对于个体而言，祭祀祖先是家族的大事，修建祠堂自然成为家族的大事。惠山古镇，依山傍水，人文荟萃，自然就成了建祠堂的"风水宝地"。当然，对于普通百姓而言，跻身惠山古镇修建祠堂是奢望，惠山祠堂的祀主大部分是无锡历史上的名人贤达。这里祭祀的名人有：战国时期的春申君黄歇，南北朝的华宝，唐代的陆羽，五代的钱镠，北宋的范仲淹、周敦颐，南宋的朱熹，元代的倪瓒，明代的顾宪成，清代的薛福成、李金镛，民国的杨藕芳等。他们要么出身贵族，要么功勋卓著，要求实业救国，要么立德立言等。走进惠山古镇祠堂群，就好像走进了无锡历史名人纪念馆。

在惠山祠堂群中分布着山水园林，其中有江南名刹惠山寺，有茶圣陆羽亲尝其泉水并被乾隆御封的天下第二泉——惠山泉，还有古典园林的经典寄畅园，可谓寺中有祠、祠中有寺，园中有祠、祠中有园。这里既有钦定官设的祠堂，也有民间联宗立庙的祠堂，有各种神祠、宗祠、先贤祠、贞洁祠、书院祠、寺院祠、园林祠、行会祠、墓祠、专祠共十大类二十二种，涉及七十多个姓氏。惠山祠堂群建于唐朝而盛于明清，这里的祠堂类别之全、主祀和配祀人物数量之多、建筑密度之大，在国内非常罕见。① 2006年6月，惠山古镇祠堂群被国务院批准为全国重点文物保护单位。

（十八）锡惠公园：横跨两山映美景

锡惠公园位于锡山大桥下，地跨锡山、惠山，面积约45.8万平方米，是一座集众多的文物古迹和舒适的休闲游乐于一体的综合性大型园林，素有"唐宋元明清，从古看到今"的美誉。锡惠公园是首批国家重点风景名胜区——太湖风景名胜区的十四个核心景区之一，是国家重点公园，国家4A级旅游景区。

无锡于1952年建成锡山公园，1954年建成锡山动物园，锡山公园将景区沿至惠山。1958年开凿1.5万平方米的映山湖，将惠山、锡山两个景区连成一片。1959年更名为锡惠公园。1989年建成"园中园"杜鹃园。锡惠公园建有龙光塔，龙光寺是因塔建造的庙宇。龙光塔也是无锡的地标，登塔可以俯瞰锡城，它是无锡文风昌盛的象征，400多年来屡次出现在文人墨客的笔下，见证了无锡的人杰地灵，在这里可以领略晚唐诗人皮日休"历山居处当天半，夏里松风尽足听"的诗意。

（十九）小娄巷：名门望族世居之地

位于市中心的一处历史文化街区，小巷范围东西分别至苏家弄和新生路，南北分别至崇宁路和福田巷，现存北面和南面的东半部，占地面积约4万平方米。巷中有一条约百米长的老备弄贯通南北，是整个无锡地区现存最长最有江南特色的老备弄，对研究江南民居建筑和江南人文追求具有重要价值。

该片区为无锡谈氏和秦氏两大名门望族的世居之地，始于宋代、盛于明清。自宋代以来曾有一位状元、十三位进士和十五位举人出自此处，到当代，两院院士、著名高校校长亦频出自此处，是无锡有名的"才"地。曾先后建有绣衣坊、钟秀坊、毓秀坊、文献坊、进士第坊、丛桂坊等九座牌坊，是无锡最著名的街坊，在后来的辛亥革命中成为无锡主要的革命活动场所。另在小娄巷50号存有无锡市古树名木中唯一一株清代牡丹。现存建筑以晚清—民国时期为主，2002年，小娄巷中25个门牌号范围内的古建筑被列入江苏省文物保护单位，2008年由无锡市崇安区政府重点项目建设办公室和崇安城市投资发展有限公司提交"修复和建设小娄巷历史文化街区"项目相关

---

① 张翠英. 大运河文化［M］. 北京：首都经济贸易大学出版社，2019：182.

拆迁手续，并由无锡市规划局、建设局通过，进而以保护性修复的名义对该区域内的建筑进行了拆迁和改造，将其打造为无锡人的慢生活体验街区。

（二十）荣巷：荣家荣光之地

荣巷虽不在运河沿线，但基于是无锡六大家族之荣氏家族原生地，荣家的很多实业位于运河河畔，为中国民族企业的发展做出了伟大贡献。中华人民共和国成立后，毛泽东在接见荣毅仁时，称荣氏为民族资本的"首户"。故在此将荣巷列为无锡段运河遗产加以叙述。

荣巷位于无锡市滨湖区北部东至青山西路、蠡溪路与河埒街道交界，南至梁溪河与蠡园街道相邻，西至青龙山与蠡园、惠山区钱桥街道毗邻，北以惠山为界与梁溪区山北街道、惠山区钱桥街道相连。荣巷是一条长 380 多米的老街，面积 22.3 平方千米，由 100 多组近现代建筑群组成，街上的居民建筑大都保存完好，既有传统的硬山顶平房，也有回楼、过桥楼和洋楼。荣巷老街是我国著名民族实业家荣德生先生的故居所在地，也是国家原副主席荣毅仁的出生地。荣巷位于梁溪路之南，东西走向，当地人说是呈"龙"形。现在的标准路名叫"荣巷街"。

荣家早在 1902 年就在无锡西门外创办了保兴面粉厂，这是中国早期由民族资本经营的小型机器面粉厂之一。1903 年改名为茂新面粉厂。第一次世界大战爆发后，荣家抓住中国民族企业发展的机会，企业"营业蒸蒸日上，获利甚丰"。随后建造开办了茂新二厂、三厂和四厂。1912 年，荣氏兄弟又和他人一起在上海创办福新面粉厂，继而二、三、四、六、七、八厂相继建成，五厂则建在武汉。荣氏茂新、福新面粉系统，在不到二十年的时间里就发展到 12 个，产品畅销全国，远销西欧和东南亚，"面粉大王"一时名声大振。1907 年，和他人合股在无锡创办振新纱厂，至 1932 年，共计在上海、无锡、汉口等创办九家申新纱厂，"棉纱大王"的称号自然产生了。与其他民族实业家一样，荣家几代人都热心社会公益事业，创办学校，修建图书馆，修桥铺路等公益事业都积极参与其中。

无锡荣巷历史街区的保护规划已经在 2005 年完成，建设成了四大展示区域，包括无锡近代工商业发展历史展示区、荣氏家族史展示区、居民民俗旅游区和高品位居住区。在这条老巷里，深烙着中国民族工业先驱留下的足迹。

（二十一）海宁救熄会：运河之畔消防点

旧时的南下塘多为低矮民房以及作坊小店，还有一些草棚，多发火警。

民国初年，街坊里弄居民合议在南下塘 63 号建造房屋，设置了海宁救熄会。海宁救熄会位于清名桥北侧古运河东岸南下塘 263 号。面阔一间，高两层，青砖清水墙，大门之上雕刻着当年救熄会的标志：一只钢盔和两把斧头。此会购置抬龙（大木桶中两个活塞，用人力移动和人力压水），另有撤龙（铁结构，带四轮，用人力提压活塞吸水、压水）。建筑外观保存完好，但已经改为民居，立面上标志仍然清晰可见，但原来的消防设施已经没有了。海宁救熄会是研究当时运河旁居民社会生活的重要物证。

四、古墓葬：以德传世的君子风范

古墓葬遗址主要是指名人墓葬、墓群，是后人对先人进行埋葬的遗迹，包括墓穴、葬具、随葬器物和墓地。对于个体或家族而言，具有追忆怀念先人的价值，对于国家而言，有些墓葬具有历史、艺术和科学研究价值，是人类历史的见证。

无锡段运河沿线留下了大量的古墓葬和墓群，这些遗址主要是无锡历史上一些著名人士的墓穴，他们在身前为无锡的经济、政治、文化等做出了重要贡献，逝后被后人缅怀纪念。无锡历史悠久，精英荟萃，他们对无锡的发展兴盛在不同程度上都起过积极作用，因此，在运河沿线也留下了大量值得纪念的名人墓穴。具体如泰伯墓、秦观墓、邵宝墓、高攀龙墓、杨紫渊墓、赵翼墓、徐寿墓、薛福成墓、荣德生墓等，这些墓葬、墓群保存了不同时期的历史信息，对研究无锡的历史文化具有十分重要的意义。

（一）泰伯墓：吴地首君

泰伯墓被认为位于无锡鸿山镇鸿山南麓，傍京杭大运河依山而建。据历史记载，泰伯是周太王的长子，为避免兄弟之争，他与二弟仲雍同避江南，成为吴国之君，死后葬于鸿山。鸿山又名古皇山，故此墓亦称吴王墩、皇陵。泰伯墓上面是坟冢，平面圆形，直径约 3 米，周围筑有青石块护墙，顶部用土覆盖，高约 2 米。前面有一对石望柱，各雕石狮一只。向下是四角攒尖式的四棱碑，正面刻有"泰伯墓"三个篆体大字。泰伯墓的侧面有两块泰伯墓碑记，一块是明弘治十四年（1501 年）立，一块是明天启三年（1623 年）刻。泰伯墓前有月牙池，池后有石牌坊和清嘉庆二十三年（1818 年）建的享堂。墓由下至上，用平台和石阶将各个单体建筑和石刻等连成整体，四周筑围墙，占地 2000 平方米左右。墓地上方满山林木，山下则遍地庄稼，景色非常优美。2006 年，泰伯墓被国务院公布为第六批全国重点文物保护单位。

（二）秦观墓：秦氏家族始祖

秦观墓位于无锡市惠山二茅峰南坡，始建于南宋，至今已有900多年的历史，是为纪念著名诗人秦观（1049—1100年）而建造的。秦观，字太虚，又字少游，别号邗沟居士、淮海居士，世称淮海先生。北宋高邮人，学识渊博，为"苏门四学士"（黄庭坚、秦观、晁补之和张耒）之一，被尊为婉约派一代词宗，官至太学博士，国史馆编修。后因政权变更被贬，客死他乡。南宋绍兴初，其子秦湛任常州通判时，将其棺枢迁葬于无锡。当时无锡是常州所管辖的地区，也是秦观身前爱慕之地。秦湛是秦氏家族的迁常始祖。从此秦家在无锡繁衍兴盛，成为江南望族。秦家是明清时期的科举世家，明清两代，无锡科举之盛，秦氏独领风骚。据统计，秦氏中进士34人，中举人77人。在34名进士中，有13人点为翰林，入翰林院任职。有3人列入一甲第三名探花。秦氏家族，在无锡留下许多珍贵的文化遗产，无锡市的第一个全国重点文物保护单位"寄畅园"，就是秦氏家族五百年来的族产。

秦观墓背靠惠山，面对东大池，墓冢建于山岩卜，周长76米，高2~4米，总占地面积达540平方米。墓前有清嘉庆年间秦瀛重立的"秦龙图墓"青石墓碑一块。"秦龙图墓"是南宋建炎四年（1130年）秦观被朝廷追赠龙图阁直学士而雕刻的。1986年7月，由无锡市人民政府公布为市级文物保护单位。2002年10月，秦观墓又与彭祖墩遗址、惠山古镇祠堂群等古迹一起被列为江苏省第五批省级文物保护单位。

（三）邵宝墓：二泉先生道德传世

邵宝墓位于无锡市惠山绣岭桃花岕，始建于明嘉靖六年（1527年），在清嘉庆元年（1796年）、道光二十二年（1842年）进行了修整。1983年11月由无锡市人民政府公布为市级文物保护单位。1985年，市文管会重修。重修后的邵宝墓，封土墩前立有青石墓碑，上面刻有"明邵宝之墓"，碑前还设立了青石祭台。旁边还有邵宝为其母亲过氏墓前所立的四面碑一座，碑文系明内阁大士王鏊所撰写，迄今为止，字迹已经模糊。

邵宝，字国贤，号泉斋，别号二泉，无锡人氏。据明史记载，邵宝于明成化年间中进士，授许州知州。月朔，会诸生于学宫，讲明义利公私之辨。弘治七年（1494年）人为户部员外郎，历郎中，迁江西提学副使，修白鹿书院学舍，处学者。其教，以致知力行为本。正德四年（1509年）擢右副都御史，总督漕运，刘瑾擅政，宝至京，绝不与通。不仅为官从政，而且兴建书院，无锡著名的二泉书院前身为邵宝修建的"二泉精舍"，藏书甚多。以身作则注重道德传授，邵宝也因其德性修养被人传颂。其创办的二泉书院不仅是无锡城市文旅融合游览点，而且是无锡城传承中华优秀传统文化的著名书院。

（四）高子止水：刚正不阿以身殉国

"高子止水"位于无锡城原先的水曲巷后背，现在是无锡江南中学的老校址所在地，是高攀龙投水自沉之地。明天启六年（1626 年），魏忠贤窃国乱政、矫旨逮系迫害东林党人，遣派心腹来江南缉捕，同年 3 月 14 日，已被削籍归里的都察院左都御史、东林党领袖高攀龙自度难免，深夜急写《遗哀》一则及《别友柬》一通，置于桌上，凌晨赴后园，效屈原之志投池以终，享年 65 岁。清顺治十七年（1660 年），高攀龙从子（侄孙）高世秦在高攀龙投水捐躯池上葺屋三楹，名曰"止水祠"，成为祭祀高攀龙的专祠。中华人民共和国成立前，止水池、祠均废。1953 年，无锡市人民政府加强文物遗迹保护，凿地建池，同时请郭沫若题写了"高子止水"四字，并刻石置于水池旁。"文化大革命"期间，高子止水又遭受破坏，石刻被打断沉入水底。1957 年 8 月 16 日无锡市人民委员会公布为市级文物保护单位。1978 年在原址上重新清理整修，使原池恢复旧貌。

五、古城遗址：河城相依的无锡表白

古城遗址主要指古代的城池遗址等。无锡的古城遗址多借山水优势，筑城防守抵御外敌入侵，对内发展经济文化，促进城市发展。对于无锡城而言，运河是不可分割的重要特点，因河而成的遗址也成为古城遗址的重要组成部分，是大运河穿城而行的无锡表白。

（一）阖闾城遗址：吴国都城

阖闾城遗址是春秋时期吴国的都城。该城始建于阖闾元年（周敬王六年，公元前 514 年），距今已有 2500 多年。遗址位于无锡市西南部太湖之滨的马山街道阖闾村与常州市雪堰镇的交界处。阖闾元年（公元前 514 年），伍员伐楚还师，吴王阖闾命其筑大小二城，大城即今苏州吴县一带，小城即无锡阖闾城。

古城遗址作东西向，城的形制分东、西两城，长约 1300 米，宽约 800米。东城较小，整个城址周长约 1.5 千米，直径约 0.5 千米。土城墙高出地面 2~3 米不等，墙基宽约 20 米。东内城墙、外城墙和南城墙保存较好，西

城墙和北城墙已不存在。城外原有护城河，南城墙和西城墙前的护城河比较完整，东护城河和北护城河由于开挖鱼池已难以辨别。西城东南部有一土墩，传为兵器库址。西城外有练兵场和点将台，城东北胥山传为伍子胥屯兵处，整个城址依山面湖，形势险要，是扼守太湖北部的军事战略要地。丁镛《阖闾城》诗云："冬冬筑吴城，城高防越兵。"可见，此城是春秋晚期吴国的一座军事性城堡。1956 年江苏省政府将其确定为文保单位，1982 年 3 月省政府又一次将其列为省级文保单位。在 2009 年召开的全国专家论证会上，该遗址被认定为吴王阖闾都城，被评为 "2008 年中国考古十大发现" 之一。2011 年，该遗址入选 "江苏大遗址"。2013 年 3 月，被授予 "全国第七批重点文物保护单位" 称号，竖立了国保保护界牌。2013 年 7 月，该遗址入选国家 "十二五" 期间 150 处重点大遗址保护名录。2013 年 12 月，被国家文物局公布为 "第二批国家考古遗址公园"①。

（二）清名桥历史街区：因河而兴商业区

清名桥历史街区是无锡运河发展史和漕运发展史的重要见证，也是无锡民族工商业发展的重要见证。运河的开通和锡山驿的设立是该地区得以顺利发展的重要基础，街区保留了近百年来的建筑和空间肌理。水弄堂一段的古运河宽 10 米，自西北向东南逐渐变宽，两侧也从房屋夹岸变成开敞的道路，特别是在清名桥以南，东侧的道路为古代纤道，直通苏州。该街区原建筑保存较为完整，整街被认定为历史保护街区，清名桥为该街区的主要标志。

清名桥历史街区位于无锡市中心南端，以古运河为中轴、清名桥为核心，北起南禅寺，南至水仙道院，东起王元吉锅厂旧址，西至定胜河沿线，占地面积 0.52 平方千米，是无锡著名的历史文化保护区和江南水乡特色风景名胜区。街区沿河分布长约 1.6 千米，以南长街、古运河、南上塘—南下塘为平行轴线，组织各巷弄，形成网络式的空间格局。历史街巷以古运河水弄堂和南长街、南下塘为骨架，垂直呈鱼骨状分布。街区现存有少量明、清古民居，绝大部分历史建筑为 19 世纪末 20 世纪初所建，有着浓厚的运河江南人家特点，又有着中西合璧风格的石库门商贾别墅。飞架运河两岸的 "清名桥" 则是街区内的重要标志之一。其中，最为繁盛的是南长街。南长街段的古运河风光带是 1794 千米京杭运河中保存风貌最完整、历史遗迹最多、最具

---

① 陈建强，马旭明，等. 阖闾城遗址：无锡文物考释 [M]. 苏州：古吴轩出版社，2017：5.

有江南水乡风情的精华地段，至今保持着路河并行的双棋盘城市格局，保留着小桥、流水、人家以及幽深古巷的江南水城特色，两岸的桨声、灯影、古桥、民居构成了一条天然的古运河"民俗风情水上画廊"，存有历史建筑上百处及九座古桥梁等。其中市级文物保护单位 14 处，市级文物控制保护单位 6 处，清名桥及沿河建筑被列为省级文物保护单位，古树名木 3 株，河埠头 22 处，老桥 10 座，它是古运河兴衰的重要见证。

清名桥街区的南长街，其发展始于宋代南门驿的设置。驿站，是古代供传递军事情报的官员途中食宿、换马的场所。驿站一般建有驿馆，人员来往比较频繁，属于物资和信息交流之处。到明朝时期，在原来南门驿的基础上设无锡驿，在洪武年间改为锡山驿，且成为运河沿线无锡县的主驿。明朝《弘治重修无锡县志》（以下简称《弘治县志》）云："锡山驿，在南门外，宋以前有太平、南门、北门三驿，元置洛社、新安水马站各一所，设提领各一员，国朝洪武初站废，置无锡驿于今地，九年改今名。"以驿站设置为契机，南长街出现了众多商业、手工业作坊和住宅。街上的黄泥桥、日晖桥、镇塘庵以及一座座牌坊等古建筑，都是无锡城从宋代至明、清的历史见证。昔日南长街商铺林立，摊贩云集，行人拥挤，热闹繁华。尽显吴地风貌的江南民居和沿河店铺都是前店后河。老街上有米行、渔行、盐行、茧行、丝行、布行、银行、草行、柴行；有米店、布店、书店、饭店、面店、肉店、馄饨店、糕团店、水果店、理发店、中药店、纸扎店、百货店、杂货店；有茶馆、旅馆、戏馆、照相馆、酱园、槽坊、典当、铁铺……可以说，三百六十行，行行占一席。南长老街，就是一条历史文化长廊，就是一座宏大的博物馆。

晚唐诗人杜荀鹤在描写苏州段运河两岸的场景时，写下"君到姑苏见，人家尽枕河"的美句。无锡城区古运河直接穿城而过，由于河面并不宽，两岸都是房屋粉墙黛瓦，错落有致，便形成了一条条"水弄堂"。最长的"水弄堂"是从北水关到南水关的城中直河（民国以后称中山河）了，全长达 2.14 千米。现代诗人、戏剧家周贻白于 1947 年来无锡旅游小住时，十分赞赏无锡城市特色，吟诗道："九支羽箭一张弓，十道河流八道通。是处楼台皆近水，无边风月橹声中。"从 20 世纪 50 年代起，城中的河道一条接一条地被填没，城外的内护城河则被填没了东面的一半，外护城河也被填没了西面到南面的大部分，"水弄堂"也基本随之消失了，唯有南门外还保留了几条。其中，从南城门到清名桥的一段古运河，两岸的民居商铺依然保持着清末民国时的原状原貌，真正享有"江南水弄堂、运河绝版地"的美称。①

与江南水弄堂相随的是枕河人家自有的私家码头。沿河两岸有好多人家房子的后半部分是延伸在河面之上的，这种建筑被称为吊脚楼。其码头就建在楼底下，入口开在屋内楼板上。住家从洞口逐级而下，便可临水淘米洗菜、洗刷衣服以及向来河里做生意的小商船购买商品等。有些人家的私家码头是用花岗岩条石从驳岸上挑出石级的，凌空而架，斜斜地插入水面；有些人家，则把石级分两面挑出，即双坡背向式，成"八"字形，水面上的码头与水中的倒影连在一起，实虚各半，形成菱形，好似美景。如今，南长街还或多或少地保留着这样的码头。

此外，街上还保留着传统民居的老门槛，旧式店面插门板的凹槽，以及走上去嘎吱作响的楼板。它们一头牵着古运河的昨天，一头连着古运河的明天，是传统与现代相融合的无锡运河元素。从 2009 年 7 月开始，无锡市政府对南长街进行了改造，从 2010 年 5 月 1 日起，南长街（跨塘桥至界泾桥段）路段改为步行街，不再通行机动车和非机动车辆。

（三）大窑路遗址：十里砖窑烟火旺

过了清名桥，就到了大窑路。大窑路在古运河和伯渎港的交汇处，大窑路因窑得名，清末曾名老窑头，1930 年改名为大窑坊，两年后改为现名，南长街的居民习惯口呼"窑上"。当地有"上塘十里尽开店，下塘十里尽烧窑"的说法。古运河、伯渎港岸旁砖瓦窑的历史久远，这与 3000 多年前太伯开凿太伯渎河，并经后人特别是唐代孟简大规模疏凿有关。在开凿、疏浚、拓宽、浚深太伯渎时，挖掘出大量的土方堆放河岸，形成了当年的高乡土和荒田。在古运河旁设立烧制砖瓦的窑口，既可以利用这一丰富的"上源"，又能解决生产砖瓦过程中的大量用水问题。清杜汉《梁溪竹枝词一百首》有句云："城南以望望窑烟，砖瓦烧来几百年。摄取高乡土零卖，荒田多变作良田。"大窑路的窑址，第一座窑建造于明朝洪武年间，至今已经有 600 多年的历史。因为大窑路紧傍京杭大运河，从外地运来的制砖瓦的泥土、烧窑需要的木材，以及烧制好的砖瓦成品，从路边的码头装运极为方便。明朝开国皇帝朱元璋定都南京时，想要修建南京的城墙，他诏令各地烧制质量上乘的城砖，而当时无锡烧制砖瓦技术工艺已经非常成熟，自然被选入建造都城所用砖瓦行列中。无锡砖瓦业在经过了明朝洪武初年的这次大规模都城营造

<hr>

① 沈锡良，邹百青．无锡运河记忆［M］．苏州：古吴轩出版社，2009：18.

后，得到了长足的发展，促进了砖瓦产业的进一步发展，由此无锡砖瓦兴盛于世，尤其是无锡古运河旁所产砖瓦，更是享誉全国。

明嘉靖年间，我国东南地区连遭倭寇骚扰，沿海城市遭到严重掠劫。明嘉靖十三年（1534年），倭寇流窜到江南地区，大肆烧杀抢掠。无锡知县王其勤为防御倭寇，下令将无锡城原有的土城墙改建成砖石城墙，他发动无锡运河岸边所有窑民日夜烧制城砖，带领城内百姓仅花了70天时间，就修筑了一座周长共4500米，高7米的巨砖包砌的城墙。清末民初，无锡及周边城市民族工商业得到了迅猛的发展。纺纱织布厂、缫丝纺丝厂、面粉厂、米厂等大批工厂的建设，促使了无锡窑业的进一步发展。大窑路最兴旺时期，有窑百座，做坯、运坯、装窑、烧窑、出窑至运销，从事窑业的人近万。这里所产的青砖，敲击响亮，坚固耐用，通过古运河运往各地。20世纪30年代中期，无锡古运河东岸，伯渎港至赵家湾共有103座砖瓦窑，窑户800余户，窑工5000多人，年产砖瓦5000万块左右，被称为"大窑业"，道路被称为"大窑路"。在1949年，长1150米的大窑路，集中有砖瓦窑100余座。中华人民共和国成立初期，这里的砖窑还继续使用，直到1969年，才结束手工烧窑的历史。现在大窑路上还残留有20余座窑址，当初的窑业公所至今还保存完好。基于此，我们可以说，大窑路是一个极其珍贵的研究古代砖瓦历史的博物馆。

（四）无锡县学旧址：县立官学

无锡县学旧址位于江苏省无锡市区学前街及睦亲坊巷3号，是古代无锡唯一的官立学校。无锡县学最早创建于北宋嘉祐三年（1058年），清雍正四年（1726年）改名为无锡金匮县学，民国后改为无锡县立中学，曾经为第八中学旧址。无锡县学旧址经历了宋元明清时期，同治十三年（1874年）对其进行重建，1982年重修。原县学范围很大，现在仅存戟门、明伦堂、讲堂3所建筑。现在存有县学古碑刻共70余块，其内容分为圣旨、学规、教授题名、进士题名、乡贤祠、学宫修建、学田记7类。年代最早的《无锡县重修县学记》，刻于南宋嘉定十年（1217年），其中宋碑7通，元碑4通，都未经著录，弥足珍贵，大多数碑刻保存完好，为研究无锡地方历史和古代教育史提供了珍贵实物资料。1983年11月由无锡市人民政府公布为市级文物保护单位，2006年6月升级为省级文物保护单位。

第二节 非物质文化遗产及其文化表征

对文化遗产概念的理解，是伴随对全球文化遗产运动实践的不断深入而发生变化的。非物质文化遗产较早见于1950年日本颁布的《文化财保护法》中提到的无形文化财。此后国际社会对人类无形的文化遗产保护给予了关注。非物质文化遗产定义的确定有一个逐渐深入的过程。联合国教科文组织在2003年发布了《保护非物质文化遗产公约》。其中，将非物质文化遗产定义为：被各社区群体，有时为个人视为其文化遗产组成部分的各种社会实践、观念表达、表现形式、知识、技能及相关的工具、实物、手工艺品和文化场所。这种非物质文化遗产世代相传，在各社区和群体适应周围环境以及与自然和历史的互动中，被不断地再创造，为这些社区和群众提供持续的认同感，从而增强对文化多样性和人类创造力的尊重。

我国对非物质文化遗产的定义是在UNESCO公布的《保护世界文化和自然遗产公约（1972）》《保护非物质文化遗产公约（2003）》定义基础上做出的，即"各种以非物质形态存在的与群众生活密切相关、世代相承的传统文化表现形式，包括口头传统、传统表演艺术、民俗活动和礼仪与节庆、有关自然界和宇宙的民间传统知识和实践、传统手工艺技能等以及与上述传统文化表现形式相关的文化空间"。以此标准来界定无锡段运河沿线的非物质文化遗产，会发现无锡非物质文化遗产不仅具有运河文化特色，而且具有吴地文化特色，是运河文化和吴文化相互融合的历史产物。

到2021年，无锡有市级以上非物质文化遗产代表性项目共195项（含扩展项目），其中国家级11项、省级51项、市级133项；市级以上代表性传承人285人，其中国家级10人、省级56人、市级219人，形成了国家级、省级、市级非物质文化遗产保护体系。根据"无锡非物质文化遗产信息网"公布的数据，无锡入选国家级非物质文化遗产项目名录的共有9项，分别是惠山泥人、梁祝传说、宜兴紫砂陶制作技艺、无锡留青竹刻、吴歌、锡剧、无锡道教音乐、无锡精微绣、江阴致和堂膏滋药制作方法；无锡入选省级非物质文化遗产项目名录的共有21项，分别是凤羽龙、无锡纸马、男欢女喜、宜兴手工刻纸、无锡酱排骨烹制技艺、玉祁双套酒酿制技艺、泰伯庙会、惠山庙会、段龙舞、江南丝竹、宜兴均陶堆花制作技艺、观蝶节、茶花担舞、渔篮虾鼓舞、二胡艺术、渔舟剑桨、无锡评曲、玉祁龙舞、宜兴青瓷制作技艺、宜兴均陶制作技艺、宜兴彩陶制作技艺。此外还有更多数量的非物质文化遗产入选县区级非物质文化遗产保护名录，如此庞大的非物质文化遗产名录，其中相当一部分与运河直接或间接相关，是典型的运河非物质文化遗产。① 无锡运河沿线的非物质文化遗产主要有：传统手工技艺、传统饮食技艺、民俗活动、表演艺术。

一、传统手工技艺：俗世生活的吴地雅尚

民间传统手工技艺历史悠久，是我国传统文化的重要组成部分。它与人们的生活息息相关，主要是指以手工劳动进行制作的具有独特艺术风格的工艺美术。无锡民间传统手工技艺源远流长、博大精深，不仅包含了诸多工艺门类，拥有如泥人、紫砂、刺绣、均陶、竹刻、剪纸、珠绣、麦秆剪贴、蓝印花等多个种类，而且地域风格突出，且与人们的日常生活密不可分，是无锡民众在日常生活中的精神追求。

（一）惠山泥人：最具东方色调的民间彩塑艺术

无锡惠山泥人历史悠久，是中国民间彩塑中的奇葩，民国时期，与天津"泥人张"雄踞中国南北。

惠山泥人是无锡三大著名特产之一，取名惠山泥人与无锡惠山独特的土壤有关。无锡太湖之滨的惠山脚下盛产黑泥，其泥质细腻柔软，搓而不纹，弯而不断，干而不裂，可塑性极佳，非常适合"捏塑"之用，宋代苏轼在途经无锡时曾写下"惠泉山下土如糯"，这说明惠山泥人所用材料具有软糯特性。泥土层层筛选积淀，含泥沙量较少，非常适合作为惠山泥人的原材料。惠山泥人，大约起源于明代晚期②，对于惠山泥人的描述，最早可见明末文学家张岱在《陶庵梦忆》中说："无锡去县北五里为锡山，进桥，店在岸。店精雅，卖泉酒、水坛、花缸、宜兴罐、风炉、盆盎、泥人等货。"如此看来，惠山泥人应该有400多年的历史了。

惠山泥人是当地艺人巧夺天工的创作成果。惠山泥人有粗、细货之分。粗货主要与江南农耕文化有关，具有造型简洁、色彩明快和构图饱满的艺术特色，题材如顽童、耕牛等，流传最广的莫过于反映吉祥如意的大阿福。以

---

① 张强. 江苏运河文化遗存调查与研究［M］. 南京：江苏人民出版社，2016：281.
② 有人认为惠山泥人最早起源于宋代，距今已有700多年的历史。

团头虎脑"大阿福"为代表的惠山泥人，与老百姓迎祥纳福、避邪消灾的心意息息相通，色彩明艳、憨实朴拙的造型，充满喜洋洋的生活气息，深受人们喜爱，已成为无锡地域民俗文化的标志符号。粗货以模印为主，对象主要是城乡间的广大儿童和一般农民。细货则是手捏而成的，因以历史典故、神话传说和戏曲人物情节为题材，也称"手捏戏文"。惠山艺人以手捏戏文闻名中外。手捏戏文写意丰满，华美动人，注重捏塑和细致的彩绘，其技法体现了惠山泥人的独特风格，它是中国民间泥塑艺术的杰出代表，被誉为"最具东方色调的民间彩塑艺术"。

惠山泥人发源于惠山祠堂之中，最初由乡民作为农闲时的副业，而后逐渐发展为作坊式生产，兴盛于明清至近现代。清代中叶，在惠山五里长街、上下河塘，祠堂林立，几乎每一家祠堂门前都有一家泥人店，形成繁盛的泥人街，其形象代表是"大阿福"。从事生产的主要以看守惠山祠堂的人为主。惠山祠堂位于惠山东麓，在不足 1 平方千米的范围内，有祠堂群及其古建筑 118 处。在这些古祠堂群中，有周代奔吴的泰伯，战国的春申君，宋代民族英雄李纲、范仲淹，唐代的"茶圣"陆羽等。祠堂中有各种江南特色的建筑形态，如会馆公所、书院戏台、酒肆茶楼、门楼牌坊、照壁楼阁、码头桥梁……蔚为大观。明清时期，运河漕运、无锡工商业的发展壮大，水陆码头出现客商云集的盛景，在此背景下，惠山泥人市场不断扩大，加之无锡本地每年寺院庙会、蚕茧成熟以及学子赶考期间泥人销量的增加，大大促进了泥人的发展。于是，专门生产泥人的作坊出现了。清代中叶，在惠山五里长街、上下河塘形成了泥人一条街。《清稗类钞·工艺录》载，乾隆南巡至惠山，对艺人王春林进献的数盘泥孩儿大为赞赏。泥孩儿在光绪时尚存颐和园佛香阁，"庚子之乱，为西人携去矣"。到同治、光绪年间，惠山泥人得以迅猛发展，优秀作品不断出现，不仅声名远播，行销广泛，而且出现了数量众多的手工作坊，专业化、产业化的发展形式把惠山泥人推到鼎盛。

为了促进行业交流，巩固行业地位，在光绪戊戌年间，无锡成立了泥塑艺人的行会组织耍货公所，但是终因战乱频繁而告解散。中华人民共和国成立以后，国家根据"抢救、保护、提高、发展"的方针，积极恢复泥人的生产和传承。1950 年 12 月和 1951 年 4 月，先后成立了"无锡市手工业工会泥人石膏业基层委员会"和"无锡市工商联泥人石膏业同业工会"，使惠山泥人中的 60 多位艺工人员和 231 户店铺作坊开始有了自己的组织。1954 年，成立"江苏省惠山泥塑创作研究所"，1958 年 8 月 10 日，"惠山泥人厂"成立。20世纪80年代后，惠山泥人受市场经济影响较大，一些人员走出企业，走向市场，在市场中求得生存发展，私人作坊、店铺大量涌现，翻版复制的惠山泥人大量充斥于市场间。2002年，惠山泥人厂全厂改制，企业为了加强惠山泥人的保护和传承，于2005年设立了大师工作室。将已退休的王木东、喻湘涟、王南仙、柳成荫4位中国工艺美术大师和李仁荣、王国栋、陈荣根3位江苏省工艺美术大师请进工作室。惠山泥人以独特的造型、丰富的题材、鲜明的色彩和浓郁的江南乡土风俗气息称誉海内外，体现了惠山泥人多姿多彩的精神风貌和卓越的创作才能。2006年，惠山泥人入选第一批国家级非物质文化遗产名录。2007年，喻湘涟、王南仙被文化和旅游部评为国家级非物质文化遗产项目代表性传承人，他们招收了具有大专以上学历的年轻学员进行传习培训，解决了传承人困境问题。同年，惠山泥人厂在1957年建设的3幢老厂房被公布为省级工业遗址保护单位。1986年，在无锡原惠山泥人厂旧址上修建了无锡泥人博物馆，这是我国首家民间彩塑艺术博物馆，也是泥人行业内规格最高、藏品最全最多的主题博物馆。

（二）无锡刺绣：绣艺与画理相融合

无锡自古盛产丝绸，是苏绣的发源地之一。无锡刺绣因地而名，因此被称为"锡绣""精微绣"，是江苏刺绣艺术之一。无锡刺绣有着悠久的历史，经历了从闺阁走向大众，从日用品到艺术欣赏品的历史过程。锡绣要求绣艺与画理相融合，形成了淡雅奇丽、细腻精微、生动传神、似画实绣的艺术风格。据记载，无锡早在2500多年前就有刺绣服饰。最早见于汉代刘向《说苑》所述："晋平公使叔向聘吴，吴人饰舟以送之，左五百人、右五百人，有绣衣而豹裘者，有锦衣而狐裘者。"这段话记载的是：晋平公派遣使节叔向来吴国访问，叔向由吴国返回山西时，吴国人用装饰富丽的画舫为他送行，在船的两舷，各有五百名送行者，有的穿着刺绣的服装，有的穿着锦缎和毛皮的服装。晋平公在位时限为公元前557—前532年，而吴王阖闾徙都苏州为公元前514年，这段史料所记载的还是吴国设都于无锡梅里时的事，这说明早在公元前6世纪，无锡地区就已经流传着刺绣技艺。

明代《无锡金匮县志》载："堆纱刺绣，前明尤仲骧妻俞氏所造。早寡保孤，业此自给，巧夺天工，曾以充贡。今邑中或仿其法。"刺绣以折枝花果、吉祥图案为主要题材，有戳纱绣、挑花绣、堆纱绣、列针绣等刺绣针法。清朝年间，创造了闺阁绣、切马鬃绣、填色稀铺法、乱针绣等精微绣特有的技法。清光绪二十三年（1897年）创办了"锡山绣工传习会"，在北门泰定桥王敬修堂宅内和南门三下塘华氏延绿阁开设两处传习所，是我国最早的民办民间刺绣传授组织。1908 年，清农工商部以"精制绣品、新法改良"，授予李佩黻特设一等奖牌。其时，无锡竞志、振秀、鹅湖等多所女校也开设刺绣科。1908 年以后，锡绣作品先后获天津实业劝工场银牌奖、比利时布鲁塞尔万国博览会一等金牌奖，意大利都阆万国博览会金牌奖。1910 年，清农工商部在南京举行"第一次南阳劝业会"，"锡山绣工会"20 人获团体金牌奖、荡口华璂获个人金牌奖，还获 78 个银牌奖，奖牌数居全国之首。1915 年，在美国旧金山"巴拿马太平洋万国博览会"上，"无锡全邑得奖五十种，得奖之多几与省会相抗衡"。锡绣全盛期由此形成，"锡绣盛称于世，不唯国人知之，薄海内外靡不知之"。1927 年以后，无锡刺绣逐渐走下坡路，抗战时期，刺绣工艺荡然无存。中华人民共和国成立以后，党和政府重视民间工艺，大力扶持无锡刺绣。1959 年，无锡市工艺美术研究所锡绣研究组系统整理了锡绣的百余种传统针法，并于 1981 年创制"精微绣"，迎来了锡绣艺术史上的第二个鼎盛时期。① 20 世纪 80 年代初，精微绣传承人在继承传统的基础上，发展创新了"双面精微绣"，使之成为举国公认的优秀艺术品种。

无锡精微绣的艺术特色极为突出，它卷幅微小，造型精巧，绣技精湛，往往能在很小的画面内绣制人物、场景、文字、图案等，呈现所谓"寸人豆马，蝇足小字"的奇观。与一般双面绣相比，精微绣的技艺要求更高、难度更大，在用料、用色、用线、用针上更加讲究。它要求刺绣艺人不但绣艺高超，而且具备较高的艺术素养，艺人绣制精细局部时，要将一根丝线劈成1/80，有时人物头部只有绿豆大小，五官无法用笔墨勾勒，艺人需手眼相通方能绣成。在长期的发展过程中，无锡精微绣与书画紧密结合在一起，焕发出独特的艺术魅力。精微绣艺术是中国最早在理论上得到总结的刺绣品种，清代即出现重要的理论著作《绣谱》对之进行论述。它体现着中华民族悠久的服饰文化和日用装饰文化，深为文人雅士及国内外艺术爱好者、收藏者所珍爱。

在社会发展变革的过程中，受工业化、外来文化及过度商业化开发的冲击，无锡精微绣正逐步萎缩，业内人才大量流失，传承困难，后继乏人。这一优秀的民间工艺已处于濒危状态，亟待采取切实有效的措施加以保护。

---

①　张强. 江苏运河文化遗存调查与研究 ［M］. 南京：江苏人民出版社，2016：285.

2018年5月21日，无锡精微绣入选第一批国家传统工艺振兴目录。①

（三）竹刻技艺：竹上刀剑术

竹刻属于雕刻艺术，流行于明清时期，主要是以浅刻、浮雕、圆雕、透雕、留青、翻簧等手法，制成文房用品及盘盒等既实用又美观的艺术品。无锡留青竹刻是传统竹刻艺术的一种，因其留用竹子表面一层竹青雕刻图案，然后铲去图纹以外的竹青，露出下面的竹肌做底而得名。以留青、浅刻、浮雕、圆雕等各种雕刻技艺为表现力，讲究体现竹子的自然材质美，并将留青浅刻与浮雕、透雕巧妙地融合在一起，从而形成无锡留青竹刻独有的艺术特色。无锡留青竹刻作品精细、古朴、清雅、秀丽，富有装饰性；品种有老臂搁、书镇、扇骨、书联、挂屏等，属实用价值较高的工艺品。

无锡留青竹刻是江南竹文化的精华，起源于唐代，明清时期达到鼎盛。明代，无锡籍著名竹刻家张希黄留青浅刻山水笔筒，是迄今传世最早的无锡名家竹刻，在中国竹刻史上起到了垂范后世的作用。清代，竹刻工艺在无锡地区流传不绝，产生了许多重要作品。1915年，无锡籍竹刻家、金石家张瑞芝在无锡市中心复兴路开设"双契轩艺坊"，由吴稚晖题匾。早期无锡竹刻以精刻摹缩金石文字为主，其次是镌刻名家书画。无锡竹刻家通过运刀的深浅利涩，将书画的神韵笔意表现得淋漓尽致，作品气韵高古、清新俊雅，显示出浓重的文人气质。2008年，无锡刺绣和竹刻被列入国家级非物质文化遗产名录。

二、传统饮食技艺：风行天下的无锡口味

"饮食是一种在日常经验层面表达认同感和进行身份博弈的有效方式。"② 查尔斯·坎普（Charles Camp）就说："食物是最能表现身份认同的标志物之一（如果不是唯一的话）。"饮食无论是材料还是技艺，都具有明显的地域性。传统饮食文化则是在长期饮食开发利用过程中的文化表征，是人类在饮食实践过程中所追求的物质生活和精神生活的总和，表征着一定社会或地域的习俗、传统甚至哲学理念等。无锡历史悠久，运河交通便利，明清时期商业繁荣兴盛，"四大码头"汇聚全国各地商人，特色饮食孕育而生，

---

① 中国非物质文化遗产网：https://www.ihchina.c/.

② 李牧. 饮食文化与华人身份的跨文化表演性：海外中餐与中餐馆［J］. 广西民族大学学报（哲学社会科学版），2022（02）：106-118.

至今传承不衰，成为风行天下的无锡口味。

（一）酱香排骨：驰名中外的肉骨头

无锡酱排骨俗称"无锡肉骨头"，是一道地道的无锡地方传统名菜，在色泽、口感、汤汁、口味上完全展现了无锡当地菜肴的基本风味。无锡酱排骨兴于清光绪年间（1871—1908 年）米市、窑业、蚕丝业兴旺的南长街，至今已有 100 多年的历史。

无锡酱排骨选料考究，要以上等猪肋排，即选取猪身上肋骨连同的精肉一小块，用酱油烧成酱红色，因此称为"酱排骨"，其特点是油而不腻，烂而不糊，甜咸适中，色、香、味俱佳。无锡酱排骨的兴起和无锡工商业的迅速发展密切相关。明清时期，无锡手工业随着运河漕运的南北沟通逐渐发展起来，无锡商人就在饮食上狠下功夫，寻找赚钱机会。当时许多肉店聘请名师，苦心经营，争创名牌，先后出现过"老三珍""陆稿荐""老陆稿荐""真正陆稿荐"等牌号。由于各家相互竞争，肉骨头的质量不断提高，直至成为驰名中外的无锡酱排骨。

无锡酱排骨的烹制十分讲究。一是选料精，需取三夹精的草排为原料。这种草排，一头猪身上只有七八斤，它的特点是肉质细嫩。二是作料要好，需要用黄豆酱油、绵白糖、老廒黄酒，还有葱、姜、茴香、丁香、肉桂等烹调。三是操作要严，100 斤生的肉骨头，要加酱油 12 斤，白糖 3 斤，黄酒 3 斤，用文火烧 2 个小时，最后制得 64 斤左右的美味排骨。无锡酱排骨是一道老少皆宜的江苏运河名菜。民国初年，肉骨头烧法形成北门派和南门派两大烹制技艺，南门派以三凤桥肉庄为代表，用笼圈垫锅，紧汤烧煮；北门派以陆稿荐肉庄为代表，用木接口宽汤烧煮，菱粉收汤。无锡肉骨头年产量 35 万多千克，产品远销全国各地，并由真空包装出售。周贻白《无锡景物竹枝词》中写道："三凤桥边肉骨头，朵颐足快老饕。味同鸡肋咀嚼，莫负樽中绿蚁浮。"[①] 1927 年，王云清在三凤桥开办"慎徐肉庄"，将南北两派集于一店，不断改进完善烹制工具、方法和技艺，声名鹊起。1934 年，无锡有 29 家烹制肉骨头的肉庄。1956 年 5 月和 1959 年 9 月，"三凤桥"酱排骨烹制大厨王阿林二上北京参加食品展览会，进行现场操作表演。1971 年在香港销售。1988 年"三凤桥"酱排骨获首届中国食品博览会银奖；1994 年"和合牌"真正老陆稿荐酱排骨获首届中国优质与名牌产品博览会金牌。2006 年，

---

① 郁有满. 无锡运河志［M］. 西安：西安地图出版社，2008：339.

"三凤桥"酱排骨烹饪工艺被列入江苏省非物质文化遗产保护名录,经营酱排骨的"三凤桥"肉庄被授予"中华老字号"称号。

(二)清水油面筋:球形中空团圆菜

清水油面筋是无锡传统的地方名菜,由面粉、肉馅等食材制成,生产历史悠久,自清乾隆时始,至今已有230多年。据说是由无锡崇安寺小吃店老板"锡大"在烹制菜肴过程中创始的,后由"锡大"传授的东门吴姓作坊(是无锡第一家制作清水油面筋的店铺)制作。咸丰十年(1860年),由无锡北门笆斗弄内马成茂店第一次挂出"清水油面筋"的招牌。由于无锡水陆交通发达,庙会兴旺,外地游客来往于庙会间采购消费,久而久之,无锡油面筋便被大家认可喜爱。当初的制法是将筛过的麸皮加盐水用人力踏成生麸(又称"面筋"),再将生麸捏成块状,投入沸油锅内煎炸,成为球形中空的油面筋。现在,油面筋的原料是小麦面粉,小麦面粉经过水洗、沉淀,就是小麦淀粉,其副产品就是水面筋,把水面筋揉成小球,放在油锅里炸,膨胀变大,成为油面筋,如果塞进肉馅则称"酿面筋"。无锡油面筋色泽金黄,表面光滑,味香性脆,吃起来鲜美可口,含有很高的维生素与蛋白质,烧煮后别具风味。无锡油面筋已经成为无锡人阖家团聚饭桌上一道必不可少的团圆喜庆菜。无锡清水油面筋也与惠山泥人、无锡酱排骨并称为"无锡三大土特产",成为众所周知的无锡非物质文化遗产。

无锡,属于亚热带季风气候,雨量丰沛,河网密布,水稻是其主要作物。受地域、物产、历史文化、生活习俗方面的影响,饮食以大米为主食,常以面食调剂。虽然无锡主产稻米,但无锡人喜欢吃各种面食小点心,王兴记小馄饨与小笼馒头、穆桂英糕点,还有素面、玉兰饼、梅花糕、惠山油酥饼等都是无锡人所喜爱的。这里主要介绍最有特色的小笼包和惠山油酥饼。

(三)无锡小笼包:味鲜不腻吸着吃

无锡小笼包,当地人又称小笼馒头,以皮薄卤多而誉遍沪、宁、杭一带,是无锡汉族传统名点。据传,小笼包源于北宋时期开封地区的灌汤包,后在南宋时期传至江南地区,已有百年历史。无锡小笼包选用上等面粉制作,选料精细、小笼蒸煮,南方口味,具有夹起不破皮、翻身不漏底、一吮满口卤、味鲜不油腻等特色。馒头紧酵皮薄、馅多卤足、鲜嫩味香,秋冬时,馅心中加入熬熟的蟹黄油,即为著名的"蟹粉小笼",食时鲜美可口。

由于汤汁丰盈,小笼包的吃法也与其他包子不同。包子端上来,取一浅碟,倒入少许玫瑰香醋和嫩姜丝作料,用筷子轻轻地夹起小笼包子移入浅碟，先在薄如蝉翼的包子皮上咬一小口，然后慢慢地吮吸其中热烫的汁液，一边吮吸，一边品尝，香甜鲜美的滋味便在口中弥散开来。汤汁吸得差不多了，再将整个包子吞入口中品味。吃无锡小笼包的口诀是："轻轻提，慢慢移，先开窗，后喝汤。"这样的吃法，一来可避免汤汁喷溅、烫伤口唇，二来是在轻啜过程中享受其鲜美的味道。

（四）惠山油酥饼：素香肥酥甜感适中

惠山油酥饼是无锡传统名点，是明代宫廷中的点心，原名重油酥饼。清代时，被惠性法师誉为"金刚肚脐"。相传明末清初，明宗室的朱圣谕携眷来到无锡惠山脚下，一时苦于生计。某日，朱圣谕踱进古华山门，目光无意落在袒胸露腹的四大金刚的肚脐上，突然想起宫中有重油酥饼，大小像金刚的肚脐一样。由此激发创意，决定以做这种宫中的点心为生，并将之称作"金刚肚脐"。惠山油酥饼选用上等白面粉加豆油拌和，再酿进椒盐馅心，撒上芝麻制成，特点是素香肥酥甜感适中。惠山油酥饼已经成为无锡民众的日常食品，也是传统节日招待客人的一道美食。

（五）玉祁双套酒：以酒酿酒

玉祁双套酒属于无锡的非物质文化遗产，也是惠山特产，产于惠山区玉祁镇。玉祁位于无锡、常州、江阴的交界处，原为芙蓉湖中高地，如湖中之玉，因而得名。玉祁镇始于唐末五代以前，迄今有4000多年历史，历史悠久、源远流长，名人辈出，人文荟萃。玉祁双套酒始酿于清嘉庆年间，首创复式酿酒法，即用陈年黄酒代替醅水，不加生水，不加酒药，以酒酿酒，故称"双套"。选用太湖地区优质糯米为原料，所采用的"大酵法"工艺流程，是黄酒酿造业中仅存的传统酿造法，需经30余道工序，入坛露天存放发酵60天，再经压榨煎酒后入库储存3年以上。玉祁双套的原汁原味，源自传统而独特的酿造工艺——野生酵母"大酵法"。这种"手工老法技艺"酿造很讲究，从浸米、蒸饭、开耙，到露天堆醅发酵、落缸、榨酒、煎酒，每道工序都精益求精。麦曲头道工艺不粉碎，米饭要酥而不烂，米浆水要采用上等精白糯米浸泡20余天再煮沸撇沫提炼，制成培养基，再接入采集并经试验的野生酵母，从小陶土缸盆到中盆再到大盆，分级培养成"大酵头"，投入大缸发酵，生产工序要经过大小30余道，是全国黄酒酿造行业里沿用至今的唯一传统酿造工艺。2009年，江苏省政府批准公布的第二批省级非物质文化遗产名录和第一批省级非物质文化遗产扩展项目名录中，玉祁双套酒酿造技术名列其中。玉祁双套是无锡地区"酒文化"的典型代表，也是无锡"名特优"的代表。

（六）惠泉酒：惠山泉水味甘而冽

运河流域酿造业兴盛的原因之一①是商贾云集、百货荟萃。运河上白天舟楫如梭、买卖成行、商贾云集。入夜一河渔火，歌声十里，夜不罢市，很多城镇都是南船北马、百货荟萃的水陆交汇之地。这便使运河沿岸商业繁荣，商品经济发达。无锡惠泉酒就是一个最好的案例。

惠泉酒厂坐落于无锡段运河的江尖洲渚上，惠泉酒相传始于宋代，是利用惠山泉水生产而成的，味甘而冽，堪称酒中珍品。北宋书法家、画家米芾在《将之苕溪戏作呈诸友》中曰："半岁依修竹，三时看好花。懒倾惠泉酒，点尽壑源茶。"不过，清顺治时期宋起凤的《稗说·品酒》记载，蒋氏"惠泉酒"始于南宋，"有蒋姓家，宋南渡时居梁溪造酿得名，子孙不废业"。总之，惠泉酒在宋朝就已经闻名于江南运河了。江尖渚上运河的商船往来不绝，众多商贩慕名而来，络绎不绝。康熙年间的《无锡县志》记载："舟载往来，喧溢寺塘。"光绪年间的《无锡金匮县志·物产》记载："酒作则无锡最擅名，所云惠山三白，腊月酿成，以味清冽者为上，奔走天下，每岁十万斛不止。"惠泉酒，名曰三白，其中以腊月酿成色白味清冽者为上品，产自蓉湖的尖酿最好，优于山中所产。惠泉酒不仅名满天下，而且成为朝廷贡品，曹雪芹在《红楼梦》中多次提到无锡的惠泉酒，可能受其祖父曹寅诗词的影响。曹寅曾任江宁织造府总办20余年，曾在蒋氏酒楼写下《题锡山蒋氏酒楼》："秋树晴河一里烟，朝来洗漱尽名泉。买田阳羡应犹过，此处楼居即是仙。"曹寅还有一首《舟中望惠山举酒调培山》，也写到了蒋氏酒楼，可以作为对照。其中两句："蒋家酒楼堪憩脚，十日醉倒青芙蓉。"可见，惠泉酒在当时已经成为名酒，盛名于无锡及其他江南地区。

2009年，"惠泉"商标被认定为江苏省著名商标，惠泉酒酿造工艺荣获"无锡非物质文化遗产"称号。

三、民俗活动：吴地民众的精神乐趣

民俗活动属于民俗文化，是民俗文化的具体表现。民俗文化是民众风俗生活文化的统称，是以一定区域民众的生活习惯、风俗信仰、情感依托为基

---

① 胡其伟. 运河酿造业遗产及其保护传承［J］. 江南大学学报（人文社会科学版），
2019（05）：53-58.

础形成的，也可泛指一个国家、民族、地区民众创造传承的风俗生活习惯，具有强烈的地域性和传承的纵向性。民俗文化反映了当地社会的经济、政治、文化等状况，表征着当地居民的生活状态和精神追求，可以为考古学家和历史学家提供生动的事实或理论依据。

无锡作为江南地区吴文化的重要区域，在江南地区发展过程中，在大运河的漕运中，在吴文化的传承中，逐渐形成了将无锡自然地理和人文情怀性融合得丰富多样的民俗文化。如果按照大类归类，以人生为中心的民俗文化有出生礼俗、婚嫁礼俗、寿诞礼俗、葬丧礼俗等；以农业生产为中心的民俗文化有祈望五谷丰登、人畜两旺、岁岁平安的岁时民俗、生产民俗；以生活节日为中心的民俗文化主要是各种庙会。此外，还有无锡不同历史阶段的各种神话故事，如"九龙抢锡珠""猪婆龙啃犊门山""范蠡和西施的传说""梁祝传说"等。这些民俗文化既和无锡历史有关，也和无锡自然环境有关，表达的是无锡地区的社会历史状态和民众的生活向往。这里主要对无锡段运河两岸的民族文化做一些整理分析。

（一）灯会、香汛与庙会：大众的俗世生活

无锡灯会、香汛与庙会是无锡运河沿岸非物质文化遗产的重要组成部分，是一个三位一体的世俗活动，是大量民众在世俗社会向往美好生活的一种现实表达。

无锡灯会主要有北塘香灯会、放水灯会、元宵灯会、提灯会和艺术灯会等。起源于宋朝的放水灯会是无锡运河风俗，无锡人把农历七月十五的中元节称为水灯节。每年到这个时候，各个寺庙、寺院都要做水陆道场，放水灯。水灯是用桐油纸做成的，中间放豆油，水灯点燃之后放至水面顺水漂游，放灯者期盼自己的心愿顺风顺水，一切如愿。放水灯在每年的七月十四夜晚举行。每到这个时候，无锡民众就会聚集在南禅寺码头，僧侣、道士、尼姑会手持各种法器、乐器，念经拜忏。道士们用乐器齐吹合奏，并在船上向水面放焰口，运河两岸欢腾，人声鼎沸，放水灯的船只从南门南禅寺码头起，过亭子桥、莲蓉桥到黄埠墩，最后返回南禅寺。中华人民共和国成立之后，放水灯就不再出现了。

香汛是指每年的农历三月十五，无锡人到惠山直街上的张中丞庙进香。张中丞庙祀奉的是唐代安史之乱中坚守睢阳而壮烈牺牲的张巡，老百姓将其神话为昊天大帝，赋予其专门负责人间瘟疫和灾害的防御管理职能，到张中丞庙进香可以保佑人畜平安。

进香的人们一般会提前乘船来到惠山古镇，这些船只停泊在寺塘泾、惠山浜和惠山浜附近的古运河岸后，来自四乡八镇的香客们在香会负责人的指挥下列队向张中丞庙进发，他们一边行走一边表演节目，煞是热闹。而张中丞庙早已挂灯结彩，庙内戏台上则演出戏文。进香活动一直会持续到十五日整天。民国时期的古文学家、诗人秦铭光在《锡山风土竹枝词》中有这样的描写："如龙街火惠塍间，达旦宵声不闭关。看取暮春刚一半，香灯万队共朝山。"这首竹枝词后小注云："三月十四日夜，四乡香会均至惠山，名曰朝山进香。西城内外观者塞途，达旦不止。"①

无锡历史上有十大神庙，分布在古运河的两岸，各庙在传说的庙神诞辰时都要举行庙会。八庙赛会起源于明代，盛于清末民初，活动内容是其他庙神要到最高庙神——位于惠山东岳庙的庙神黄飞虎那里祝贺。传说黄飞虎被姜子牙封为东岳大帝，其他九庙庙神神职都在黄飞虎之下。传说黄飞虎的诞辰为农历三月二十八，这一天，除张中丞庙庙神张巡作为接待陪客外，无锡东西南北城区的张元庵、南水仙庙、老城隍庙、新城隍庙、延寿寺殿、延圣殿、府殿等八庙神灵，都要到惠山东岳庙朝拜，被称为"老大爷出会"。游行队伍抬着神像，一路有仪仗队和文艺表演（无锡俗称"道子"），各庙都由所在地的工商业主和士绅为经济后盾，庙神出会也就成为经济实力的一种展示，故称为"八庙赛会"。

"八庙赛会"是无锡民间的一个盛大节日，这一天，不仅吸引无锡城区的人们来看会，也吸引附近江阴、常州、常熟、南京等地的人来观看热闹。日军侵占无锡后，"八庙赛会"就中断了。1994年，惠山庙会恢复后，受到了本地民众和外地游客的喜爱，2012年，被列为江苏省非物质文化遗产的惠山庙会与"非物质文化遗产展示活动"同时举行，吸引了千余人前来表演和观看。

（二）龙舟赛：蓉湖竞渡

端午节赛龙舟是中华民族的传统风俗之一，《淮南子》即云："龙船鹢首，浮吹以娱。"镇江金山寺江面、杭州西湖、扬州瘦西湖等都因为水面较开阔而成为竞渡胜地，唯有无锡像淮安、枣庄那样将这场盛会放在了大运河里，缔造了江南运河上唯一的大型龙舟赛。"五月五日岚气开，南门竞船争看来。"龙舟赛作为无锡运河上最有影响的民俗文化活动，已经发展为大运

---

① 顾一群.运河名城：无锡［M］.苏州：古吴轩出版社，2008：49.

河里规模最大的龙舟竞渡。根据无锡民间传说，夫差因听信谗言，在五月初五将伍子胥赐死，并抛尸于太湖闾江口。北宋高承的《事物纪原》中载："竞渡之事，起于勾践，今龙船是也。"无锡人也将龙舟称为"龙船"。伍子胥死后，百姓们纷纷哀相国之不幸，便在湖中划龙船，让龙误以为是同类争食，再投粽子饲喂，以防龙来伤害伍子胥的尸骨，据说此举遭到吴王的禁绝，直到吴王死后才盛行起来。龙舟赛事的举办地位于北塘至黄埠墩古运河上，这里河面宽阔，水流湍急，是无锡老城周围最适合竞渡的水域。且这段古运河道两岸商业繁荣，居民聚集，吸引了很多观众前来观看，是无锡民间大型活动的首选之地。"蓉湖竞渡"是古运河上规模最大、影响力最大的民间盛事。清代诗人杨抡有"年年竞渡闹龙舟，爱向芙蓉湖上游"的诗句，秦琦也有诗"五色金钱竞渡忙，画船游女艳红妆。蓉湖在外笙歌集，一路风香并水香"，由此可见当年的盛况。

正式比赛那天全城沸腾，人们争相前往北塘观看赛事。《锡山景物略》载："往看者无大小，无贵贱，无男女，无城乡，水路并发。路则演塘摆列，如堵如屏，可四五层，有面无身；水则自酒船以及田船，互相击撞，水为不流，龙舟亦挤入各船帮至不得伸缩。"比赛结束之后还有许多余兴节目，如由官绅或名妓，将活鸭、酒坛等扔入水中，由水手抢夺，抢到者就可以获得奖赏。

蓉湖竞渡直到民国时期仍然十分盛行，规模甚至超过以往，主要是由于清末民国时期无锡地方商人势力崛起，蓉湖竞渡成了他们展示财力、宣传实力的大好机会。中华人民共和国成立后，蓉湖竞渡等端午习俗基本都停止了。不过，随着我国文化旅游业的不断发展，这些年各地对传统节日逐渐重视起来，无锡龙舟赛又开始浮出水面，表现出新时代的生命力。

（三）凤羽龙：民间舞龙文化

"凤羽龙"是洛社镇花苑龙灯的称谓，俗称"鸡毛龙"。所谓龙身是由6万只公鸡的羽毛拼贴缝制而成的，舞龙时，龙身16人、夜明珠1人、锣鼓队4人，用各种套路幻化出"金龙盘柱""孔雀开屏""丝螺结顶""首尾腾身""龙尾高翘""八仙过海"等各种出神入化的招式令人眼花缭乱、目不暇接。舞得活、神态真、套路多、速度快成为"凤羽龙"的主要艺术特征。独一无二的龙身制作工艺，传承百年的高超舞蹈技艺，让"凤羽龙"一举成为江苏省首批非物质文化遗产。①

洛社镇是江南历史文化名镇，大运河穿镇而过，成为一个因水而建、因河而兴的集镇，大运河孕育了洛社的文化特质，造就了洛社人的灵活通达、开放包容、以柔克刚和坚韧进取的文化气质，"凤羽龙"以舞龙的形式表征了洛社地区的文化特质。

在运河文化与民间艺术相结合的过程中，形成了富有艺术张力的民间音乐舞蹈艺术。无锡运河地区有舞龙的习俗，洛社、玉祁一带尤为盛行。洛社镇花渡村"鸡毛龙"舞龙队是无锡运河沿岸一支出色的舞龙队，每到喜事佳节的时候，"鸡毛龙"舞龙队就会穿村走巷舞龙灯保平安。"文化大革命"时，"鸡毛龙"舞龙队也遭到过厄运，改革开放以后，"鸡毛龙"复出，而且多次参加无锡市太湖春艺术节，多次在市龙灯大赛中得奖。2006年无锡市将其申报省级非物质文化遗产。著名的舞龙队还有玉祁礼舍舞龙队，这支舞龙队曾经在1994年和1996年获得江苏省舞龙比赛冠军，于1994年全国首届舞龙比赛中获得第一名，1996年第三届农民运动会中获得第五名。1999年6月4日至13日，礼舍舞龙队代表中国参加加拿大一年一度的"多伦多醒狮汇艺节"，并获得该节颁发的唯一金奖。民间舞蹈洛社花苑村的凤羽龙已经被列为江苏省首批非物质文化遗产项目。

四、表演艺术：吴地文化的民间特色

表演艺术是由表演者表现的直接诉诸人的视觉、听觉的艺术种类，包括音乐、舞蹈、曲艺等。表演艺术的美学特征，主要是通过演员的直观表演，使人在理解作品思想的同时获得审美享受。表演艺术所反映的审美内容，既具有一般性，又具有特殊性，即地域文化的差异带来审美的差异。无锡的传统表演艺术具有典型的吴文化特色，闪烁着劳动人民的智慧之光。

（一）吴歌：吴地民间文化瑰宝

吴歌，即千百年来流传于吴地方言区的民歌，以其丰富的内涵、婉转流畅的音韵而著名。吴地民歌民谣总称"吴歌"，它是吴文化的重要组成部分。吴歌发源于江苏省东南部，是具有浓厚的民族和地域特色的民间文学艺术，距今已有3200多年历史。吴歌包括"歌"和"谣"两部分，从内容来看，

---

① 无锡惠山旅游. 洛社"凤羽龙"将代表无锡出征省运会，对手中还有条"非洲龙"[EB\OL]. 搜狐网，2018-09-07.

它既包括情歌，又包括劳动歌、时政歌等；按音乐形式进行区分，吴歌有命啸、吴声等6类音乐。吴歌反映的是当地人民丰富多彩的生产生活内容，特点是口语吟唱、无乐器伴奏、口耳相传、具有深厚的地域水乡特色。

吴歌在春秋时代就已出现，出自江南运河及太湖周围地区，历代对吴地民歌的叫法不一，经过了吴吟、吴歈、吴声歌曲、吴歌等的演变，但始终不离"吴"字。明清时期，运河沿岸的经济十分繁荣，由此吴歌达到了全盛时期。顾颉刚等人编纂的《吴歌甲集》《吴歌小史》，杨荫浏等人的《歌谣》31首，林敬之、钱小柏的《无锡歌谣集》600余首，李白英的《江南民间情歌集》收集了无锡城乡民间情歌46首，《无锡民间歌曲采风录》采集民歌民谣近200首等，这些是关于吴歌珍贵的历史文献。吴歌可以被比作世界遗产宝库中的一颗明珠，它对江南戏曲、音乐有着广泛而深刻的影响，并且具有独特的语言文化研究价值。

长期以来，吴歌由短到长，由少到多，代代相传，如长篇叙事吴歌《薛六郎》最开始有无锡人钱小柏收藏的甲寅手抄本，后有祝永昌获得了1960年转抄的庚申、辛卯手抄本，祝小弟等人收藏的《扳钮亲山歌》等手抄本。后来，朱海容在前人的基础上，经过8次整理，将这支吴歌收入姜彬主编的《江南十大民间叙事诗》，并于1989年由上海文艺出版社出版。大部分流传下来的吴歌保留在《乐府诗集》《清商辞曲》里。吴歌中的代表曲目有《子夜吴歌》《子夜四时歌》《读曲歌》《华山畿》等曲，主要歌颂男女之间纯洁的爱情。1991年，南京大学出版社出版了《无锡民间歌谣谚语精选》，其中《歌谣卷》的主编为朱海容，副主编为袁子成，收录了吴歌共360余篇，分为引歌、劳动歌、时政歌、仪式歌、生活歌、情歌、历史传说歌、儿歌、杂歌、长吴歌10类，还选录了《沈七哥》《五姑娘房门半扇开》《陈瓦爿》《六郎娶小姨》等5部长篇叙事吴歌。

另外，朱海容还整理刊印了一部《吴歌王的歌——钱阿福歌谣选》。钱阿福，无锡东亭人，被誉为"吴歌王"或"山歌大王"，他熟悉一万多首歌谣，称得上是吴歌的"百科全书"，甚至对吴地江南水乡民俗文化也颇为熟稔。1989年，江苏省文联和无锡文联还联合摄制了一部电视艺术片《歌王阿福》。《吴歌王的歌——钱阿福歌谣选》只是收录了其作品的一小部分，共分7辑，包括开场歌、劳动歌、生活歌、时政歌、爱情歌、风物歌及其他太湖民间叙事诗。

吴歌用吴语演唱，吴语是中国南方的六大方言中最为古老的一种，在语音、词汇和修辞上都极具特色。在语音上，吴语相比其他语言，婉转柔媚、珠圆玉润的特色更加突出，林语堂把它与北京话相比，认为北京话洪亮，而吴语则甜蜜轻柔。在语法上，吴语又习惯在很多形容词后加上重叠成分，如绿沉沉、亮化化、空落落等，又进一步突出了吴语绵软悠扬的语音特点。语言学家赵元任认为吴语的韵律微妙，诗人可以用来象征言外之意。

对于吴歌的艺术表现手法，郁有满编著的《无锡运河志》中有这样的描述："情调鲜明、口语畅快、比喻奇巧、感情纯朴、声随情出，在表演时，情感婉丽含蓄、缠绵悱恻，情绪细腻，生动真切，尤擅使用隐喻、双关的手法，婉转地反映情人的愁思。"[1] 吴歌反映了特定历史时期的吴地社会生活风貌、社会生活的原生态，生动地记录了江南下层人民的生活史，在长期流传过程中形成的丰富的口碑文献，是研究吴文化历史传统、民风民俗和吴方言土语最有价值的资料。

2006 年，由苏州、无锡共同申报的吴歌入选第一批国家级非物质文化遗产名录，2008 年被公布为国家级非物质文化遗产，它值得我们今后进一步发掘、保护、研究和利用。

（二）锡剧：太湖一枝梅

锡剧被誉为"太湖一枝梅"，江苏省主要剧种之一，指流行于沪宁沿线以及杭、嘉、湖地区和皖南城乡的地方传统戏剧，国家级非物质文化遗产之一。锡剧初名滩簧，由无锡、常州一带的叙事山歌"东乡调"演变而来，始于清乾隆、嘉庆年间，发源于无锡严家桥一带农村（有一种说法，认为发源于常州市德安桥地区）。因严家桥位于无锡、江阴、常熟交界处，经济活跃，商贸繁盛，说因果、唱道情、办书场等民间文化活动活跃，所以具有民间艺术元素的锡剧雏形，如同一颗胚芽，在无锡的土地上滋长出来。

因严家桥地处无锡东乡，锡剧也被无锡城里人称为"东乡小曲"。到清道光、同治年间，严家桥地方一些民间自娱自乐的山歌喜好者，将东乡小曲的曲调、吴歌的内容、采茶灯的表演形式三者结合起来演唱，深受人们喜爱，广为流传，被人们称为"滩簧戏"。此后滩簧戏逐步发展，成为有剧情、有人物、有乐队伴奏的小同场戏、大同场戏。出现了由专业滩簧艺人组成的戏班子，先活跃在农村，后乘船到无锡古运河两边码头停靠，在无锡街道、酒楼、茶馆中演唱，大受市民欢迎。滩簧起源于东乡小曲，和吴歌是一脉相

---

① 郁有满. 无锡运河志［M］. 西安：西安地图出版社，2008：282.

承的。吴歌是"十支山歌九支情，剩下一支骂朝廷"，而滩簧比吴歌更具煽动性，群众更加喜爱。太平天国前后，"东乡小曲"与道情（以唱为主，以说为辅，有坐唱、站唱、单口、对口等表演艺术的道情）、唱春、宣卷（以演唱宝卷为目的说唱宣卷）相融合，逐渐发展成曲艺形式的"滩簧"，并向苏、锡、澄、虞广大农村地区流传传播开来。

清廷自道光年间就下令禁演滩簧，到光绪三十一年（1905 年）慈禧还下禁谕，不准演滩簧。当时无锡县令王年慈派差官到严家桥舍上村捉拿著名滩簧艺人和戏班班主袁仁仪，袁仁仪连夜乘船逃到苏州，并从苏州沿着正在修建的沪宁铁路，孤身只琴一路卖唱到上海滩，经过 30 多年的努力，袁仁仪把滩簧搬上了上海大舞台，成为现代锡剧的创始人。袁仁仪出逃以后，古运河和无锡周边地区的滩簧戏班船就陆续消失了，直至民国以后，锡剧才开始重新演出。

锡剧唱腔音乐以"簧调"为基本曲调，同时兼有"大陆板""铃铃调"等数十种曲调，在多年的演出过程中，锡剧形成了姚（澄）派、王（兰英）派、沈（佩华）派、梅（兰珍）派、王（汉清）派、吴（雅童）派等多种富于艺术个性的唱腔流派，积极推动了剧种的发展。锡剧表演行当以花旦、小生为主，代表剧《度堂相会》《康堂认母》《双珠凤》等都曾拍摄成戏曲电影艺术片。除传统剧目外，锡剧还有一批优秀现代戏，其中以《红色的种子》最为人所称。近年来，新一代锡剧表演艺术家重新打造的传统剧目《珍珠塔》获文化和旅游部新剧目奖，标志着锡剧在新时期进一步的发展。

锡剧是吴文化的重要组成部分，无论是其声腔、语言，还是服饰表演等，都具有鲜明的江南地域特色，对于吴文化的研究有着一定的佐证意义。锡剧起源并长期根植于农村，因而乡土气息尤其浓郁，剧目大众化特质鲜明，无论在思想性、艺术性、文学性、民俗性、观赏性等方面，都体现了自身特有的价值。锡剧的产生与发展，在江南地域戏曲中有着相当的典型性，为研究江南戏曲史乃至中国地方戏曲史提供了很好的实证。锡剧对于丰富群众文化生活，延续文化脉络，有着十分积极的意义。2008 年 6 月 7 日，锡剧经中华人民共和国国务院批准列入第二批国家级非物质文化遗产名录。

（三）无锡评曲：劝人向善

"无锡评曲"①是用无锡方言说唱，以鼓板、三巧板（三跳）等打击乐

---

① 扬子晚报 . 江苏"无锡评曲"申请国家级"非遗"［EB \ OL］. 人民网，2013－09－30.

器自敲自唱，后加以琵琶、二胡等乐器伴奏，锡剧、快板书都能穿插进来，表演架势跟京韵大鼓有些相似，"评曲可以多人说唱，还可以分成两队人互相应和"。

无锡评曲流传于清乾隆年间，至今已有 200 多年的历史，由于讲唱内容大多是宣扬"劝人为善、劝子为孝、劝官为清"的故事，故原名"说因果"，中华人民共和国成立后改为"无锡评曲"。中华人民共和国成立后创作的《白泥小粉闹纠纷》参加全国第一届曲艺会演，受到好评。"文化大革命"后，评曲演员改说评话，偶有评曲演出。

无锡评曲唱腔曲调除保留原有"锡调""哭调"外，在广泛流唱过程中，还吸收常熟、上海等地的地方小调，也兼收了一些传统民歌小曲和其他曲、剧种的优秀唱腔，采用拖腔、帮腔、滚句、抢字、后翻高等手法，丰富了曲调的表现力。2011 年，无锡评曲入选江苏省非物质文化遗产项目。基于对无锡评曲拯救性挖掘和传承效果明显，无锡硕放被评为"曲艺之乡"。无锡评曲不仅对中国曲艺的传承，而且对无锡方言的挖掘和传承都具有重要价值。目前，大运河文化带（江苏段）曲艺联盟已经成立，无锡评曲对大运河沿岸曲艺事业的繁荣发展，促进区域曲艺界的合作交流，丰富群众百姓文化生活，打造"文化江苏"绚丽名片，同样具有重要意义。

第三章

无锡段运河文化遗产的显著特点

　　无锡与运河密不可分，从建城到拓城都是以运河为中心逐渐展开的，地理位置相对稳定。历代县志记载，无锡县城"自汉以来未尝易处矣"，无锡的子城位置在"运河西，梁溪东"，也就是在旧志中所提到的"东接运河，西距梁溪"，位置相当于今日的复兴路以南，前西溪以北，中山路以西，解放路以东。无锡县衙即设置在子城以内。无锡运河文化遗产最明显的特点就是文化遗产与大运河不可分割，呈现文化景观的特性。

　　文化景观，也称"人文景观"，是联合国教科文组织世界遗产委员会1992年12月在美国圣菲召开第16届会议时提出并纳入《世界遗产名录》中的。文化景观是指有人为因素作用形成（构成）的景观，最大特点是"自然与人类的共同作品"。其类型一般有三种情况：一是由人类有意设计和建筑的景观；二是有机进化的景观；三是关联性文化景观，如历史遗址、园林、建筑、民居、城市风貌等都属于文化景观。不过，因文化遗产和文化景观存在交叉内容，有些属于文化景观的遗产也常常归入文化遗产的内容。大运河无锡段文化遗产的园林及其建筑是自然山水与人工设计的巧妙结合，具有文化景观的特质。只是因大运河属于文化遗产类，其中的一些遗产也就归为文化遗产类。

　　无锡段运河文化遗产是大运河和吴地文化相结合的产物，以龟背形城市风貌和民国时期的建筑、园林为主要特点，这些特点是无锡段大运河遗产区别于其他江南运河城镇遗产的最主要特质。

第一节　环抱老城龟背形分布

　　无锡龟背形格局的形成，与无锡沟壑纵横、水网密布的地理环境直接相关。从整个无锡城的地形与河流来看，无锡城四周被城河之水环绕，整个城池像一只蹲在水中的乌龟，而城中的直河正好像是乌龟的脊背，其分布的箭河又像是乌龟背上的花纹，一弓九箭的龟背形格局是无锡地理空间的最大特色。无锡的运河文化遗产，是以老城龟背形格局展开的，这是千里运河沿线的35座城市中独一无二的，这种分布方式是由无锡的地理和历史发展决定的。

在地理特点上，无锡以河为中心，城水共生。大运河从吴桥起，便进入无锡老城区分出许多支流，形成了纵横交错的河网。在城外，分出内外两道护城河，平面略微呈双环形，龟背状。外城河是从北门外江尖渚附近向东和向西分出的：向东过莲蓉桥和通汇桥，到亮坝附近，再从今火车站之前到东门外亭子桥，折而向南，经羊腰湾到今跨塘桥之北与大运河主流汇合；向西则经今酱园浜，过隆兴桥和锡惠桥，再转向南经今油泵油嘴厂东侧，再折而向东南，穿过梁溪河，经过今振新路、谈渡桥、黄泥绛，到跨塘桥北侧与大运河主流汇合，后从北门水关以外向东西两个方向分出，各自环绕明代嘉靖年间所建成的无锡城墙向南，分别经过原东门吊桥和西门吊桥，再到南门水关附近与大运河主流汇合。在城内，从大运河主流，即城中直河，向东分出1条弓河、9条箭河；而向东则分出留郎河、斥渎、胡桥河、玉带河、水獭河、西溪和束带河。弓河位于东城墙的内侧，形状类似于弓背；穿城河，即直河，则成为弓弦的形状，故又被称为"城中弦河"。9条箭河分别横向平行排列在弦河与弓河之间，顺序依次为一箭河、二箭河、三箭河，依次顺序下去至九箭河，组成了"一弓九箭"的形状。9条箭河在城中直河的基础上开挖建造，为排涝通畅提供了极大的便利。而玉带河在古城的西北部，环绕无锡县署的内城墙而行，因其形状非常类似官员衣袍上的腰带，故名"玉带河"。最后的束带河，在古城的西南方向，先经过孔庙和县学之前，所以又称为"学前河"，位置就是现今的学前西街，从中山路到解放西路的一段，在经过环绕一周后，亦类似读书人的腰带，故名"束带河"。

在历史发展过程中，无锡城的中轴线保持不变。按照中国传统的建筑规划，建城需要中轴线，无锡城的中轴线恰好就是城中直河。然而，这条中轴线并不是笔直的，而是从南向北稍稍偏离，这与无锡城在地理位置上呈现西北—东南走向有关。无锡建城时内城外郭的规划设计都是以这条中轴线展开的，即便在清代雍正四年（1726 年）无锡县被分解为无锡和金匮二县，也是按照中轴线位置将运河以东的半个无锡城划归新设的金匮县，运河以西的半个部分则仍然属于无锡县。详见图1、图2。

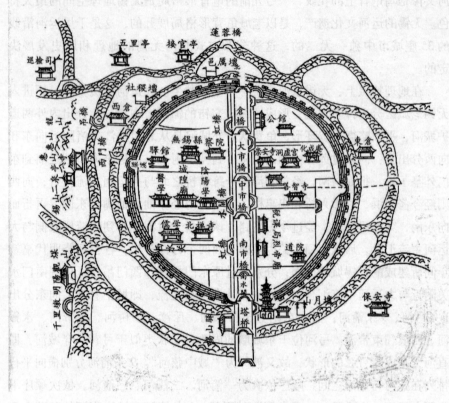

图1　明弘治七年（1494年）《无锡县志》县城图[①]

————————
①　郁有满．无锡运河志［M］．西安：西安地图出版社，2008：89.

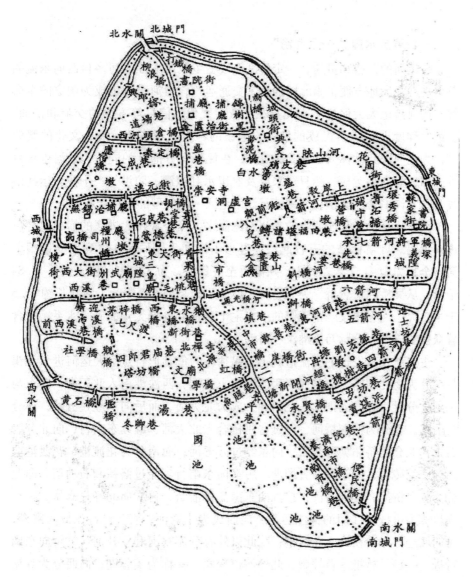

图2　清光绪七年（1881年）《无锡金匮县志》县城图①

---

　　①　郁有满．无锡运河志［M］．西安：西安地图出版社，2008：90.

一、黄金水道"一弓九箭"

大运河的开凿和贯通，一定程度上改变了我国大江大河多自西向东流的总格局，极大地方便了南北向的水上交通运输，运河漕运也成为国家的生命线。运河漕运大大促进了南北方在物资、文化、信息等方面的交流和汇通，在最大程度上保障了民族的统一、国家的稳定、经济的发展、文化的繁荣等，大运河因此被称为"黄金水道"。在保障官方漕运的同时，运河也被百姓民用，如商品运输、船只往来以及农田水利灌溉、防洪等。于是，运河沿线孕育了许多著名城镇，无锡就是江南地区一座典型的运河名城。

大运河无锡段从西北方的常州引流而来，经今常州武进区的横林镇之后进入无锡。自洛社镇的五牧起，穿过惠山区和无锡城区，再到新安镇望虞河，全长约为41千米。其中，从高桥至下甸桥，为无锡市区段，全长14.84千米；从吴桥到清名桥，为无锡城区段，单线长约6.6千米，双线长约11.5千米。大运河无锡段既是无锡的一大主干河道，也是无锡的一大水系，包含着众多的支流、分脉乃至港汊、河浜。

主河流及其发达的支流造就了无锡独特的龟背形特点。大运河进入无锡后，分为南北两路。南路成为西沙港和志公港，西沙港南入北阳湖，向东与阳湖县分界；志公港则东入北阳湖，成为北大河，而后向东经过五牧，亦分为两路。北分为柳堰桥河，经过富庄桥合入北大河；继续东南行，向北分为石渎，北会荫桥柘塘诸水系，向东经过万寿河；而南分为花渡港，花渡港向南会于细砖河，向东直通直湖港。后又向东南行，经过洛社和石塘湾，向北分为蠡口桥河，连通石渎；接着向东南流经潘葑，再次向北经过高桥、瓦屑坝桥成为可抵达江阴的锡澄运河；向西成为小双河，直至社港，成为隈湖，再向西经过细砖桥合入花渡港；除此以外有分流双河和新开河。继续向东南行进，经过吴桥抵达黄埠墩，此处河道变宽，又称为芙蓉湖；向西分为寺塘泾；向东行有北向分支三里桥河；向西南行有支流绕经江尖，一支流经过长安桥成为环城河。接着继续向东行经过莲蓉桥，有南向分支流经黄泥桥汇入环城河，由北向分支水河。又环绕向南经过亭子桥抵达羊腰湾，向东分为支流冷渎，冷渎又连贯尤渎和东亭河共同汇入毛道桥河。向西南为南门塘，后与环城河合流；此处有从北向流入支流；紧接着是向西分为谈渡河和九里泾，谈渡河出黄泥桥进入梁溪，而九里泾向西过叶长桥，向南合入梁墓泾。继续东南行，向西分为河港，向东分为泰伯渎，其中河港过茅村桥，向南合入梁墓泾。再向东南前进，分为东西两支支流，向东为王庄港，即大十字河，通往泰伯渎；向西为曹王泾和谢家河，曹王泾向南有两分支，一为蠡渎，一为梢泾，向西即梁墓泾，二者合为马蠡港；而谢家河后亦与蠡渎汇合。东南向继续，向西分为面杖港，向东分为周泾；面杖港终与蠡渎汇合，而周泾向北接邹庄河。紧接着东南而行，向东分为宅基浜，向西分为新安溪；其中宅基浜向北合入香泾，向东连通圣渎。继续东南向不变，经过新安后，向西分为徐陶泾，徐陶泾经过流谭桥、庄桥，向北汇入新安溪。继续东南行便为圣渎，圣渎向西与宅基浜交汇，向北与桃花浜、小马桥港交汇，在向东南行进是唐庄河和化长泾，之后便注入蠡河；另一支分流在经过顾市桥后亦汇入蠡河。沿大走向东南行进，会经过望亭丰乐桥，然后向东分为蠡河，向西分为沙墩港，沙墩港注入太湖。最终向东南迄月城河口响水桥向东汇入苏州的吴县（今吴中区）界内。无锡段运河主要的干流与支流相辅相成，加之其穿城而过的特点，形成由中间支撑，向两侧网状式发散的模式，河水所到，串点成线，由此使得龟背状更加突出。

发达的主干必定伴随着茂密的支流，无锡段运河主要支流有环城河、惠山浜、腐乳港、直湖港、双河、曹王泾、蠡河、沙墩港、锡溧运河、五牧河、锡澄运河、五泻河、北新河、望虞河、蠡渎、伯渎港、乌角溪、花渡港、转水河、梁塘河、芦村河、知足桥河—三号河、冷渎港以及旺庄港等。

环城河。根据清代光绪《无锡金匮县志》记载："自江尖运河分支南行，又分而西过吊桥，为外城河，亦称新板桥河。其循城而行者为西城河，过西门桥分为仓前河，不远而止，又南行至太保墩，分流出西定桥为梁溪。又南行束带河，出西水关来注，又东南过南门桥，合直河，东城河自东来会。东城河自江尖之东运河分支出长安桥，又分流接西城河，又贯北水关而为直河。其东过北门桥，环而南为东城河，过东门桥至南水关外而俱会合流，南行过塔桥，至黄泥桥口，而羊腰湾运河自东来会。按西城河实南北水驿，旧并于'运河条'内，称运河分支，绕城，以城西水急，故粮艘多走城东道。"由于20世纪70年代，东城河以及部分的西城河因为建筑地下人防工事而被填塞，现在仅存的一小段仅为小尖至南门吊桥段。

外城河，因位于旧城地外侧而得名。其自梁溪河迎龙桥入口，经通德桥、锡惠桥、兴隆桥，至振华弄，接通了运河江尖口。全长约为1.9千米，河底宽为10~20米。

惠山浜起始于京杭运河黄埠墩入口，至惠山龙头下上河塘，于明清初开掘，原名为芦苇塘。长约 0.9 千米，河底宽为 5~7 米。

腐乳港自盛岸至京杭大运河，全长约为 1.5 千米，河底宽为 3~7 米。

直湖港作为运河以南的分支，是唯一属长江流域太湖南溪水系的河流，由原来的志公港、北阳湖、直湖港、闾江 4 条老河流于 20 世纪 50 年代拓浚连接而成。直湖港流经洛社、杨市、阳山、藕塘、湖埭等乡镇，最终注入太湖。全长共计 21.13 千米，河底高程为吴淞 0 米，河底宽为 50 米，在枯水期，水深约为 2.1 米。在泄洪期，流量一般在 130~170 立方米/秒，最高流量可以达到 259 千米/秒。

双河，原名为双溪，位于城北的 2.5 千米处，自运河分流向南出，分为两支支流，一支支流向南与梁溪汇合，另一支向西直达直湖港，是一支横贯无锡西南部的大河，对航运和灌溉都起到了重要作用。西支从双河尖向西行，东段为钱桥河、洋溪河，至稍塘营处，全长共计 12.19 千米。至稍塘营分为南北两支，南部支流为张舍河、花村浜、陆曲港，在古代统称为南邗沟，全长为 15.3 千米；北部支流为盛店港桥、新渎港，在古代统称为北邗沟，全长约为 7.82 千米。其沟通了直湖港，最终均注入南阳湖。洋溪段较为宽广，河底高程为吴淞 1.2 米，河底宽为 10~15 米，河面宽为 30~40 米。

曹王泾，得名于宋代将领曹彬，作为锡南东西向沟通运河与五里湖的引排、通航的重要水道。东起于无锡市新区旺庄街道境内运河古道南岸，途中经过华庄、太湖两街道至扬名大桥后与马蠡港汇合，流出金城桥后注入五里湖。全长共计 5.06 千米，河底高程一般为吴淞 0.5 米，河底宽为 5~15 米。

蠡河，在古代称为蠡渎，又名曹蠡河，作为锡南南北向沟通运河、太湖的主干河。其北起始于曹王泾中部的龙潭村，向南纵贯华庄街道注入太湖。全长 6.87 千米，河底高程为吴淞 1 米左右，河底宽为 5 米左右，河面宽为 10~20 米，在枯水期，其水深为 1.2~1.5 米。

沙墩港，在古代又被称为乌角溪，位置处于新安与望亭的交界处，西起太湖沙墩口，向东北行接运河至望亭而止，作为太湖东北方向的一大泄水道，也是境内东南隅汛涝的泄水口。其全长约为 2.28 千米，河底高程为吴淞 0.5~1 米，河底宽为 20~30 米，在枯水期，其水深 1.2~1.5 米。

锡溧运河，又被称为锡溧漕河，从洛社镇花渡口的京杭运河开始，向西南方向流经杨市、陆区，出无锡境后，经过武进的东南部抵达溧阳。其在无锡境内全长约为 9.5 千米。

五牧河，古称五牧塘河或北大河，作为无锡西北部大片的低洼圩区的主要引水道和排水道。南起柳堰桥，北抵横巷，流经洛社和玉祁两镇。该河全长 6.5 千米，河底宽为 30~40 米，河面宽为 50~60 米，河底高程为吴淞 -0.2~2 米。在枯水期，其水深约为 1 米。

锡澄运河，历史悠久，在晋代就已经存在。无锡段在古代又称为皋桥河、五泻河，又有俗称白汤圩，其位置位于城北约 7 千米处。从运河分出支流来，流出皋桥东，北行分而向南，为西五丫浜，接着向北行分支向西，为梅泾，行之不远处便停止，继续向北行至万寿河，挟带石渎、拓塘诸水系，向西汇合；继续向北有向东分支为北张泾，再北行又有向东分支为石幢港；又向北行，会与五龙泾自西面来汇合；继续向北行，抵达四河口，接江阴市的分界，成为江阴运河。其北至江阴市黄田港后注入长江。该河全长约为 37.01 千米，在无锡段长约为 13.44 千米，江阴段约长为 23.57 千米。河底宽为 20 米，河面宽为 60~70 米，河底高程为吴淞 -1~0 米，在枯水期，河面宽为 36~48 米，水深约为 2.5 米。

五泻河，其河东是堰桥街道，河西是洛社和前洲两镇，均为重点圩区。

北新河，系无锡东北各地的联络干河，为京杭运河行至亮坝桥，往东北即为北新河，经过惠农桥和北新桥，抵达黄泥头以北五丫浜口，再接着向东北连接北兴塘河通向锡北河，再往东南连接新塘河。

望虞河，该河南起北望亭栅口衔京杭运河，沿着新区东南边界北上，穿过漕湖、鹅真荡、嘉陵荡进入常熟境内后汇入长江，作为调节太湖水量的重要水道。其在无锡境内长约 24.1 千米。河底宽为 30 米左右，河面宽为 40~60 米，河底高程约为吴淞 0.5 米，在枯水期，水深为 3.3 米左右。

蠡渎，起始于北望亭，至漕湖止，作为无锡东南各地的联络干河，可以通航轮船民船等船只，其位置在现在相当于望虞河。

伯渎港，又被称为泰伯渎，因吴泰伯开凿而得名，是江南最古老的人工河流之一，为无锡东部东西向的引水排水主干河，同时又是苏锡通航的交通要道。其西起无锡南门运河清名桥东侧，流经新区南站、江溪、坊前、梅村、鸿声、后宅、荡口，向东汇入漕湖。该河河底高程为 0.3~0.9 米，河底宽 8~25 米，河面宽为 20~44 米，在枯水期，水深为 1.4 米左右。

乌角溪，位于无锡城东南方向 50 千米处，东至望亭驿接入运河，向西则注入太湖。

花渡港，位于无锡城西北方向 17.5 千米处，向东贯通运河，向西贯通直湖港注入阳湖。

转水河，位于运河以北，自亮坝桥起至五丫口，又被称为北新河。该河中的一段自亮坝桥至顾桥，连接了顾桥河，后环绕荷叶村再转回亮坝桥，因此得名转水桥。其全长约为 3.2 千米，宽为 15 米，但是在 1973 年后，部分被填没。

梁塘河，原名为梁塘泾，又被称为梁中河。其东起京杭大运河，向西经过太湖街道北祁头流入五里湖，全长约为 6.46 千米，也是原扬名镇与华庄镇、太湖镇的分界河。

芦村河，该河东起芦村京杭大运河，接张湾里河，汇入梁塘河，全长约为 3.36 千米，河底宽为 5~10 米。

知足桥河—三号河，其向北接耕读河，经过清扬路逸常桥、九里基汇入京杭运河，全长约为 1.99 千米，其中支流约为 0.14 千米。三号河自逸常桥堍至京杭运河。

冷渎港，从兴隆桥出发，至冷渎终止，全长约 5.28 千米，河底宽 8 米。

旺庄港，自京杭运河至冷渎结束，全长约 4.7 千米，河底宽 8~15 米。

如此众多的河流，不仅无锡形成了水网密布的地理特征，而且以大运河为中心，形成了"一弓九箭"的城市空间形状。

无锡老城有多条河流，包括弓河、弦河以及箭河等，这些河流是因其形状特殊而命名的。

弓河，又被称为东里城河。根据元代《无锡志》记载所得："弓河，本就旧县之罗城濠也，岁久无可验，但称东河，故老乡传云。弓河自闸口湾由东门而南出渡僧桥，通运河，河如弓之背，故号弓河，以运河之比弓弦也。"但是根据《越绝书》记载，罗城应该在城中的直河以西，至北宋渐渐废弃罗城以后，弓河可能成为外城濠，而非内城濠。因此关于弓河是外城濠还是内城濠的具体历史情况仍需要进一步考证。

城中直河，即弦河，古代又称邗沟。到南宋咸淳年间的《毗邻志》中称其为运河。在清代光绪年间的《无锡金匮志》中记载："城中直河，自北水关入，直行出南水关，亦名弦河，以有弓河、箭河而名之，故运河道也。"早在大运河开凿时，城中直河即为城运河，从北水关入，出南水关。该河既可以供城内的居民用水，又可以作为航道使用。清代康熙年间《无锡县志》中记载："唐鹤徵《河渠说》锡城久圮，漕艘贯县而行。后因倭警筑城，运道乃绕城而东出，是改从东路在嘉靖甲寅后也。"这也说明，城中直河在明代嘉靖年前为通漕的路线，到嘉靖时，知县王其勤筑城抗击倭寇，封闭了南水关，舟船均改道至东城河羊腰湾航行。清代以后又因为其河道狭窄，仅仅将它用作供水之用。河道原来有 30 多米宽，至中华人民共和国成立时，仅剩下 8~9 米宽。1958 年，惠山由于开凿映山湖，将开挖的土料填入城中直河直至埋没，其后，河上自南向北的 10 余座桥梁均被拆除，其中主要包括致和桥、南市桥、和平桥、欢喜桥、凤光桥、大市桥、中市桥、新市桥、仓桥、迎祥桥等。

箭河，主要由 9 条支流组成，与城中直河以及弓河恰好形成弓箭形，故名九箭河。据元朝《无锡志》记载："俗间有传九条箭河一旦全部贯通，无锡的地方一定会出现大人物，所以没有出现九条箭河全面连通的现实。"九箭河具体为：

一箭河，位于南门内的大井头花园弄以东，大井头花园弄旧时又被称作边巷，但其在元代就已经干涸，到清代康熙年间无锡的相关县志更是无所标记。

二箭河，位于置梅浜，在清代仅仅通水 10 丈（今 33.33 米）左右，中华人民共和国成立前已被填塞。

三箭河，位于槐树巷，在明代正德、嘉靖年间，无锡人邵宝准备重新开通此河道，但未成功。后在明代万历年间，知县许令典浚冉泾河，由邑人龙时纯（一说尤盛明）负责完成，历时两年多，在其开通后被称为新开河。至清代仍然通航，后于 1954 年填塞，成为新开河路。

四箭河，位于流芳声巷，即杨家巷、集贤坊巷，可供微小船只稍做停留。于 1954 年填塞，并改名为流芳声巷。

五箭河，位于东河头巷，即东河浜，其在元代只是一条大沟，于 1956 年、1957 年填塞。

六箭河，向东通东水关，向西出弦河通西水关，在明代有记载丈量长约 330 丈（今 1100 米），宽约 2.7 丈（今 9 米），是各箭河之中最长的一支，也是横贯无锡城中部区域的主要支流。清光绪年间，因其北方有善智尼寺，故又名师姑河。民国时期，以新生河作为界限，其东面被叫作小河上，其西面被叫作大河上。1954 年、1955 年又因崇宁路的建造而填河拆桥。

七箭河，位于福田巷田基浜，其河上有将军桥、神仙桥（承仙桥）。在元代其仅仅是一条长为三四十丈的沟渠，并于 1957 年因筑路而被填塞。

八箭河，从东门的桥北进入，向西衔接观前街，在民国时期以石驳岸，故又称为驳岸上。元代可以通行较小舟船，但到清代已干涸。

在八箭河上，曾有桥梁多座，包括克堡桥、环秀桥、青石桥、护德桥以及营桥。1958 年实行填河拆桥，河道南侧的熙春街、营桥巷、观前街也一并被建成人民中路的一部分。

九箭河，位于盛巷以东，映山河以南，于元代仅存一到两丈的河口，并于清代被填没。

仓前新河，又被称是亿丰仓河，因元代设置亿丰仓而得名。其在元代直至明清时期，对粮食的储藏与漕运往来起到了重要作用。元代《无锡志·艺文》记载："常之为郡沃壤多，而税石伙，于是置仓无锡州，以便海漕，合是州及义兴、溧阳之粮凡为石四十七万八百五十有奇，悉以此输纳焉。"出于监察原因，常州府还曾特派官员负责此仓。后来，为了疏通漕运，元代大德年间（1297—1307 年），在亿丰仓前便开凿了直通城中直河的水道，成为仓前河。到清代，亿丰仓废弃不用。雍正二年（1724 年），无锡县重新划分金匮县，再到雍正五年（1727 年），此处被改为金匮县署。

大运河塑造了无锡老城"一弓九箭"的龟背形城市格局，成为无锡区别于江南水乡其他城镇的地理空间风貌，而"一弓九箭"大格局中具体的文化遗产，是镶嵌在龟背上的颗颗珠宝，成为无锡段运河遗产的特色亮点。

二、运河穿城"水弄堂"

大运河穿城而过，塑造了无锡城特有的"水弄堂"。无锡城依河而建，其民居建筑是对运河的顺应而非改造，街道房屋建筑都是依河枕水而建，呈现不规则的弯曲排布格局。城中的运河虽称之为直河，其实并不是一条真正直流的运河，而是在城中三凤桥附近明显折向了东南方向。"无锡人的生活环境属于'人家枕河'式，由于河道蜿蜒，河面相对狭窄，家家枕河的客观生活环境便形成了一条条的江南'水弄堂'。"[①] 无锡最著名，亦是最长的水弄堂是从北水关到南水关的城中直河段，全长 2.14 千米，遗憾的是，在 20世纪 50 年代开始的城市改造中，随着城中的河道开始被填没，城外的内护城河东向的一半被填没，外护城河西面到南面的大部分也被填没了，江南"水弄堂"的大部分也消失了。目前保留下来的"水弄堂"，就是从南城门到清名桥的一小段，其两岸的居民、商铺、街道依旧保持着民国时期的原始样貌，被称为千里大运河的"绝版"地。

---

① 沈锡良，邹百青．无锡运河记忆［M］．苏州：古吴轩出版社，2009：17.

江南水弄堂,不仅有水,更得有桥,只有桥的存在,才能沟通"水弄堂"两岸人们的交流互通,"水弄堂"的生活生产格局才能得以稳定存在。根据《无锡金匮县志》记载,无锡城乡地方上有名字的桥梁达500多座,津渡可达37处。桥梁形态各异,有石拱桥、石板桥、砖桥,有单孔桥、双孔桥以及多孔桥等。其中,仅城中直河上就有桥梁12座,从北向南,分别是北水关桥、迎祥桥、北仓桥、新市桥、三凤桥、南市桥、中市桥、欢喜桥、大市桥、和平桥、致和桥和南水关桥。在南门外大运河上依次有南门吊桥、挹薰桥、阳春桥、跨塘桥、大公桥和清名桥。在东门外侧有东门吊桥和外城河上的亭子桥。在西门外侧有西门吊桥,即今日的人民桥和锡惠桥。北门的外侧有北门吊桥、莲蓉桥、顾桥和三里桥。现存最著名的当数清名桥。

津渡即渡口,是提供人们渡水上船的地方。江南水乡,津渡是保证人们出行的必要条件。从历史发展看,锡城津渡的历史早于桥梁,只是随着桥梁的增加,津渡的数量越来越少。在清光绪年间水弄堂处,仅城区就有7处津渡,不过到20世纪80年代,仅剩下2处,一处为西水关到西水墩的西关古渡,一处为南门外的大窑路到南水仙庙附近的清名古渡。目前,只有清名古渡还在渡客过河,西关古渡已经停用。津渡的历史诠释着无锡城"水弄堂"的历史与生活在"水弄堂"人们的出行方式,也表征着无锡历史的不断发展进程。

桥梁、津渡的存在,自然就会产生人流与货流比较集中的码头。因运河穿过无锡城中,故而在运河干支流途经之地形成了大大小小的码头港口。最早的石砌码头始于南宋中叶,当时数量较少,但到明清时期,运河航运业繁荣起来后,便逐渐增多,到民国时期,运河沿线兴建码头成为一种社会风尚。

作为无锡人与河流对话的语言,码头具有多种用途,主要可以分为运输与生活专用码头。运输专用码头又可分为客运与货运两种主要用途,其中的货运码头又可再细分为各类货物的分类运输和堆放。而生活专用码头则主要分布于民居前后,大多数生活码头都是居民公用的码头,面积相对较大。不过,有些生活码头既具有为居民提供日常生活所需,又兼具交通运输的作用。但从整体上看,生活码头的主要功能还是为居民提供最基本的淘米、洗衣等生活功能。

码头的类型是多样的。按照使用的所有权来分,有公用码头、专用码头和私家码头;若按照形状来分,有单坡正向式、单坡侧向式、双坡背向式、双坡背面式等；按照码头建筑材质来分，有石级码头、木级码头和砖级码头。码头的造型随社会的变迁而发展，无锡码头在历史变迁中形成了形态各异的码头形制。有的码头可以直接连接到大片的平地，可以为人们提供落脚点；有的则建在河对岸，顺着河岸伸向河面；有的充分利用岸边的石砌、栏杆等。无锡城内的货运码头主要集中在通运桥、工运桥、莲蓉桥、吴桥、东西梁溪路、北仓门、长安桥、惠农桥、三里桥、前竹场巷、芋头沿河、桃枣沿河、麻饼沿河、清名桥、伯渎巷、西门城脚、迎龙桥、蓉湖庄、惠山浜、亭子桥等各大河道沿岸。到 1949 年底，无锡可计的居民码头有 900 座左右，后来便逐渐减少，而相应的地方政府公用码头以及港务专用的码头数量则越来越多。自 1956 年起，因无锡进行了大规模的河道填埋运动，私用的码头也越来越少。到 1985 年时，无锡市市内的码头还有 663 座。20 世纪八九十年代，由于受洪涝灾害的影响，大运河水位及其支流不断高涨，为了方便疏通河道，在建造防洪墙的过程中，绝大多数的码头被淹没和拆除。

围绕着运河而成的"水弄堂"生产生活方式，及其桥梁、津渡、码头的沿河而立，直接影响了无锡工商业分布的格局。明朝中后期，江南经济进入高速发展的时期，其中以棉纺织制造业和布业的发展最为突出，多层次市场需求逐渐形成，商品经济出现繁荣景象。商品经济的发展为资本主义萌芽创造了条件，地处长三角地区的无锡很快出现了资本主义的萌芽，到清末，已经有各种工厂作坊的运营与生产活动，比如烧陶、制砖、冶铸、造船、缫丝以及制酱酿酒、面粉加工和泥人制作等手工业已经十分发达。他们既需要借助运河的交通便利条件，更需要当地的劳动力，在出行靠步行或舟船的江南地区，各类作坊只能依水而建，沿河发展。

无锡在近代以来，凭借运河四通八达的水上航运，逐渐发展成为工商业城市。运河、滨河、港汊等的水利航运功能为商业活动提供了有利条件，因此，无锡的商业区发展受运河河岸影响很大，从北门至大市桥南、水獭桥间的商业区，是沿着城中直河的河畔产生的。而在北门外，不论在沿运两岸还是在港汊分支处，只要有合适的地理位置，就会形成商业区。在南门外的清名桥、伯渎港地块，由于地面平坦整齐，河流没有明显的弯度，形成了工商业聚集区。

近代无锡的商业区，不是今天意义上的零售商业聚集、交易频繁的地区及办公区，而是商业活动相对集中的区域。因为当时的商业活动大多是按照中国传统的"前店后宅"模式展开的，所以商业活动区域、住宅区及其他区域混杂在一起，这是传统社会商业活动的普遍特色。

无锡城是沿大运河主干发展并不断向外扩展的。工商业活动沿着运河、铁路、公路等主要交通线向外延伸，成带状分布，工厂、商店、堆栈、码头、货场相对集中，如北塘—蓉湖庄一线、长烽路—羊腰湾一线、周山浜—广勤路一线。在闹市口和交通要道口形成各有特色的经济组团，并呈现块状分布，如吴桥、北塘，三里桥至莲蓉桥沿河，粮油行、粉板号，南北山地货行及堆栈较为集中；江尖—南尖—龙船浜—李家浜和迎龙桥—西水墩两处，以纺织厂、碾米厂、面粉厂及相关仓库为多；清名桥、南塘和亭子桥等处，以丝厂和相关行号、堆栈为主；机械修造业、翻砂业则集中于光复门外及惠农桥；造船业主要分布于酒堡桥、塔桥下和丁绛里。

工商业日臻繁盛的同时，是各类工商业建筑的修建。1911—1937年，无锡城新建各类建筑达120万平方米以上，其中55万平方米为工业建筑，占46%左右。1949年年底，无锡城区建筑面积315万平方米，其中工商业用房110万平方米。在住宅中，仅新兴工业者就占70万平方米。这些建筑，特别是民族工商业者的住宅、工厂，以及作为社会公共产品的各类建筑设施、公共空间等，基本分布于运河沿线。

"一弓九箭"龟背形城市格局保留下来的江南水弄堂，其实就是城中直河在南门外的一段"水弄堂"。以"水弄堂"为中心，修建了诸多桥梁，开辟了多个津渡，修建了各种码头，便利了工商业的贸易活动，成为大运河无锡段文化遗产的主要内容和分布点。

三、以河为轴遗产密集

无锡运河分古运河和新运河，古运河北接长江，南达太湖，全长40多千米。无锡城区段运河在明清时期环城而过，自"吴桥"绕"黄埠墩"至"江尖"分流，西半环自人民桥起至跨塘桥向南，东半环自莲蓉桥起在羊腰湾与西半环合流。新运河是指中华人民共和国成立后，在1958年到1983年的25年间，无锡在城西开辟了一条从黄埠墩到下甸桥的新运河。新运河在下甸河与古运河汇合，不仅避开了城区段运河桥多、湾多、河浅、水急的难题，而且保障了分布在古运河两岸文物古迹的安全，完整地保留了南长街古运河历史风貌。

无锡运河文化遗产基本是沿着运河分布的。如保留至今的无锡跨塘桥至清名桥900米的河段，就集中了塔窑祠寺、会馆驿站、码头仓储、桥梁闸坝、庙宇衙署、街肆商铺等众多的历史遗存遗迹。南长街、南下塘、淘沙巷、祝大椿故居、薛南溟旧宅、张元庵、镇福庵、南水仙庙等古桥、古宅、古庙，构成了古朴、典雅、秀丽、多彩的水乡风情，这些文化遗存都分布在无锡古城运河两岸，共同构成了丰富的运河文化资源。

大运河无锡段河道分为 15 段：分别是洛社至吴桥段，吴桥至江尖大桥段，永定桥至莲蓉桥段，莲蓉桥至工运桥段，工运桥段至亭子桥段，亭子桥段至妙光桥段，妙光桥段至清扬桥段，清扬桥至人民桥段，古运河支流惠山浜至龙头下段，原城中直河（古运河）北段，原弓河、箭河沿岸，原玉带河、束带河沿岸，原城中直河（古运河）南段，南门外跨塘桥至钢铁桥段，泰伯渎沿线。运河文化遗产点基本是以这些河段展开的。对此，学者俞孔坚等人已经做了一些具体的整理，鉴于物质文化遗产的客观具体性，在此将参考整理的大运河物质文化遗产内容与无锡市公布的文化遗产点相结合，引用整理如下表 1 所示。

表 1 大运河无锡段物质文化遗产①

序号	所在河段	遗产名称	遗产类型	地址	时代	文物级别	批准公布年月
1	洛社至吴桥段	王右军洗砚池旧址	近现代最重要史迹	无锡市惠山区洛社镇古运河南岸洛社中学内	始建于东晋，初建于 1986 年，第二次重建于 2000 年	市级文物保护单位	2003 年 6 月
2		丽新纺织印染厂	近现代最重要史迹	无锡市梁溪区古运河北岸丽新路 54 号	1956 年	市级文物保护单位（工业遗产）	2008 年 9 月
3		协新毛纺织染厂	近现代最重要史迹	无锡市梁溪区古运河北岸丽新路 60 号	1935 年	市级文物保护单位（工业遗产）	2008 年 9 月
4		黄埠墩	古建筑	无锡市梁溪区吴桥南侧古运河之中	建于宋朝末朝至清朝	市级文物保护单位	1983 年 11 月
5		惠元面粉厂旧址	近现代最重要史迹	无锡市梁溪区古运河南岸通惠西路 11 号	清末民初	市级文物保护单位（工业遗产）	2007 年
6	吴桥至江尖大桥段	三里桥天主堂	古建筑	无锡市梁溪区古运河北岸三里桥民主街 86 号	明朝末年	省级文物保护单位	2006 年 6 月
7		无锡市第二粮食仓库旧址	近现代最重要史迹	无锡市梁溪区古运河南岸今运河公园内	民国	市级文物保护单位（工业遗产）	2007 年
8		储业公所旧址	近现代最重要史迹	无锡市梁溪区古运河南岸今运河公园内	民国	市级文物保护单位（工业遗产）	2008 年 9 月

① 俞孔坚，等. 京杭大运河国家遗产与生态廊道 [M] . 北京：北京大学出版社，2012：449–451.

续表

序号	所在河段	遗产名称	遗产类型	地址	时代	文物级别	批准公布年月
9	永定桥至莲蓉桥段	纸业公所旧址	近现代重要史迹	无锡市梁溪区古运河中江尖渚96号	民国	市级文物保护单位	2003年6月
10	莲蓉桥至工运桥段	锡金钱丝两业公所旧址	近现代重要史迹	无锡市梁溪区莲蓉桥东侧前竹场巷	清末	市级文物保护单位	2003年6月
11		中国银行无锡分行旧址	近现代重要史迹	无锡市梁溪区莲蓉桥东侧前竹场巷	民国	市级文物保护单位（工业遗产）	2007年
12	工运桥段至亭子桥段	无锡县商会旧址	近现代重要史迹	无锡市无锡火车站前古运河南岸站前商贸区	1912年	省级文物保护单位	2002年10月
13	亭子桥段至妙光桥段	北仓门蚕丝仓库	近现代重要史迹	无锡市梁溪区北仓门37号	1938年	省级文物保护单位	2006年6月
14		南禅寺妙光塔	古建筑	无锡市梁溪区妙光桥西侧	始建于北宋，重建于明	市级文物保护单位	1983年11月
15	妙光桥段至清扬路段	首藩方岳坊及无锡山驿遗址	古遗址	无锡市梁溪区南长街南堍新民路口	清	市级文物保护单位	2003年6月
16		许氏旧宅	古建筑	无锡市梁溪区新民路13号	清末	市级文物保护单位	2003年6月
17		淘沙巷传统街区	古建筑	无锡市梁溪区新民路东段	清	市级文物保护单位	2003年6月

续表

序号	所在河段	遗产名称	遗产类型	地址	时代	文物级别	批准公布年月
18	清扬桥至人民桥段	无锡师范钟楼及述之科学馆	古建筑	无锡市梁溪区学前街27号	始建于1933年	市级文物保护单位	1994年1月
19		张闻天故居	古建筑	无锡市梁溪区汤巷45号	始建于1892年	市级文物保护单位	2003年6月
20		薛福成故居建筑群	古建筑	无锡市梁溪区学前街西段北侧	始建于1890年，建成于1894年	国家级文物保护单位	2001年10月
21		振兴纱厂旧址	近现代重要史迹	无锡市健康路南段、古运河南岸	民国	省级文物保护单位	2006年6月
22		茂新面粉厂旧址	近现代重要史迹	无锡市梁溪区振兴路415号	始建于清光绪二十六年（1900年）	省级文物保护单位	2002年10月
23		西水仙庙	古建筑	无锡市西门外运河之中西水墩	明	市级文物保护单位	1986年7月

117

续表

序号	所在河段	遗产名称	遗产类型	地址	时代	文物级别	批准公布年月
24	古运河支流惠山浜至龙头下段	留耕草堂	古建筑	无锡市梁溪区惠山上河塘 20 号	清	市级文物保护单位	1986 年 7 月
25		顾可久祠	古建筑	无锡市梁溪区惠山下河塘 14 号	明	市级文物保护单位	1986 年 7 月
26		惠山镇祠堂	古建筑	无锡市梁溪区惠山直街、横街、上河塘、下河塘、惠山浜两岸	始建于南北朝时期	国家级文物保护单位	2006 年 5 月
27		王恩绶祠	古建筑	无锡市梁溪区惠山下河塘 8 号	清同治十三年（1874 年）	市级文物保护单位	1994 年 1 月
28		惠山寺庙园林	古建筑	无锡市梁溪区锡惠公园内	南北朝	省级文物保护单位	2002 年 10 月
29		寄畅园	古建筑	无锡市梁溪区惠山横街	明嘉靖初年（约 1527 年）	国家级文物保护单位	1988 年 1 月
30		天下第二泉庭院及石刻	古建筑、古石刻	无锡市惠山东麓（今锡惠公园内）	唐	国家级文物保护单位	2006 年 5 月
31		龙光塔	古建筑	无锡市锡山之巅	明代万历年间（1573—1620 年）	市级文物保护单位	1983 年 11 月

续表

序号	所在河段	遗产名称	遗产类型	地址	时代	文物级别	批准公布年月
32	原城中直河（古运河）北段	金匮县衙碑刻	古石刻	无锡市原在崇安区县前街82号，现在崇宁路文渊坊内	清	市级文物保护单位	1983年11月
33		陆定一故居	古建筑	无锡市崇安区县前街10号	清	省级文物保护单位	2002年10月
34		锡金公园旧址	古建筑	无锡市梁溪区崇安寺北侧	清末光绪三十年（1904年）	省级文物保护单位	2006年5月
35		无锡县图书馆旧址	近现代重要史迹	无锡市梁溪区崇安寺东侧	始建于1912年	省级文物保护单位	2002年10月
36		阿炳故居	古建筑	无锡市梁溪区崇安寺东侧	清	国家级文物保护单位	2006年5月
37		洞虚宫玉皇殿及古井	古建筑	无锡市梁溪区公寓阿奴10号	梁大同二年（536年）	市级文物保护单位	1986年7月

续表

序号	所在河段	遗产名称	遗产类型	地址	时代	文物级别	批准公布年月
38		侯桐少宰第	古建筑	无锡市梁溪区人民中路36—42号	清	市级文物保护单位	2003 年 6 月
39		东林书院	古建筑	无锡市梁溪区解放东路867号	北宋政和元年（1111 年）	国家级文物保护单位	2006 年 5 月
40		秦氏章庆堂景福楼	古建筑	无锡市梁溪区崇宁路48—50号	清雍正四年（1726 年）	市级文物保护单位	1983 年 11 月
41	原弓河、箭河沿岸	秦邦宪故居	近现代重要史迹	无锡市梁溪区崇宁路文渊坊内	1923 年	省级文物保护单位	2002 年 10 月
42		秦淮海祠	古建筑	无锡市梁溪区崇宁路102—106号	清初	市级文物保护单位	1986 年 8 月
43		缪公馆	古建筑	无锡市梁溪区新生路 7 号	1932 年	市级文物保护单位	1994 年 1 月

续表

序号	所在河段	遗产名称	遗产类型	地址	时代	文物级别	批准公布年月
44		陈氏旧宅	古建筑	无锡市梁溪区德兴巷32号	民国	市级文物保护单位	2003年6月
45		唐星海旧宅	古建筑	无锡市梁溪区石皮巷2号	清	市控	1986年8月
46		无锡县城隍庙旧址	古建筑	无锡市梁溪区后西溪32号	建造于明洪武二年（1369年）	省级文物保护单位	2002年10月
47	原玉带河，束带河沿岸	薛汇东旧宅	古建筑	无锡市梁溪区前西溪	1917年	省级文物保护单位	1995年4月
48		钱锺书故居	近现代重要史迹	无锡市梁溪区新街巷30号、32号	始建年代不详	省级文物保护单位	2002年10月
49		荣德生旧居	近现代重要史迹	无锡市梁溪区健康路健康里16号	明正德中（1506—1521年）	省级文物保护单位	2006年6月
50		无锡县学旧址	近现代重要史迹	无锡市梁溪区学前街棂星坊巷3号	始建于北宋嘉祐三年（1058年），同治十三年（1874年）重建	省级文物保护单位	2006年6月

续表

序号	所在河段	遗产名称	遗产类型	地址	时代	文物级别	批准公布年月
51		顾毓琇故居	古建筑	无锡市梁溪区学前街3号	清末	市级文物保护单位	2003 年 6 月
52	原城中直河（古运河）南段	圣公会十字堂	古建筑	无锡市梁溪区中山路98号	清光绪年间	市级文物保护单位	1994 年 1 月
53		王禹卿旧宅	近现代重要史迹	无锡市梁溪区中山路63号内	民国	市级文物保护单位	2003 年 6 月
54		高子止水	古遗址	无锡市梁溪区南门外水段江南中学内	明	市级文物保护单位	1983 年 11 月
55		鼎昌丝厂旧址	近现代重要史迹	无锡市梁溪区南门外水乐东段	民国	市级文物保护单位	1994 年 1 月
56		张氏嘉业堂	古建筑	无锡市梁溪区鸭子滩1号	民国	市级文物保护单位	2003 年 6 月
57	南门外跨塘桥至钢铁桥段	胡氏务本堂	古建筑	无锡市梁溪区定胜桥沿河1号	民国	市级文物保护单位	2003 年 6 月
58		妝宮教憶会旧址	古遗址	无锡市梁溪区南长街208号	民国	市级文物保护单位	2003 年 6 月
59		周氏余庆堂	古建筑	无锡市梁溪区南长街	民国	市级文物保护单位	2003 年 6 月

续表

序号	所在河段	遗产名称	遗产类型	地址	时代	文物级别	批准公布年月
60	南门外跨塘桥至钢铁桥段	永泰丝厂旧址	近现代重要史迹	无锡市梁溪区南长街364号	民国	省级文物保护单位	2003年6月
61		薛南溟旧宅	近现代重要史迹	无锡市梁溪区知足桥17号	民国	市级文物保护单位	2003年6月
62		清名桥及沿河建筑	运河水利工程遗址	无锡市梁溪区南长街古运河两岸	始建于明万历年间，重建于同治八年（1869年）	省级文物保护单位	2002年10月
63		南水仙庙	古建筑	无锡市梁溪区南长街598号	始建于明代，增建于清康熙二十二年（1683年）	市级文物保护单位	1986年7月
64		大窑路窑群遗址	古遗址	无锡市梁溪区古运河东岸大窑路	明初	市级文物保护单位	2003年6月
65		祝大椿故居	古建筑	无锡市梁溪区伯渎港117—127号	清	省级文物保护单位	2006年6月
66	泰伯渎沿线	泰伯庙及泰伯墓	古建筑、古墓葬	无锡市新区梅村镇和鸿山镇鸿山南坡	东汉，始建于154年	国家级文物保护单位	2006年5月
67		彭祖墩遗址	古遗址	无锡市新区鸿山镇管家湾	商周时期	省级文物保护单位	2002年10月

续表

序号	所在河段	遗产名称	遗产类型	地址	时代	文物级别	批准公布年月
68		梁鸿墓	古墓葬	无锡市新区鸿山镇和鸿山南坡	东汉	市级文物保护单位	1983年11月
69		鸿隐堂	古建筑	无锡市新区鸿山镇鸿山南坡	明、清	市级文物保护单位	1983年11月
70	泰伯渎沿线	鸿山墓群	古墓葬	无锡市新区鸿山镇东部	春秋战国	国家级文物保护单位	2006年5月
71		荡口华氏建筑群	古建筑	无锡市锡山区鹅湖镇荡口	明、清	省级文物保护单位	2002年10月
72		荡口古镇	古遗址	无锡市锡山区鹅湖镇荡口	东汉	省级文物保护单位	2004年1月

第二节　凸显民族工商业特色

春秋末年时期，吴王夫差开通吴古故水道时，无锡还是一座靠河岸的小村落，但依靠运河之利，逐渐发展壮大成为集镇，而后设县。围绕着江南运河提供的各种资源，无锡县在历史进程中不断前进。隋唐运河的贯通，使无锡形成以大运河为主干的河道网络，促进了无锡农业、手工业和商业的发展。宋代时期，无锡成为货运的集散地、中转站，并逐渐改变了"日中为市"的习惯，出现了早市、夜市。元代开通的京杭大运河，特别是河运和海运的并存，进一步推动了无锡的城市发展。明清时期，大运河有力助推了手工业的发展，资本主义的萌芽及其发展，带动无锡成为工商城市，使之成为中国江南工商业发展的典型。

无锡的工商业发展得力于得天独厚的龟背状水网格局，即以大运河为中轴，呈多向分散发展的空间地理分布特点，决定了运河的干支流就是其发展的血脉，为商业活动、文化交流等提供源源不断的动力与便利。开阔的"物流空间"和"龟背"式的城市排布格局，使得银、米、丝、布四大市场在无锡的发展愈加发达，正如明代的《竹枝词》所说："北塘直接到南塘，百货齐来贸易场。第一布行生意大，各乡村镇有银庄。"

明代开始，伴随着无锡南门的砖窑业、造船业以及工商业的兴起，无锡的码头也越来越多。到清代的道光年间，专门用于粮食装卸的堆栈业以及专门封包装粮的装用大麻袋的封包行业也开始兴起。到清代光绪十四年（1888年），南方漕运改到无锡进行购运，随之，无锡城内便形成了八大米市，其中最为繁盛的当数北塘。此前的同治八年（1869年），无锡的西门脚下已经开设了盐公栈，紧随其后便设立了盐公栈段，专门用于负责盐栈的堆运装卸。再到光绪二十一年（1895年），业勤纺纱厂在无锡创办后，随之而建设的工厂也越来越多，无锡工商业逐渐进入繁荣期，而后民族工商业的兴起和发展，进一步凸显了无锡经济发展的工商业特色。

无锡运河文化遗产特色与无锡工商业特色密不可分。大运河四通八达的航运条件促进了无锡工商业的发展兴盛，无锡工商业的兴盛发展凸显了大运河的遗产特点，使无锡运河遗产深深烙印着工商特色。

一、锡砖锡瓦北上南下

无锡的砖瓦生产兴盛于明清两代。无锡砖窑位于南门外运河的伯渎河东南侧，也就是今日的南下塘，从明朝开始，南下塘就形成了砖窑星罗棋布、窑火袅袅烟雾之景象，根据记载，明朝时期南下塘共有砖窑30余座，被称为"洪武窑"。清代诗人杜汉阶在所作的《竹枝词》中描绘道："城南一望满窑烟，砖瓦烧来几百年。摄取高乡土零卖，荒田多变作良田。""下塘十里尽烧窑"，此时毋庸置疑已经成了南城门外的一道标志性景观。到明代嘉靖年间，无锡城墙修筑所需要的砖瓦，全部来自南门外的砖窑。

无锡砖窑生产的各种砖瓦兴盛于南北各地。砖瓦的优质特色与无锡本地黏性土质直接相关，在质量优良的基础上，借助四通八达的航运便利，无锡生产的砖瓦不仅行销于江南地区，而且通过大运河销往北方地区，一度成为无锡兴盛一时的外销产品。南京明代故宫的东华门遗址处，有两块残砖，其上记载的铭文，表明洪武年间无锡的砖窑业成品已经流通大江南北。清代康熙年间的《无锡县志》中记载："砖瓦自吴门而外。唯锡有砖窑。故大江南北，不远数百里，取给于此，岁所贩鬻甚广。"无锡砖窑不仅生产普通的砖瓦，而且专门生产为故宫所需的金砖，成为皇家贡品。著名史地学家李伯重先生在《江南的早期工业化》中说："大江南北，以无锡之砖为贵。"

无锡砖窑技术的发展经历了一个过程。明朝时期，砖窑规模普遍较小，直至清代初年，有一位常州的白家桥师傅来到南门助力修建了"蒙顶小型倒焰窑"，特点是窑顶封墙后，火焰可自上而下回到大小烟道喷出。这就使窑内各部位的砖瓦坯获得比较均衡的温度，不易产生没烧透的夹生砖。这种烧窑方法比原来的直口小土窑更加先进，先进的技术为砖窑业的日益兴盛奠定了物质基础。砖窑数量不断增加，以南塘下为中心，分别向东南延伸，形成星罗棋布的窑厂，有"横十里、竖十里"的说法。

民国初年，砖瓦销路畅通，砖窑数量已经达到103座。当时的窑，高度相当于今天的两三层楼房，在每只窑包内，通常含有2个或者是3个同样大小的窑洞，有的是一字形排列，有的是互相对立，风格不同，功能相同。当时记载可以统计的直接或间接从事砖窑业生产劳动的工人已经达到了上千名。抗战爆发前，古运河东岸有窑户800余户，窑工5000余人，年产砖瓦在5000万块以上，被称为"大窑业"，"大窑路"也因此得名。

无锡窑业烧制砖瓦的工艺比较复杂。首先，将土坯放入窑内烧干后，再浇入冷水,此后需要歇置几天,便成了青色砖瓦,用来建造房屋十分牢固坚硬。一般烧制一窑的成砖成瓦大概需要80天,又因为所需的颜色不一,形态不一,大小各异,所以在针对具体要求时,会做出相应的变化。装窑的过程十分辛苦,一般的装窑,大概需要劳动工人24名,工作时长15个小时左右。当然,不同的工作流程,工人的工作量也不同。窑工主要负责烧制砖瓦,常年在炉火浓烟旁做工;运输工人则主要负责将由外乡经过运河运来的土坯搬运到定点的窑厂,按照要求将土坯放置在窑内烧干。窑的体制有大有小,大的窑可以装下八五型号砖10万多块,小的窑可以装下八五型号砖6万块到7万块。对于大型窑来说,由于空间规模大,其烧制的砖瓦规格也较为齐全,其中瓦类共计4种,砖类可计22种之多,例如,用来砌墙的石料砖以及二寸砖等,还有建筑街道专用的足六砖,盖屋专用的望砖等。

20世纪20年代初期,伴随着蒸汽技术在中国的使用,传统烧煤、烧炭的砖窑业也开始积极适应蒸汽技术。技术变革,必定带来产品的变化。随着蒸汽机锅炉的使用,无锡大部分大窑开始大量生产耐火砖,随着耐火砖技术越来越专业,砖窑居然可以生产耐火材料。显然,无锡人在当时的经营管理和产品开发上,已走在了全国前列。根据记载,无锡市内每年生产的砖瓦总数在800万块之上,价值白银达到万余两。砖窑厂烧制的砖窑除了为当地的建筑提供材料以外,更多的是通过运河进行向外输送,范围包括山东省、浙江省以及东南亚等地。

无锡砖瓦质量名不虚传。1930年,一位法国人曾准备在青浦佘山修建一所天主教教堂,在江浙一带考察其砖瓦的烧制质量,在通过与浙江、苏州等地的砖进行检验,以及后期进行耐压测试后,无锡生产的大窑方砖脱颖而出。当时选用了冯茂晋记砖号烧制的砖瓦,并由此家砖号独家经营销售方砖4000多块。到中华人民共和国成立以后,在青岛、杭州等地开展的博览会上,都会有无锡的商会代表带着无锡砖窑企业家征集的样本出席。

伴随砖窑业的兴盛发展,出现了以砖窑业为代表的杰出家族。无锡最早的窑工要数周、刘、冯、薛四大家,后来又增加了黄、邱两大家族,除此以外的砖窑业大户还有10余家,其中,窑商占比30%,窑工占比40%,其他专业户占比30%。无锡现存的砖窑业地址还有黄窑弄、邱家弄、邱家二弄、邱家三弄,其中,黄氏六房兄弟居住在大窑路的三阳弄,而冯氏砖窑的主要地址则位于大窑路9号楼房,现如今的大窑路9号楼房门面上,还留存着"冯益昌砖瓦制造所"字样的砖雕门楣。

时代变迁大背景下，砖窑经历了一段灰暗时期。梁溪区砖窑业商户曾一起组织建设了砖窑业生产合作社，后于1958年将原本的合作社转化为了利民瓷厂以及耐火材料厂，此后的大部分砖窑生产者都陆陆续续地迁出了大窑路，砖瓦的生产历程至此便告一段落。在1969年间，当时的五丰农业社砖瓦生产厂并入了利民瓷厂，自此以后，大窑路的老式砖窑便全部停止生产。"文化大革命"期间，砖窑附近学校的老师们曾经带领学生在砖窑上种植树木，也有当地居民在砖窑上开垦种植瓜果蔬菜，把砖窑变成了菜地。砖窑也由原本的烟雾茫茫变成了如今的绿叶成片，往昔的繁忙景象也就此告一段落。

通过对历史资料的整理，无锡运河沿岸的砖窑厂遗址主要有：

（1）大窑路窑群遗址，位于无锡市梁溪区古运河东岸大窑路，始建于明朝初年。

（2）冯茂晋记砖号旧址，位于无锡市南长街尽头的运河边大窑路。

（3）冯益昌砖瓦制造所，位于无锡市梁溪区古运河东岸大窑路9号楼。

依河而建的砖窑，既是对原有挖掘河道后堆积土方的利用，也是生产和销售砖瓦的内在要求。运河边的砖窑，砖窑边的运河成为无锡运河文化遗产的一大特点。

砖窑在中华人民共和国成立后失去了原初功能，逐渐成为历史的遗存。2003年，无锡市的窑群被保护，列入了无锡市文物保护单位。2008年，留存的窑群被重点保护起来，相关的单位与部门修建了砖窑博物馆，用以陈列往昔砖窑业的发展成就以及讲述其发展的历史脉搏。目前，古运河东岸大窑路的古窑还剩下40余座，较完整保留下来的古窑有19座，已经全部被列入文化遗产。

无锡窑址所在的南下塘，虽然位于清名桥以南，距离繁华十里南长街有一些距离，但作为遗址，砖窑遗址群已经成为清名桥历史街区不可分割的重要组成部分，成为无锡段运河文化遗产区别于其他江南城镇运河文化的一大亮点。

二、天下码头王朝粮仓

"粮仓系国脉，民心定坤乾"。历朝历代，粮食问题都是国家的头等大事，粮食问题解决不好，国家就会陷入危机之中。《礼记王制》指出："国无九年之蓄，曰不足；无六年之蓄，曰急；无三年之蓄，曰国非其国也。"粮仓是国家重视粮食问题的重要表现，历史记载中著名的粮仓有西周的陇东粮仓、秦汉的敖仓、隋唐的洛口仓和含嘉仓等。

无锡的粮仓不是国家为应对灾年饥荒、战争荒地等储备粮食的地方，而是指来自南方地区、因漕运需要聚集到无锡暂时储存粮食的地方，故无锡的粮仓带有在交通枢纽暂时存放的意思，是和无锡作为全国著名的米码头联系在一起的。交通便利，运河漕运繁忙，本地米粮盛名是其客观条件。

无锡地处长江中下游平原，属于亚热带季风气候，夏季高温多雨，水热条件适合水稻生长，与长三角地区的其他乡镇相比，无锡的土质适合种植稻米，一直以稻米质量上佳为口碑。自元代以来，无锡便成为官粮的主要征收地。元代在无锡设置的亿丰仓，就是主要用于运输包括宜兴、溧阳以及无锡当地在内的，每年必须上交朝廷的田赋漕粮。根据相关记载可知，当时的仓储总量已经达到470850多石，明代北京的光禄寺内还曾专门设立粮仓用以存储无锡的米粮。

设在无锡的国家粮仓，除去码头水运的便利条件外，主要与无锡繁盛的米行密切相关。清朝初年，江南一带的农耕行业逐渐发展起来，无锡陆续出现代客买卖粮食的牙客行业（相当于今日的中介行业），随着规模的不断扩张，后被称为"米行"。米行刚刚出现时，米价不是很高，有记载表明，在康熙、雍正收成正常的年份，米价也就大概在每石白米白银一两，但到了后期乾隆年间，米价开始上涨，由原来的每石一两白银，上涨到每石三两白银左右。米行的经营利润也从此开始日渐多了起来，由此从事粮食交易的商人也越来越多，无锡市米行便发展起来。到了道光、咸丰年间，无锡可计的米行已经有了40~50家，后因受太平天国战乱的影响，米行发展数量减少。太平天国战乱之后的同治五年（1866年），开始面向南北全面复苏，全面发展；到光绪九年（1883年），无锡的米市已经发展到京杭大运河北门以外的三里桥、北塘、黄泥桥、北栈口，南门以外的伯渎港、南上塘、黄泥绛，西门以外的西塘等共计八段，也称"八段米市"。光绪十四年（1888年），清政府下令，命浙江一带的南方漕运工作主要交由无锡来负责完成，又加之上海被辟为商埠，进一步促使无锡米市进入发展的繁盛时期。为更加有效地管理米市的发展，于光绪十五年（1889年），无锡市粮食行业的行会组织——米豆业公所正式成立；3年之后，又成立了作为米豆业的慈善机构以及行业组织聚会场所的积余堂新屋。除此以外，米豆业公所还在三里桥堍的芙蓉楼设立了米市茶会，每天上午定点后八段米市的各大米行的营业负责人员都会持有货样到此处进行评价交易，由此此处形成了米市交易的固定场所。到宣统二年（1910年），无锡城内已共计粮行143家，当年的年交易量也高达750万石，其中约有七成全部分布在北塘一带的米市。由于无锡米粮往往借助运河北上，而北方的大豆、小麦等也会随着南方米粮的运输队伍沿运河南下，无锡米市逐渐转变为同时经营米、稻、豆、麦、杂粮等多种谷物混合经营的场所。

民国初年，政府停办了清政府的漕粮运输交易管理，无锡米市发展受到重击，粮行由原来的140多家减少到117家。之后，由于20世纪初沪宁铁路、津浦铁路等相关铁路的逐渐完善，以及发生的第一次世界大战，无锡米市得到了一定的缓冲机会，贸易活动得以逐渐恢复。

从1928年至1937年间，无锡市的米市交易达到了历史的顶峰时期，根据记载，每年的粮食以及油料交易量都高达1200万石左右，当时的无锡已经具有136家粮行，资本总额已经达到了58.5万元。"经历过起起伏伏的无锡米市，已经成为包括粮行、堆栈、粮油加工在内的较先进的社会化、集约化的高产行业。"①

无锡运河沿岸主要的粮仓、米市如下：

（1）亿丰仓旧址，位于无锡市原崇安区政府大院内，中山路县前街路口，始建于元朝时期。

（2）东仓旧址，位于无锡市锡城东门以外（今长庆路一带），始建于明代洪武中叶。该仓有南仓门和北仓门两个仓门，后被用于地名，沿用至今。

（3）九丰面粉厂，始建于宣统二年（1910年），由唐保谦与多位合伙人共同筹资创办。

（4）无锡市第二粮食仓库旧址，位于无锡市梁溪区古运河南岸（今运河公园内），始建于民国时期。

（5）润丰油厂，始建于1914年，由唐保谦筹资创办。

（6）永生源米行，始建于清朝光绪二十七年（1901年），主要由蔡缄三、唐子良和唐保谦共同筹资创办。

（7）米豆业公所，位于无锡市积余街，始建于光绪十五年（1889年），作为无锡市粮食行业的行会组织。

（8）无锡市第一米厂，位于无锡市锡城南门外塘泾桥，源自中华人民共

---

① 沈锡良，邹百青．无锡运河记忆［M］．苏州：古吴轩出版社，2009：55-57．

和国成立后的无锡米厂和原来的省田赋处无锡加工实验厂，二者合并为无锡米厂，并且在 1954 年正式更名为无锡第一米厂；后 1955 年，无锡第二米厂、第三米厂、隆安米厂、钱桥米厂的子厂共同并入了无锡第一米厂。

（9）无锡第二米厂，位于无锡市锡城北门外生和浜与锡丰浜之间，并且在 1949 年由原来的允利米厂更名为公营三和米厂；后期，又于 1950 年因三和米厂被划分到无锡粮食公司管理而更名为中粮公司第一加工厂；1954 年，正式命名为无锡第二米厂，并在 1955 年并入了无锡第一米厂；再到 1966 年，公私合营的振益米厂成为无锡第二米厂。

（10）无锡锡粮机械制造有限公司，位于无锡市南长街 702 号，来源于 1956 年的多家私营企业合并而成的无锡食品机械厂，后来又被划分到粮食部，所以被称作粮机厂。

（11）积余堂新屋，始建于 1892 年，成为米豆业的公共场所，方便解决粮食业中的重大纠纷，同时还是慈善福利机构。

（12）无锡粮食机械厂，位于无锡市梁溪区通用路与南昌街交叉口。

（13）蓉湖公园，河面辽阔，河汉众多，在清代年间，是来往米粮交易的重要场所，它沿着京杭大运河的南岸向东可至酱园浜，向西可到黄埠墩，向北与北塘的三里桥米行遥望相对。

米行的形成与兴盛，为无锡民族工商业者从事面粉加工厂的生产奠定了历史基础。荣家的茂新面粉厂、唐家的九丰面粉厂便应运而生，这些面粉厂都矗立在运河两岸，可概述如下：

（1）惠元面粉厂，位于无锡市梁溪区古运河南岸通惠西路 11 号，始建于清朝末年。

（2）茂新面粉厂，位于无锡市梁溪区振兴路 415 号，即西水墩南侧古运河旁边，东靠振新纱厂，南近申新三厂，始建于清朝光绪二十六（1900 年），原名为保兴面粉厂，由荣氏兄弟共同筹资创办。

（3）茂新面粉有限公司，其前身就是当年荣氏兄弟创办的茂新面粉厂。1918 年，荣氏兄弟收购惠元面粉厂，并且改名为茂新第二面粉厂；抗战期间，工厂受到较大打击，抗战胜利后，荣氏重修工厂；1957 年，茂新面粉厂的一厂、二厂合并成了无锡第一面粉厂；后 2000 年正式改制成为有限责任公司。

（4）九丰面粉厂，始建于清朝光绪年间，主要由唐保谦、蔡缄三共同筹资创办。

以上面粉厂的存在为中华人民共和国成立后的各类面粉加工企业的生存和发展奠定了良好基础。而米行、面粉厂、米厂等的遗址和遗存，都成为今日运河沿线彰显无锡民族工商业发展的历史见证。

三、一方丝纱穿行天下

无锡的气候和地理条件极其适宜蚕桑的养殖与生产，自古以来，无锡便有植桑养蚕的传统，有"桑园之厚利，可三倍于他田，故农家竞相植桑"的说法。至隋唐时期，已经是"男子耕农种禾稻苎麻，女子桑蚕织绩"和"桑柘含疏烟，处处倚蚕箔"的绝佳之处。加之大运河穿无锡城而过，水上运输极其便利，来来往往的船只可以借水运将无锡的丝纱运往全国各地乃至世界各处。

不同于一般的蔬菜或稻米种植，桑蚕不能直接使用，而是需要对蚕丝进行加工处理后方可使用，故蚕丝的本地加工就成为一种内在的需求。无锡生产的蚕茧，除了直接出售变卖以外，大部分会将蚕茧进行烘干，将蚕茧抽出蚕丝。因采用本地方法进行抽丝，所生产的丝也被称为"土丝"，无锡的丝市交易主要是土丝交易。到宋朝时期，由于手工技艺的发展，无锡的丝绸产业和棉纺织业已经相当发达。当时，生产土丝和土布的无锡、江阴等地已经成为长江中下游地区传统纺织产业的主要聚集地。清中叶以来，棉纺织业逐渐壮大，全县在当时共计 5 万多台织布机，每年的布匹产量多达上千万匹。各地的布商在此处云集，从北栅口至北塘，形成了绵延数里的布庄。

19 世纪六七十年代，欧洲的蚕体因出现了严重的微粒子病，茧丝严重减产，国际蚕丝的供求不足极大地促进了我国养蚕和缫丝业的发展。太湖流域生产的土丝，已经走出国门，畅销整个欧洲市场。据统计，清代光绪四年（1878 年），苏南的常州、苏州、镇江三府的茧丝生产总量共计 17767754 千克，当时无锡还属于常州府管辖，其茧丝生产量已经达到了 69000 千克，占 3 个总府茧丝生产总量的 38%。光绪六年（1880 年），无锡土丝生产总量已经达到了 160000 千克。

丝业的生产促生了丝厂诞生。光绪二十一年（1895 年），杨氏家族在南门以外运河旁的羊腰湾创办了业勤纱厂，成了当时在国内最早的民族工业企业之一。光绪二十六年（1900 年），匡仲谋又在无锡市开办了第一家布厂，即亨吉利布厂。光绪三十一年（1905 年），无锡籍实业家周舜卿兴办了无锡第一家机械缫丝厂，即裕昌丝厂。之后，在无锡城西门外仓浜前，徐焕文创办了锡金丝厂；在黄埠墩，祝大椿、顾敬斋创办了源康丝厂；孙鹤卿在光复门以外的通运桥堍东侧的梁溪路创办了乾牲丝厂；在南下塘 213 号，许稻荪创办了振艺丝厂，无锡的纺织业在短时间内快速发展起来。

在清朝光绪年间，无锡的国际茧丝市场已经占据一定数量的份额，其中有将近四成的生丝是通过运河运输至口岸，再销往世界各地。而其他的六成成品，则是通过运河的运输，销往国内的南京、上海、宁波、丹阳等地。

丝市的日益兴盛，推动了丝商的兴起和发展。清朝光绪年间，紧沿着无锡城西门、南门、北门的外侧，就有大型的茧行 70 多家，茧灶共计七八百副。当时无锡城内外经营销售的丝行已经有 20 多家，其大部分分布在北门以外的莲蓉桥至江阴巷，以及南门外的黄泥绛一带，其中较具名气的主要有晋大、晋生、祥茂丝行等多家丝行。除在本地经销外，无锡丝行还与邻近城镇的丝商进行合作，如当时无锡和苏州丝商在唐家桥合作开设了七八所丝行，主要用来收购在当时非常有名的鸿山丝。据统计，当时的年收购量价值就已经达到了 30 多万元。无锡丝业贸易在一定程度上主导了江南地区的丝业贸易，成为继米市及布料运输中心之后的茧丝市场交易中心。侯鸿鉴在《锡金乡土地理》中记载："吾邑丝茧为唯一之盛市。每至四月间，茧行林立。收茧之多，岁必收货数百万金。近年价值增涨，茧业发达远过从前。沿西、南、北三门外，茧行之大者凡七十余处，茧灶共七八百副，茧市之盛，吾邑所以为最也。丝市至五六月间，盛设于北门外北塘，及南门外黄泥绛等处。乡民之来售茧而自抽丝者，莫不捆载来城，以售其丝焉。东南乡之丝售于南门者多，西北乡之丝售于北门者多。盖北塘及南塘，其地为商务云集之处，又为乡人来城之孔道，故丝市之盛，每岁有数十万金之货。黄埠墩之南岸设茧业公所。凡丝茧两业之机关胥于是会议，一切有经董以筹定之也。"到此，无锡蚕丝市场"甲于东南"。

1895 年杨宗濂、杨宗瀚兄弟创办的业勤纺织厂，既标志着近代工商业在无锡兴起，也开启了无锡纺织业的发展繁盛之门。1919 年，荣宗敬、荣德生兄弟在无锡古运河边建起了申新三厂棉纺织厂，投产时厂内纱锭共计 51008 枚，布机共计 504 台，工人共计 4700 余名，在当时当数装备最为精良、规模最大的纱厂，在全国民族资本棉纺织行业居领先地位。到 1922 年，无锡城可考的棉纺织相关的行业共有棉纺织、独织、针织、印染、纺织机械 5 大类，同时，无锡 6 家棉纺织厂的纱锭共计已经有 143886 枚，在当时的全国民族资本纺纱厂纱锭总数中占比高达 9.6%，可计的布机已经达到 804 台，在当时全国资本纺纱厂布机总量占比高达 11.9%。

　　纺织业作为无锡的古老传统产业，历经沧桑与曲折，但是最终都能够随着时代的发展及时做出调整，并且不断进步。"自中华人民共和国成立以来，特别是在党的十一届三中全会之后，无锡的纺织业获得了前所未有的发展良机，逐步形成了纺织原料工业、纺织加工工业、纺织装备工业三大纺织工业全面发展的局面。此外，化纤制造业、棉纺织业、毛纺织业、印染业、麻纺织业、色织业、针织复制业、服装制造业、纺织制造业、纺织教育、纺织科学等各类纺织相关研究与产业齐头并进，成为我国纺织业的重要研发基地、生产基地以及出口基地，也是无锡当地重要的产业支柱。"① 中华人民共和国成立以后，无锡的纺织业实行了全行业的公私合营，纺纱厂数由原本的 167 家缩减到公私合营后的 63 家，后又于 1960 年减为 37 家。至 1966 年，纺纱厂改制，将原来的各大公私合营体统一改成了国有企业。党的十一届三中全会之后，无锡纺纱企业又经历了改组联合、经济承包、建立现代化纺纱制度等经济体制改革。

　　无锡运河沿岸主要的纺纱、丝织厂有：

　　（1）乾牲丝厂，始建于宣统二年（1910 年），由孙鹤卿主力出资创办。

　　（2）锦记丝厂，位于无锡市锡城的西门仓浜，始建于宣统二年（1910年），由薛南溟筹资创办。

　　（3）蔡合昶茧行，始建于清朝光绪年间，由蔡缄三与其亲友共同筹资创办。

　　（4）业勤纱厂，无锡市近代第一家纺织工业企业，位于无锡市锡城东门以外的羊腰湾兴隆塝，始建于清朝光绪二十一年（1895 年），由杨宗濂、杨宗瀚共同筹资创立。

　　（5）北仓门蚕丝仓库，位于无锡市北仓门 37 号，即通运路和县前东街之间，始建于 1938 年。

　　（6）茧业公所，位于无锡市惠山寺塘泾汇入古运河处，距离华山门约 3千米，是无锡茧业商人集会、商讨行情和处理行业纠纷的公所。

　　（7）三五馆，位于无锡市旺庄，始建于民国时期，由薛氏家族出资资助的陆子容创办，专门用于培育新的、优良的桑蚕品种。

　　（8）冠华手工织布厂，始建于 1916 年，由程敬堂、唐骧庭共同筹资接

---

　　① 无锡纺织工业协会．无锡纺织志［M］．南京：无锡纺织工业局，1978：1-2.

手，后来更名为丽华机器织布厂，成功为当时的九余绸布庄解决了供料来源的燃眉之急。

（9）裕昌丝厂，原名裕昌祥茧行，无锡市第一家机器缫丝厂，由周舜卿出资创办。

（10）锦丰丝厂，始建于1919年，由唐保谦筹资创办。

（11）慎昌丝厂，无锡市原金钩桥堆栈处，改建于1919年，由周舜卿筹资创办。

（12）丽华机器织布厂第二厂，始建于1919年，由程敬堂、唐骧庭等人再次筹资创办，此后成立丽新机器染织股份有限公司。

（13）申新三厂，位于无锡市梁溪区健康路124号（西门太保墩），始建于1919年，1921年投产。1947年新修车间，1954年公私合营，1966年更名为国营无锡市第一纺织厂，改革开放以后，再次更名为第一棉纺织厂新集团有限公司。直到2008年，该厂搬到了东亭位置。

（14）庆丰纱厂，位于无锡市周山浜，始建于1920年，由唐保谦筹资创办。抗日战争期间受到严重损坏，1947年恢复生产，1955年实行公私合营，1993年中外合资了无锡庆丰纺织有限公司，1966年改名为国营无锡市第二棉纺织厂，1996年再次更名为庆丰集团有限公司。

（15）永泰丝厂，位于无锡市梁溪区南长街364号，在上海始建于清朝光绪二十二年（1896年），1926年迁入无锡市大公桥堍永泰茧行。1966年更名为红卫丝绸厂，1980年再次改名为现在的无锡市第二丝织厂。

（16）鼎昌丝厂，位于无锡市梁溪区南门外永乐东段金钩桥街23号，1951年因故被查封后改名为公营鼎昌丝厂，1953年更名为现在的无锡市第一缫丝厂。

（17）禾丰丝厂，位于无锡市龙船浜8号，始建于1929年，后来被称为无锡市第三缫丝厂。

（18）泰嘉丝厂，位于无锡市绿塔路129号，始建于1929年，20世纪90年代时期，更名为泰嘉制丝服装厂，后来被称为无锡市第四缫丝厂。

（19）丽华机器织布厂第三厂，始建于1930年，仍然由程敬堂、唐骧庭等人共同创办。

（20）丽新纺织印染厂，位于无锡市惠商桥堍，始建于1922年，1931年建成纺部，成了中国第一家商办纺织印染全能企业。1954年实行了公私合营，1996年更名为无锡市第三棉纺织厂。

（21）振新纱厂，位于无锡市太保墩以南，始建于光绪三十一年（1905年），由荣宗敬、荣德生等人筹资创办。1915年荣氏兄弟推出股份，1966年更名为无锡市第四棉纺织厂，1998年加入庆丰集团，更名为四棉纺织有限公司。

（22）协新毛纺织染厂，位于无锡市梁溪区古运河北岸丽新路60号，始建于1935年，由唐骧庭、唐纪云等人筹资创办，并且在1991年、1993年，先后与台湾合资。1996年，又组建了协新集团有限公司，2005年加入无锡国联集团。

（23）北仓门蚕丝仓库，无锡市梁溪区北仓门37号，始建于1938年。

（24）振兴纱厂，位于无锡市健康路南段、古运河的南岸，今体育场桥西侧，始建于民国时期。

（25）无锡兴业制丝股份有限公司，创办于1936年，由薛寿萱和众多丝厂主共同成立，垄断了当时的制丝行业。

（26）无锡市第一丝织厂，位于无锡市南长街589号，始于1958年。1961年，五四丝绸并入第一丝织厂，现在已经被改制，成为无锡绸星集团有限责任公司。

无锡的土壤气候满足了种桑养蚕的需求，无锡人的辛劳与聪慧推动了土丝的生产，无锡的运河航运活跃了蚕丝业在国内和国际的贸易销售。在交通相对封闭的农业社会，无锡蚕丝行销天下的最重要原因还是便利的航运网络。蚕丝与运河的融合，成为无锡运河工商文化的重要特点。

四、发展实业爱国救国

甲午战争以后，国家积贫积弱萎靡不振，社会战乱不已民不聊生。众多有志之士意识到兴办实业的重要性，于是掀起了实业兴国的浪潮。顾名思义，实业救国就是通过兴办工业，发展民族工商业，抵制外国资本的入侵，以此达到经济发展、社会繁荣、民族独立的目的。

实业救国论在辛亥革命（1911年）前后已经成为国内一种颇为流行的论调。甲午战争（1894—1895年）后，清末维新派成员陈炽就宣称："今后中国的存亡兴废，皆以劝工一言为旋转乾坤之枢纽。"（《续富国策·劝工强国说》），这可被认为近代实业救国论的滥觞。20世纪初，著名商界人物江苏南通人张謇极力宣扬实业救国论，其认为："救国为目前之急……譬之树然，教育犹花，海陆军犹果也，而其根本则在实业。"（《张季子九录·政闻录·

对于储金救国之感言》) 在张謇等人的影响宣传下,实业救国论在工商界盛行起来。无锡商人深受影响,薛南溟就称:"经营地方实业垂三十年,思欲以西国新法导中国利用之,以蕲福国利民。"唐保谦也说:"言利,非以自饶乐,思自效工贾,以此远谟而为国家塞漏卮,为乡里兴大利。"

无锡作为我国民族工商业的发祥地,既不是租界地,也非通商口岸;既不靠政府投入,也没有外资参与,完全由民族资本创造了奇迹。无锡工商业在 20 世纪前期异军突起,跻身于全国工业都市五强,当时无锡人宣称:"我国市场之有名者,若上海、天津、汉口等,皆为外人所经营,非我市民所自办。近虽有广州新市场之突起,然亦赖陈炯明、孙科等官吏助成之,不若今日之吾邑,纯粹出于地方人士之自动也。"工厂的增加吸引人口向城市聚集,民国初年,无锡城乡人口为 79 万余人,其中城区仅 5 万到 6 万人,1920 年城区人口突破 10 万人,1928 年接近 20 万人,城市人口占总人口的比重为 23%左右,1935 年上升到 25%。大量人口的涌入,也为无锡经济的发展提供了劳动力,而运河和铁路的便利,大大促进了无锡工商业的发展。

无锡在历史上形成的四大码头和清朝后期兴办的众多企业,有实力为实业救国提供物质基础,更重要的是,无锡工商业的发起者、创办者,一直都传承发展着无锡在历史发展进程中形成积淀的爱国爱乡情怀,他们不仅创办企业发展本地经济,而且热心公益,愿意为社会经济发展贡献一己力量。"实业救国"的理念很容易在无锡盛行起来。

围绕着无锡已经形成的工商业基础,有能力做事的有志之士,纷纷参与到轰轰烈烈的实业兴国热潮当中,他们通过兴办实业,发展民族经济,不仅为无锡本地,而且为国家的发展做出了巨大的贡献。在众多的实业行动中,最具代表性的当数无锡历史上的六大家族工商业集团。

(1) 杨氏家族

杨氏家族是无锡第一个创办企业的工商业家族。其开创者为杨宗濂和杨宗瀚兄弟。1895 年,杨宗濂与二弟杨宗瀚在家乡无锡创办了业勤纱厂,是近代中国第一家民营纺织厂、全国第一家环锭纺织厂、无锡第一家近代企业,在中国近代经济史上占有重要的地位,标志着无锡开始由传统的农业社会向近代工业社会转化。

杨氏家族带动了无锡其他家族创办民族企业。杨氏兄弟都曾是李鸿章的幕府,并深得李鸿章的赏识。杨宗瀚曾因善写奏稿,被李鸿章称"杨三捷才,非他人所及"。不仅如此,杨宗瀚特别具有经商能力,李鸿章曾安排其协助台湾巡抚刘铭传总办商务、洋务，兼办开埠事宜。李鸿章还命杨宗瀚接办上海机器织布局任总办。经过杨宗瀚的经营与管理，光绪十八年（1892年），织布局"每日夜已能织布 600 匹，销路颇畅"。由于是在已经丰富的经商经验的基础上开办企业，业勤纱厂自开办后运转良好，后期将企业的经营发展交给了杨宗瀚之子杨翰西。杨翰西不仅经营纱厂，而且创办了无锡电话公司，无锡从此开始有了电话。另建有面粉厂、肥皂厂、啤酒厂、铁工厂、榨油厂等，有了杨氏企业的引领作用，无锡逐渐出现了荣家、周家、薛家创办的各类家族企业，成就了无锡百年工商城的辉煌和荣誉。

杨氏企业为无锡发展做出了重要贡献。其中，无锡的经典园林鼋头渚与杨家密切相关。1916 年，杨翰西在充山西南麓购地 0.04 平方千米，1918 年开始兴建横云山庄。鼋头渚当时为"砍柴之童山，松根之高无逾三尺者，不论人迹，连鸟雀都无栖止"之地，但在其影响下，1927 年，社会贤达王心如在充山南麓购地 0.0467 平方千米，兴建太湖别墅等不同风格的建筑，共同形成了太湖开发建设最早的风景建筑群。抗战胜利后，山庄被没收归公。1949 年中华人民共和国成立后，无锡市人民政府接管，并成立鼋头渚公园。1959 年，郭沫若先生赞誉并题词"太湖佳绝处，毕竟在鼋头"。如今，鼋头渚公园已经成为无锡的地标性公园。

杨氏企业在清朝开办，久盛不衰，为发展民族经济、促进民族工商业的发展做出了重要贡献。不过，由于日军侵华，杨氏企业和其他企业一样在抗战时期受损严重，杨翰西被迫担任敌伪时期公职多遭诟病。中华人民共和国成立以后，其企业被收归国有，成为我国工业经济的组成部分。

（2）周氏家族

周氏家族开办了无锡最早的机器缫丝厂，其创始人为周舜卿。周舜卿为无锡小园里人，幼时家境贫穷，16 岁时便到上海利昌铁号当学徒。由于勤劳肯干、勤奋好学、诚实诚信，曾被英商洋行大班帅初赏识，任命其为洋行升昌五金煤铁号的经理，从此开启了周舜卿的工商业成功之路。光绪二十二年（1896 年），已经发迹的周舜卿与薛南溟共同创办了上海永泰丝厂，光绪三十年（1904 年），他在上海出资买下了 94 台立缫车，并将其全部安装在家乡的裕昌祥茧行中，此后便在周新镇兴办了当时无锡市第一家机器缫丝厂，即裕昌丝厂。裕昌丝厂所产的茧丝主要销往国外，并在第一次世界大战后主要销往美国。

光绪三十一年（1905 年），上海商学会成立，由周舜卿担任主持人，而后在无锡成立了锡金商会以及锡金农会，周舜卿分别担任了两会的第一任会长。光绪三十二年（1906年），周舜卿又集资将近50万两在上海创办了私营性质的信成商业储蓄银行，并由他亲自担任总经理。1919年，周舜卿再次筹资创办产业，他用将近2.4万两的白银将无锡金钩桥堆栈改造为慎昌丝厂，拥有丝车272台。自光绪二十六年（1900年）起，他在家乡投资建设周新镇，并开办学校，周舜卿被称为"善举大王"。当清政府倒台后，以清政府为背景的信成银行破产，周氏家族元气大伤，1923年，周舜卿去世，后人无力延续家业，一度荣耀的周氏退出无锡商界。但周氏家族在国弱民贫之时建设的周新镇及其相关善举，推动了无锡社会经济的发展，为无锡工商业的发展做出了贡献。在周家逐渐衰落前夕，无锡近代工业已经初具规模。

周氏家族繁荣兴旺时间较为短暂，但其为无锡工商业的发展，特别是缫丝业的发展开辟了道路，之后，与之有过关联的薛家兴起。

（3）薛氏家族

薛氏家族为无锡工商业六大家族之一，兴盛之时，被称为"薛半城"。勇于改革创新，善于学习先进技术是其家族成功的重要原因。薛氏家族在近现代涌现出薛福成、薛南溟、薛寿萱等几代名人，在思想文化、工商经济等多个方面做出过重要贡献。

薛氏家族被称为无锡工商业家族的源头的开创者是薛南溟。薛南溟是中国最早外交家薛福成的长子，曾担任过李鸿章的幕僚，光绪二十年（1894年），因父丧丁忧在家，从此弃官经商。光绪二十二年（1896年），与同家乡人士周舜卿共同筹资创办了上海永泰丝厂，后周舜卿退出，薛氏独自经营。宣统元年（1909年），同孙鹤卿一起在无锡创办了耀明电灯公司，并担任董事长兼协理。翌年，其又在无锡的西门仓浜组营了锦记丝厂。上海永泰丝厂创出"金（银）双鹿"品牌，畅销意、法等国，并在纽约万国博览会获金奖。到20世纪20年代初，薛氏名下已有永泰、锦记、隆昌、永盛、永吉5家丝厂，成为中国丝业大王。1925年，薛氏将上海永泰丝厂迁回无锡，并把厂务全权交给三子薛寿萱。

薛寿萱是无锡近代企业新型管理以及改革的典型代表。1929年，薛寿萱作为中国丝业代表团的主席，赴美出席当时的国际生丝会议。在参访期间，他对美国的丝生产进行了详细调查，并对当地的生丝交易情况进行了认真研究，回国后，薛寿萱便立即将在国外所学运用到自己的丝生产当中，他将原来永泰丝厂销往法国用来制作丝绸的直缫丝产品改成了直销美国作为织袜所用的复摇丝产品，同时还鼓励当时许多国内的制丝厂改用多绪立缫机，大大提高了我国当时的国内丝产总量。

善于改革创新是薛氏家族成功的法宝。薛氏自 1926 年起，便开始大力改良种蚕，先是出资资助陆子容在无锡的旺庄创办"三五馆"用于制造蚕种，之后又相继成立了永泰蚕事部，并且组织了 200 多家的乡村养蚕合作社，传授科学养蚕方法。1933 年，薛寿萱委托薛祖康在美国创办了属于国人的企业——永泰公司，并且聘用了来自不同国家的人员进行公司的科学化管理。1936 年，薛寿萱联合了无锡市内 36 家规模较大的丝厂，组织成立了当时的无锡兴业制丝股份有限公司，成了当时盛极一时的垄断企业，其后期对江浙皖地区的茧行极具影响力，使之成为名副其实的"丝茧大王"。

薛氏家族创办的民族工商企业，大大推动了中国桑蚕业的发展，带动了江南地区特别是无锡乡镇桑蚕经济的发展；更为重要的是，薛氏家族对中国桑蚕技术的创新改进，对企业管理的创新实践，促进了我国生丝手工业的技术进步，其畅销国内外的生丝产品为无锡赢得了"丝都"的美誉。

（4）荣氏家族

荣氏家族是指以荣毅仁为代表的中国民族资本家族。荣氏家族靠实业兴国、护国、荣国，在中国乃至世界写下了一段辉煌的历史。对此，中国人民大学经济学院教授高德步曾评价说："从近代开始，荣家三代对中国经济的发展做出了巨大贡献。荣宗敬和荣德生兄弟创办的企业是中国民族企业的前驱；中华人民共和国成立后，荣毅仁支持中国政府的三大改造，对我国经济的发展起到非常积极的作用；改革开放以后，荣家第三代荣智健等人对中国市场经济、新兴民族企业的发展做出了重大贡献。"

赤城爱国情催生了荣家的实业之路。荣氏实业创办者荣宗敬、荣德生早年曾在上海钱庄当学徒，1896 年，兄弟俩在上海开办了广生钱庄。1899 年冬，荣德生应朱仲甫之邀，在广东补抽局担任总账。在办理税务过程中，荣德生了解到清政府与洋人签订的面粉条约中，面粉进口时可免交关税。面粉当时为进口食品，洋人在我国可获取巨额利润。1900 年 6 月，荣德生在香港码头等待渡船时，他看到码头上有几百名工人在不停地搬运着大袋大袋的面粉，场面震撼。这些"洋面粉"从国外被运到香港后发往全国各地。洋面粉在中国赚足了中国人的血汗钱。荣德生回到上海后，与荣宗敬商量，希望能开一家面粉厂。

在打理钱庄的过程中，荣宗敬其实也有所发现，即在钱庄来往的汇款中，许多行业的汇款额都在不同幅度地减少，但当涉及小麦的相关汇款时，每日的交易量都很高。据此判断，与小麦相关的面粉行业应该是赚钱的行业。加之国内面粉行业几乎已经全被国外企业所垄断，面粉行业在获取高额利益的同时，普通老百姓是承受不起高额价格的。于是二人合计筹办一家属于中国人自己的面粉厂。

面粉厂的选址诠释了荣氏兄弟浓浓的家乡情。在筹办好办厂资金后，兄弟二人经过一系列考察，最终决定买下无锡古运河与梁溪河相互交汇处的太保墩作为保兴面粉厂的厂址。面粉厂于 1901 年正式开张，成为无锡当地历史上第二家近代民族企业。

荣家面粉厂经历了生死曲折历程。面粉厂兴办初期，有人认为工厂选址破坏了当地风水，有人说机器运转释放的大量浓烟影响人们的健康状态等，工厂被要求停工。经过合资人朱仲甫的前后张罗，以及与当时的洋务派干员刘坤一的相互协商下，面粉厂经过近 10 个月的改进后，又于 1902 年 3 月重新开张运行。但是，重新开张的面粉厂仍旧面临着诸多挑战，如面粉口感不佳、白度不够等，面粉销量严重受阻。屋漏偏逢连阴雨，朱仲甫在看到面粉厂的收成不景气后，中途撤资了，面粉厂面临生死危机。

祝大椿出手挽救面粉厂。在荣氏兄弟面临重重危机之际，无锡人祝大椿出于同乡前辈的关怀之情，决定帮助荣氏兄弟。祝大椿提出愿意收购荣氏保兴面粉厂的股份，在荣宗敬深思熟虑决定增资扩股后，祝大椿顺利拥有了保兴面粉厂的股份。此后，保兴面粉厂便更名为茂新机器面粉厂。1905 年，茂新购买了英制钢磨，1910 年又添置了美制钢磨，面粉质量大为提高，销路日益扩大。1910 年，面粉厂的产量增扩到开张时的 10 倍之多。1912 年，面粉厂的经营生意越做越大，荣氏兄弟与其他合伙人合资，在上海兴办了福新面粉厂。

民族企业在第一次世界大战的夹缝中求得发展。1914 年第一次世界大战爆发后，各帝国主义国家忙于战争，放松了对中国企业的打压管制，中国民族企业乘机获得了发展机会。由于受战争影响，欧洲的粮食产量急剧下降，对外需求急剧上升。当时中国面粉价低量大，正好成为欧洲各国大量采购的对象。此时荣氏的面粉厂已经在面粉行业中独居鳌头，其抓住第一次世界大战商机，积累了大量资本。到抗战期间，荣氏兄弟的面粉厂已有 14 家，此外还有 9 家纺织厂，大量实体经济的存在和发展，推动了中国民族企业的发展。荣氏兄弟在当时被称为"面粉大王"和"纺织大王"，为此，有人把荣氏家族称为中国的"洛克菲勒"。

荣毅仁在关键时刻力挽狂澜。荣毅仁为荣德生的四子,1937年,时年21岁的荣毅仁从上海圣约翰大学历史系毕业后,担任了无锡茂新面粉公司的助理经理,开始协助父亲荣德生经营庞大的荣氏企业。日本侵华战争使得掌握着全中国一半财富的家族处于风雨飘摇之中,经营过程困境不断,1946年,荣德生被绑架后被非法囚禁了34天,1949年5月荣毅仁又面临了"军粉霉烂案"。当时的荣家,已经在给政府提供面粉,但当军人吃到长了黑霉的"黑馒头"时,政府便把罪责落到荣氏面粉上。1949年6月份,荣毅仁第一次会见了时任上海市市长的陈毅,在相互说明情况后,荣家得到政府支持决定恢复生产。此后,包括荣毅仁在内的各界商业人士纷纷重回工厂,兴起了一片复工复产的浪潮,工厂复工为稳定社会秩序做出了贡献。1957年初期,毛泽东视察了荣氏家族后,对陈毅说:"荣家是首户中国民族资本家,中国在世界上真正称得上是财团的,就只有他们一家。"

荣氏家族为中华人民共和国的工业发展做出了贡献。中华人民共和国成立前夕,荣氏家族其他成员纷纷离开大陆,但荣毅仁留了下来。1956年,经过深思熟虑后,荣毅仁把自己的商业帝国无偿交给国家,为中华人民共和国的工业振兴做出了卓越贡献。1959年,荣毅仁亲笔书信给当时的无锡市人民委员会,信中说自己秉承父亲荣德生的意愿,愿将荣家私人花园——梅园无偿捐献给政府,供百姓游览。梅园是荣德生"为天下布芳馨"的气魄成果。如今,梅园已经成为无锡的"城市会客厅",并于苏州邓尉、杭州超山并称为江南三大赏梅胜地。时至今日,荣家曾经经营的茂新、惠元等面粉厂的红色厂房依旧矗立在运河河畔,表征着荣家实业救国的爱国情怀。

（5）唐氏家族

无锡号称的六大家族中,在综合实力方面,荣家排第一,唐家排第二。唐氏家族的先祖唐懋勋,于清咸丰十年（1860年）为避太平天国战火,举家搬迁到无锡锡东的严家桥。严家桥在澄锡虞三县交界处,地理位置偏僻,但环境安定,市集繁荣,乡民富裕,是个既能躲避战乱,又能做生意的好地方,并有水路可四通八达。唐家利用严家桥本地资源,先从经营"春源布庄"开始积累资本。由于经营有方,产业逐渐壮大,工商实业从严家桥发展到无锡、上海,并拓展到海外,成为中国著名的民族工商大族,并形成了独特的唐氏工商文化。

无锡唐氏分为两支:一支是以唐蔡家族（唐保谦、蔡缄三）为代表,另一支则是以唐程家族（唐骧庭、程敬堂、唐君远、唐翔千、唐英年）为代表。因为唐氏家族两支创办的实业在无锡历史发展中都具有重要影响，一般将其看作两个集团。

①唐保谦、蔡缄三

唐保谦，唐懋勋之孙。早年曾在自家开设的同济典当习业，后来帮父亲唐洪培经营春源布庄，并于清光绪三十年（1904年）进入永源生米行做事。在宣统二年（1910年），唐保谦又与其他人合资在无锡运河边共同创建了九丰面粉厂。其后，他创办了许多种行业相关的工厂，例如，1914年的润丰油厂，1919年的锦丰丝厂，拥有坐缫车480台，1920年创办了无锡首家机制利农砖瓦厂，与蔡缄三等人集资在周山浜创办庆丰纺织厂等。抗日战争前，庆丰公司已拥有纱锭6.47万枚、线锭1024枚、织机725台，发电装机容量最大6600千瓦，成为无锡七大纺织企业之一。在开设工厂进行生产盈利之余，唐保谦还积极地进行慈善捐助，他曾资助无锡的国学专修馆并多次带头出资赈灾，真实地担负起社会责任。

蔡缄三，无锡城内的田基浜人。祖上在无锡北塘西街拥有大量房产，有"蔡半塘"之称。光绪十六年（1890年），蔡缄三主持管理祖产复生堆栈，后又与亲友们共同筹资创办了蔡合昶茧行，之后，又与唐子良和唐保谦先后自光绪二十七年（1901年）起，创办了永生源米行。宣统二年（1910年），唐保谦与蔡缄三等人在无锡集资创办九丰面粉厂，辛亥革命以后，九丰面粉厂得到了较快发展，机器设备不断改进，生产能力不断提高，到1918年，年获利最高可达60万元，在无锡同行业中所占比重为25%左右，由于其实力雄厚，是当时唯一没有被荣氏集团兼并的面粉厂。

唐保谦和蔡缄三合办的最大的也是最主要的企业，则是无锡庆丰纱厂。"庆丰纱厂的创办，使唐蔡集团在当时无锡棉纺行业中所占比重与荣氏集团基本接近，再加上在其他行业的投资，唐蔡集团在1922年时的总资本额在无锡工业资本中所占比重达到17%左右，成为一个横跨棉纺、缫丝、面粉三大支柱产业的资本集团。"①

②程敬堂、唐骧庭

程敬堂，祖籍安徽。光绪二十年（1894年），随父来到无锡。早年在元章绸布店当学徒，光绪三十三年（1907年），在九余绸布庄做跑街。宣统二

---

① 唐保谦："夹板老爷"的成功之路［N］. 无锡日报，2014-07-02（01）.

年（1910年），时值九余绸布庄遇到发展困难，程敬堂便四处筹资帮九余绸布庄渡过难关，后成为九余绸布庄的股东和实际经营者。1916年，他与唐骧庭等人共同筹资接手了冠华手工织布厂，并将之改名扩建为丽华机器织布厂，成功地解决了九余绸布庄布料来源不足的问题。1919年，丽华机器织布厂二厂建立，之后又与唐骧庭等人在惠商桥西建造厂房，向国外订购织布、漂染、整理等全套机器，建立丽新机器染织股份有限公司。1930年，增建丽华机器织布厂三厂，此时由程敬堂担任总经理。日军侵华后，他避居上海期间，集资创办昌兴纺织印染整理公司，下设纺、织、印染3个厂。抗日战争胜利后，他着手对丽华、丽新等厂进行整理，使其恢复生产。1950年6月，在上海市人民政府的领导下，程敬堂将丽新和昌兴两个公司合并为一个企业组织，同时发起成立苏南棉纺织工业同业公会，任第一届主任委员。他曾任无锡市各界人民代表会议协商委员会委员、苏南行政公署政务委员。

唐骧庭，严家桥唐氏第三代"镇"字辈传人，唐保谦为其堂兄。早在光绪十六年（1890年），唐骧庭便已经继承父业开始了土布以及夏布皮货行的经营管理。后来又连同程敬堂等人共同管理九余绸布庄，并且在1916年和1919年与程敬堂共同接手了冠华手工织布厂，并改名为丽华织布厂，以及开设丽华二厂。到1922年，再次与程敬堂合作开办了丽华染织厂，后来1933年又成立了丽华纺织漂染公司。中国的棉纺织业在第一次世界大战期间发展迅速，在抵制日货运动中又得到进一步发展，但毛纺业发展比较缓慢。当时北京清和、上海章华等几家毛纺织厂只能生产粗呢，不能生产精纺和细呢。唐骧庭和他的儿子唐君远高瞻远瞩，决定创办毛纺织厂，协新毛纺织染厂由此诞生，填补了我国精毛纺织业的一块空白。

无锡六大工商业集团是当时"实业救国"的代表，为无锡经济社会发展提供了最大动力，是成就无锡工商名城的必要条件，成为今日发展实体经济的历史榜样。

六大家族兴建的各类工厂，大都以运河为轴择地而建，这些依河而建的工厂不仅便利其运输销售，而且为无锡留下丰厚的工商遗产。他们生产经营的范围大都以无锡本地资源或相关资源为对象，不仅传承了无锡四大码头的辉煌，保障了无锡工商产业原料的可靠性，而且促进了无锡本地农业的生产，开辟了以工促农的社会发展之路，为无锡在中华人民共和国成立后工商业的发展奠定了厚实基础。这些分布在运河沿线的企业主要有：

（1）无锡市锅厂，始建于清朝顺治年间，后来道光十七年（1837年）

吴永昌冶坊与王源聚锅号共同经营，因而更名为王源吉冶坊。1943 年，王源吉冶坊迁回旧址羊腰湾进行生产活动；1956 年又迁入祝大椿故居内，1966 年改名为无锡市锅厂。

（2）耀明电灯公司，始建于宣统元年（1909 年），由薛南溟、孙鹤卿共同筹资创办。

（3）淘沙巷传统街区，位于无锡市梁溪区新民路东段，始建于清朝时期。

（4）信成商业储蓄银行，始建于清朝光绪三十三年（1907 年），由蔡缄三和唐保谦共同筹资创办。

（5）锡金钱丝两业公所旧址，位于无锡市梁溪区莲蓉桥东侧前竹场巷，始建于清朝末期。

（6）中国银行无锡分行旧址，位于无锡市梁溪区莲蓉桥东侧前竹场巷，始建于民国时期。

（7）纸业公所旧址，位于无锡市梁溪区古运河中江尖渚 96 号，始建于民国时期。

（8）无锡县上会旧址，位于无锡市火车站古运河南岸站前商贸区，始建于 1912 年。

（9）开源机器厂旧址，位于无锡市梁溪区湖滨路 11 号。

（10）无锡市华新可可食品有限公司，位于无锡市东溪路的运河旁，是由最初的 1918 年浦文汀创办的恒德油饼厂演变而来。1953 年更名为无锡市植物油厂，1988 年再次更名为无锡市可可食品厂，1989 年成功与新加坡合资成立了华新可可食品有限公司，后期又于 2002 年整个迁到锡山区。

（11）无锡市利用造纸厂，位于无锡市惠商桥堍，始建于 1925 年，由实业家陈栩园和其弟陈蓉轩共同创办，中华人民共和国成立以后，已经成为文化用纸的专业生产工厂。

（12）无锡市橡胶厂，位于无锡市双河尖，始建于 1942 年的友联橡胶滚筒厂，1952 年搬迁至双河尖。

（13）一汽解放有限公司无锡市柴油机厂，位于无锡市塘南支路羊腰湾，它是从原本的 1943 年的中央农具制造实验厂发展而来，并在 1953 年正式用名无锡市柴油机厂。1992 年加入一汽集团，2003 年成为一汽解放汽车有限公司的专业化分厂。

（14）无锡市光明集团有限公司，位于无锡市运河东路蚂蝗桥，始建于

1951 年，1958 年成为无锡市光明内衣厂，1997 年成立光明集团有限公司。

（15）无锡市高润杰化学有限公司，位于无锡市吴桥西路，始建于最初的 1951 年多家炼油厂合并成的无锡市化工厂油脂联合产销组。1953 年，正式更名为无锡市联合油脂化学工业制造厂，后 1959 年再次更名为无锡炼油厂。

（16）无锡市红旗造船厂，位于无锡市惠山浜宝善桥，锡山大桥的西堍，始建于 20 世纪 50 年代的造船业合作社、造船业合作工厂，后来 1966 年才更名为无锡市红旗造船厂。

（17）无锡市星火制衣集团，位于无锡市吴桥北堍望宾路 75 号，始建于 1953 年，1953 年改组为集团公司，后来搬迁至锡澄一支路 19 号，是江苏省服装出口企业的骨干之一。

（18）江苏省无锡船厂，位于无锡市吴桥以西，始建于 1956 年；1992 年，与红旗造船厂合并，更名为江苏无锡造船厂，并在 2004 年成立了有限公司。

（19）无锡市华光锅炉有限公司，位于无锡市化肥桥堍，始建于 1956 年无锡锅炉厂。2000 年，建成华光锅炉有限公司，成为全国八大电站锅炉厂之一，同时也是全国锅炉水处理设备研究和生产基地。

（20）无锡市自行车厂，位于无锡市双河尖新惠路 9 号，始建于 1956 年的第二百货商店自行车修理部与公私合营的丽新车行的合并，并且在此后成为无锡市车件厂；1958 年，崇安自行车社、崇安黑白铁社先后并入更名后的车辆汽灯制造厂，并再次更名为无锡车辆厂；1959 年，再次与无锡市车件厂合并，正式成为后来的无锡市车辆厂；1960 年，再次更名为现在的无锡市自行车厂，并且搬迁到新惠路。

（21）无锡市压缩机股份有限公司，位于无锡市南下塘 213 号，原大福纱厂旧址。1956 年，40 多家小型私营机器厂合并成为无锡农具制造厂，后来 1957 年改名为无锡通用机械厂，1958 年开始研究压缩机后到 1965 年便更名为无锡市压缩机厂，并且在 1992 年成为股份有限公司。

（22）无锡市水泵厂，位于无锡市清扬路 207 号，始建于 1956 年，成为当时全国最大的农用水泵和各种专业水泵的专业制造厂之一。

（23）无锡市碗底动力工程有限公司，位于无锡市南长街 720 号，地址为当初的华新丝厂旧址。1956 年，有多家企业合营，合并为无锡动力机厂。1979 年该厂一分为四，分别成了无锡市叶片厂、龙山机械厂、无锡市动力机厂以及江苏无锡机械制造学校，并在 1994 年成立了公司。

（24）无锡市探矿机械厂，位于无锡市锡城南门外的跨塘桥堍。1956 年，在利用原来新泰丝厂旧址的基础上，地质部准备在无锡筹备地质矿山设备修造厂。1958 年被划分到无锡市管理，之后便更名为无锡市探矿机械厂。

（25）无锡市威孚集团有限公司，位于无锡市锡山大桥东堍，始建于 1958 年，当时用名无锡市油嘴油泵厂，1965 年确定用名。20 世纪 80 年代，此厂已经成为全国最大的生产油嘴油泵的专业工厂，并在 1995 年更名为威孚集团有限公司。

（26）江苏锡钢集团有限公司，位于无锡市南站路，始建于 1958 年的无锡市钢铁厂。1959 年至 1961 年，先后并入了无锡轧钢厂、金属制品厂、冶金第一修造厂等，并于 1988 年正式更名为无锡锡钢厂，1995 年再次改名为江苏锡钢集团有限公司。

（27）无锡市铸造厂，位于无锡市南长街 705 号，来源于 1956 年机器翻砂业的公私合营，在此基础上便在通惠东路成立了无锡市铸件厂。1958 年扩建加工生产车间，于是形成南北两个分厂。1982 年，两个南北分厂合并，并确定用名无锡市铸造厂。

（28）无锡市焦化厂，位于无锡市锡城南门大窑路尽头，始建于 1958 年，1961 年并入了无锡钢铁厂，1964 年又分离出无锡市化工厂，并且在 1971 年更名为无锡市焦化厂。2002 年，该厂搬迁至城南路 1 号，并改制为有限公司。

（29）无锡市震球集团有限公司，位于无锡市运河东路蚂蝗桥，始建于 1959 年，1966 年成为无锡市震球呢绒服装厂，1998 年改组成为无锡市震球集团有限公司。

（30）无锡市第二橡胶厂，位于无锡市锡城西门的龙船浜，始建于 1966 年，1992 年改制并成为股份有限公司。

（31）无锡市太极股份有限公司，位于无锡市前蓉湖庄 59 号，前身是 1970 年建成的无锡市合成纤维厂。1993 年，改组为现在的太极股份有限公司，成为江苏省第一家上市的股份有限公司。

（32）无锡市第三橡胶厂，位于无锡市锡城南门外化肥桥堍，始建于 1971 年，开始生产自行车的轮胎，后来 1981 年与第三橡胶厂实行国家、集体合营。

（33）无锡市化肥厂，位于无锡市锡城南门外的焦化厂对面，始建于

1971 年，1981 年并入了无锡市第三橡胶厂。

（34）无锡市华润微电子有限公司，位于无锡市运河西路新运河畔。它的前身是当年的无锡江南电器材厂，1985 年与无锡信息产业部共同成立了无锡微电子科研生产公司，并于 1989 年更名为中国华晶集团公司，2003 年再次更名为华润微电子有限公司。

（35）无锡中萃食品有限公司，位于无锡市南长街 602 号大运河畔，始建于 1986 年，主要由无锡市粮油食品厂、香港 TFU 食品有限公司、中萃发展有限公司以及爱国建设公司合力共同筹资创办。

（36）无锡布勒机械制造有限公司，位于无锡市南长街 702 号大运河畔，始建于 1993 年，主要由无锡市粮食机械厂以及瑞士的布勒国际有限公司共同出资设立。

从以上所列举的厂商地址可以看出，即便是中华人民共和国成立到改革开放之后，无锡各类厂址的选择，重点依旧是在大运河畔，这也是今天无锡段古运河畔工业遗产众多的历史原因。

第三节　表征江南园林民国韵味

江南水乡河网密布，水资源较为丰富，这就为各种植物的生长提供了充足的水分。无锡地处亚带季风湿润性气候，分布有广泛的四季常绿树木，它们林相整齐，林冠呈微波状起伏。群落高度一般在 15～20 米，比起热带高大茂密的树木更适合美化观赏，地面植物不仅品种丰富，而且四季常有。常年的绿色植物，多样的花草品种，稍加修饰就是一幅极美的自然画卷，加之江南地区隽秀婀娜的小桥、流水、人家的生活场景，使得江南园林别有韵味，成为中国园林的一大派别。

无锡的园林除了具有江南园林的一般特点之外，最明显的亮点是山水的相依相存加中西合璧的人文情怀。园林最大可能地借助了大运河、梁溪河、惠山、锡山、青山等灵水秀山，在对山水的借用和改造装饰过程中，融入了园林主人的人文情怀，以山抒情，借水达意。

园林的建造需要大量的资金，故无锡的园林大多是工商业繁盛时期的成果。无锡工商业的繁盛从明清开始一直到民国时期，无锡的园林大部分也是在此时建造的。民国时期不同于明清时期的最大特点就是人文情怀和精神追求中融入了大量的西方文化元素，中西合璧是无锡园林不同于其他江南园林的一大特点。对此，中国著名古建筑园林艺术学家陈从周先生曾说："江南园林，明看苏州，清看扬州，民国看无锡。"

无锡园林的艺术风格，以中式传统风格为主，在继承传统古典亭台楼阁建设的基础上，融合了西式的建筑风格元素，形成了丰富多彩的园林景观。"无锡近代园林不仅传承了优秀的传统园林文化，更顺应了近代民主科学的时代精神，在民族资本主义的发展浪潮中不断成长，可谓是中西合璧、古今相济，反映了中国近代园林的发展轨迹，也是中国近代园林风格演变的缩影，在中国园林由古而今的发展历程中有着极其重要的地位。"① 在中国的园林事业发展中，无锡园林算得上是中国近代国人自建公共园林的先驱，无论是城市公园的建设，还是私人园林的公共化，都表明了园林已经从私人所有的禁锢中解放出来，并且开始为普通大众所共享，在一定程度上促进了近代国人在思想上对民主、平等、博爱等的更高追求。

一、锡城园林传承百年

根据可考历史记载，"历山草堂"是无锡最早的园林。该园林是南朝刘宋王朝司徒右长史湛挺于永初年间（420—422 年）在惠山东麓建造的别墅式园林，此处的"历山"即今日的惠山。景平元年（423 年），湛挺又将草堂施舍给佛教众徒作为佛教地，并且更名"华山精舍"，同样，华山亦是惠山的古称，"华山精舍"就是今日惠山寺的前身。南朝梁大同年间，寺内增设了大雄宝殿，因建于大同间年，宝殿又被称作大同殿。与此同时，还在殿前挖有一口泉井，名为"大同井"，亦被称为"龙眼泉"，此为惠山最为古老的泉眼。到唐宋时期，惠山寺规模不断扩大，香火愈来愈旺盛，尤其是惠山泉，后被称为"天下第二泉"，围绕着惠山泉，寺内还建造了流泉以及泉井、泉石等景观，寺与泉的空间布局，基本奠定了惠山园林的格局。

园林式寺庙是无锡寺庙的特点。唐宋年间，无锡的寺庙园林开始向太湖流域发展，其中，马山的祥符寺和"十八湾"的华藏寺，都为静雅幽然、景色内外交融的寺庙园林代表。

元代时期，园林逐渐在住宅中加以表现。当时无锡最负盛名的园林，当

---

① 朱震峻，严晨怡，王欣，等．论无锡近代园林的历史地位［J］．中国园林，2017，33（10）：47-51.

数大画家倪瓒在家乡祗陀（今东亭镇长大厦村）的住宅园林。除此以外，还有元代诗人华瑛在无锡城西门外建造的"溪山胜概楼"也是远近闻名。有趣的是，倪瓒写了一首七言律诗《与伯雨登溪山胜概楼》，描述了"溪山胜概楼"的景色。

自明朝中叶至清朝早期，无锡园林得到快速发展。园林的修建，离不开经济的发展，只有社会经济比较繁盛之时，具有一定审美情趣、情怀表达的园林建筑才可能被重视并得以发展。明中叶之后，无锡的社会经济整体上得到了较快发展。农田开垦面积不断扩大，农业耕作技术不断更新与普及，无锡"江南产粮大户"的头衔更加巩固。此外，粮食、布匹等的交易量不断增加，经济的繁荣带动了文化的发展。"仓廪实而知礼节"，无锡人不仅开始普遍重视教育方面，公、私教育开始兴盛，而且代表文化素养和经济实力融合的园林也得以发展。当时的无锡，宅园、墅园以及园林书院、诗社园林、祠堂园林、寺庙园林等都开始呈现"烂漫"之势，其中惠山园林最为突出。可惜的是，清道光二十年（1840 年）第一次鸦片战争后至咸丰十年（1860年），社会大动荡，在战争的激烈碰撞影响下，大量的园林遭到毁坏，其中就包括惠山寺、天下第二泉庭院、寄畅园、大运河中流的黄埠墩和西水墩、马山祥符寺等。

"民国时期，随着社会有志之士实业救国思潮运动的兴起，无锡的经济再次有了新的起色，经济发展和社会生态的恢复，为无锡园林的再次孕育与发展提供了机遇，于是'具有自然山水园林大格局和东渐时代特征'的无锡园林开始兴起。"① 民国时期的无锡园林，不仅数量多、规模大，而且在一定程度上是对无锡城及其周边荒芜土地的规划和治理；不仅为经济社会的发展起到了推动作用，而且留下了丰厚的园林遗产，其中尚存至今的园林依旧是无锡著名的名胜园林。

民族工商业者建造了许多至今还被誉为胜地的园林。1912 年，荣宗敬、荣德生昆仲在家乡荣巷附近购山地、植梅花、筑园林。至 1934 年，梅园的亭台楼阁等所有建筑基本建成，占地 8 亩，不仅成为无锡著名的风景区，也成为江南赏梅胜地。杨宗濂之子杨寿楣于 1921 年在广勤路建造胥乐公园，1929 年将李鸿章之弟李鹤章的祠堂修改成惠山公园。杨翰西于 1916 年在鼋头渚始建横云山庄，1917 年置鼋头渚山地 4 万平方米，筑路筑屋，利用太湖山川资

---

① 沙无垢 . 无锡园林十二章［M］. 北京：中国建筑工业出版社，2019：30-31.

源开发鼋头渚风景园林。后期由荣张浣芬（荣家媳妇之一）于 1918 年在横山之麓建造的桃园；由陆培于 1918 年在东大池始建，并于 1927 年转让给徐燕谋的小桃园；由陈子宽、荣鄂生分别于 1921 年、1929 年始建的中独山子宽别墅和小蓬莱山馆；由杨翰西捐地，量如和尚于 1924 年筹建的广福寺；由陈仲言于 1924 年在充山之东、鹿顶山南麓建造的若圃，即陈家花园；由蔡缄三委托量如和尚于 1925 年在广福寺旁建造的退庐；王心如于 1927 年建在充山西南、面对太湖的太湖别墅；1927 年，王禹卿在湖畔斥资造盘园；1929 年，荣氏兄弟在太湖边的小箕山，买荡地 250 余亩修筑锦园；1930 年，陈梅芳在盖园旁，填芦苇荡，叠假山，植树木，筑渔庄，这些园林让青山绿水的无锡锦上添花。1928 年秋冬之间，党国要人蒋中正、阎锡山、李济深、何应钦等先后来锡游览，他们对无锡的天然胜境赞不绝口，认为无锡称得上是"风景都会"，"将来扩而大之，不难与南京之'政治都会，上海之经济都会'鼎足而三"。陈梅芳于 1930 年始建的紧靠蠡园的渔庄（又名赛蠡园）；郑明山于 1931 年建于充山沿湖山坡的郑园；著名教育家、工学先驱、国学大师唐文治于 1934 年修建的位于宝界山麓、面向五里湖的茹经堂等。1950 年，由无锡士绅集资建造的锡金公花园，即城中公园，是我国近代史上最早建造的、为社会大众服务的城市公园。具体如表 2 所示。

表 2　无锡近代太湖园林代表性的西洋建筑情况[①]

园名	建造年份	园主	位置	现状
梅园	1912 年	荣德生	横山	完好开放
杨园	1915 年（重建）	杨翰西	南犊山	完好开放
万顷堂	1915 年（重建）	杨翰西等	北犊山	部分完好或改建
桃园	1918 年	张浣芬	横山南麓	今为梅园横山风景区的一部分
横云山庄	1918 年（始建）	杨翰西	南犊山	完好开放，今在鼋头渚景区内

---

① 刘晓明，薛晓飞，顾怡华，等 . 论无锡近代园林的艺术价值 [J] . 中国园林，2017，33（10）：52-56.

续表

园名	建造年份	园主	位置	现状
王家园	1921 年	王运初	军嶂山	无迹
广福寺	1924 年	量如等	南犊山	完好开放，今在鼋头渚景区内
若圃（陈家花园）	1924 年	陈仲言	充山	今为鼋头渚景区充山隐秀景点
蠡园	1927 年	王禹卿	蠡湖边	完好开放
太湖别墅	1927 年	王心如	南犊山	完好开放，今在鼋头渚景区内
退庐	1928 年	蔡缄三	南犊山	完好开放，今在鼋头清景区内
锦园	1929 年	荣宗敬	小箕山	完好，外事专用
小蓬莱山馆	1930 年	荣鄂生	中犊山	已毁，今为太工疗养院
渔庄	1930 年	陈梅芳	蠡湖边	完好开放
郑家花园	1931 年	郑明山	南犊山	今为鼋头渚后省干疗养院
茹经堂	1935 年	唐慰芝	宝界桥前	完好
何家别墅	不详	何缉伍	南犊山	今在鼋头渚景区内
镇山园	不详	胡雨人	荣巷以西	改建为血防站
子宽别墅	不详	陈之宽	中犊山	已毁

　　住宅园林是无锡园林的一大特点。顾名思义，住宅园林就是将住宅园林化。无锡士绅在推进园林发展的同时，住宅园林化成为当时的一种时尚追求。目前，在无锡城内至今保存完好或基本完好的住宅园林有：位于城西的钦使第（薛家花园），由薛福成筹划、其子薛南溟具体经办，建于1890—1894 年；由杨味云于 1908 年建在城中长大弄的云薖园；由薛南溟始建于1911 年，后成为其子迎娶袁世凯女儿袁仲桢的欧洲巴洛克风格住宅园林；由蒋东孚于 1925 年建在城南汤巷的香草居（蒋家花园）；由秦毓鎏于 1921 年建于福田巷的佚园；由缪斌于 1932 年建在新生路的缪公馆；由王禹卿于 20世纪 30 年代建在中山路的花园洋房等。此外还有周舜卿于 1900—1902 年在家乡建成周新镇后，在该镇临水佳处建造的显示门第的"避尘庐"，宅园内有假山、莲池、曲桥等，搭配种植了四季花木，并建中西合璧的观山楼。

1927 年，唐星海为贺父亲唐保谦六十大寿，于大运河畔蓉湖庄构建的蓉湖别墅，中华人民共和国成立后辟作蓉湖公园，1958 年因开挖新运河便废弃了。具体如表 3 所示。

表 3　无锡近代城邑园林主要建设情况①

园名	建造年份	园主	位置	现状
薛福成故居（薛家花园）	1894 年	薛福成	西门学前街	2003 年修复开放
高氏花园	清末	高松舟	西门外高氏祠堂后	无迹
随寓别墅	清末	华子随	西门宏仁栈	无迹
锡金公园（公花园）	1905 年	邑绅筹建	城北	逐年扩建，开放
云蕴园	1908 年	杨味云	长大弄	2003 年列为市文保单位，现交还杨氏后人
香草居（蒋家花园）	1925 年	蒋东孚	汤巷	尚存遗迹
辟疆园	1927 年	顾康伯	欢喜巷	无迹
佚园	1928 年	秦毓鎏	福田巷	现为市文物遗迹控制保护单位
芝兰草堂	1931 年	汪大铁	七尺场	无迹
薛汇东旧居花园	1917 年	薛南溟	前西溪	省文保单位，现为无锡市史志办公地
王禹卿旧居花园	不详	王禹卿	今城南中山路	现为梁溪饭店

从古至今，无锡园林充分传承了江南水文化特色，延续了其依水而建，追求自然的理念，在立意上因地制宜、景面文心，在布局上集锦为整、小中

---

① 刘晓明，薛晓飞，高凡，等. 论无锡近代园林的艺术价值［J］. 中国园林，2017，33（10）：52-56.

见大，在山水上寓假于真、动静交成，在花木上适地造花、主题造景，在建筑上继承传统、推陈出新。无锡园林最突出的特点，即从自然中来到自然中去，与大自然形成完美的融合，从其历史的园林来看，造园已经和自然山水、城池、交通的综合布局相互交融，形成"小园林，大环境；小天地，大自然的浑然一体的曼妙境界"①。

此外，无锡造园林时还十分注意保护原有的古树、大树以及山体体表之上的天然植被，在寺庙园林的建设上更是不乏绿化理念的植入。"山水植物皆备于我的独具优势的自然生态特色，让无锡园林从萌芽开始便与自然有着不可分割的整体联系。"②

中华人民共和国成立以后，为了响应毛泽东"绿化祖国"的号召，无锡在 1950—1952 年、1958—1959 年分别掀起了以荒山造林、封山育林、实行大地园林化为目标的两波绿化热潮。改革开放后，在全国人大关于开展全民义务植树运动的决议公布后，无锡城乡绿化无论在深度还是广度方面都进入了发展新阶段。在 21 世纪，无锡市在 2003 年开始实施"绿色无锡"三年行动计划，2006 年又接着实施第二个"绿色无锡"行动计划。

绿野阡陌、层林尽染的绿化风貌，让无锡迭获国家园林城市、国家森林城市、中国优秀生态旅游城市、国际花园城市等殊荣。在这新的历史时期，先是一批古典园林、近代园林经保护、整修、缀联、拓展，形成今日锡惠名胜区（锡惠公园）、梅园横山风景区（梅园公园）、太湖鼋头渚风景区、蠡湖风景区及蠡园四大板块。其后，一批新园林就地兴起，诸多园林在生态建设和文化建设上都取得了令人瞩目的成绩。对此，周干峙先生评价道："无锡在建设新园林过程中，注意了历史文脉的传承和对先人造园艺术的借鉴。不少新园林在新的历史条件下，在更广阔的天地里发挥创造性，而留存的古典园林和近代园林又得到良好保护，如寄畅园、天下第二泉庭院、荣氏梅园、锡惠名胜区、鼋头渚、蠡园、公花园、泰伯庙和以大佛著称的灵山胜境——祥符寺等，都取得令人瞩目的成果。"

改革开放后建设的无锡新园林主要有：央视太湖影视城、灵山胜境、雪浪山生态景观园、军嶂山龙寺生态园、马山龙头渚公园、惠山国家森林公园、青山公园、太湖花卉园、黄埠墩和运河公园、江尖公园、西水墩文化

---

① 沙无垢．无锡园林十二章［M］．北京：中国建筑工业出版社，2019：31-32.
② 沙无垢．无锡园林十二章［M］．北京：中国建筑工业出版社，2019：32-33.

公园、吴文化公园、清扬公园和靖海公园、鸿山遗址公园、长广溪国家城市湿地公园、梁鸿湿地生态公园、湖滨带状湿地、十八湾湿地、尚贤河湿地、锡北运河湿地公园、惠山新城湿地公园、管社山湿地等。"年轻的风景园林、旅游胜地，随着绿植的逐年滋养，人文的逐年积累，意境的不断优化，其在不断进化的同时，也在将无锡的自然园林理念不断加固、发扬、创新、深化。"①

二、人园合一意境高远

"天人合一"为中国哲学思想的重要特点。儒、释、道三家都在追求天人合一境界，在它们看来，自然界中的天、地、人是统一的。《易经》的三才之道，就是将天、地、人统一，并将人放在中心地位。《庄子·达生》曰："天地者，万物之父母也。"天之道在于"始万物"；地之道在于"生万物"；人之道就在于"成万物"。《易经》进一步说，"立天道曰阴阳，立地道曰柔刚，立人道曰仁义"，要"观天道以立人道"。无锡园林将天人合一、道法自然的思想最大限度地应用于园林建造中，营造了人园合一的境界。

无锡园林与苏州园林同属于江南园林，不同之处在于无锡的园林建造以真山真水为基础，苏州的园林只是将人工山水做到极其精致的水准。"无锡的园林是'大环境，小园林'，即巧妙地利用园林所在地的地形地理特色，将自然之势与建筑之形巧妙地融为一个整体，达到园林与自然和谐一体的最高境界。"②

锡城园林的建造与水有着密不可分的联系。大多数园林都应用了理水造景原理，借水之灵气提升园林之生气。无锡园林的水源主要有三类：一是运河之水，因运河河网密布，运河沿岸的园林，主要是引运河之水，制造园林的天然灵动之势；二是山泉之水，由于无锡地下水源丰富，且下引惠山、锡山之泉较便利，故而清澈跳跃之泉水自然成为园林的一大水源；三是太湖之水，太湖之水对于无锡人来说，无疑是一大重要水资源供点。

一般而言，园林的建筑不能是呆板的线条勾勒，而是富有生命的气息汇聚，是万籁凝聚成的乐章，是万物写成的新诗，是自然绘出的水墨画。"一方园林的特点，既是一方人对生命与自然的认识与见解，也是一方人性格的

---

① 沙无垢. 无锡园林十二章［M］. 北京：中国建筑工业出版社，2019：31-33.
② 沙无垢. 无锡园林十二章［M］. 北京：中国建筑工业出版社，2019：11-12.

真实写照。"① 因此，园林中建造的厅堂楼阁、轩榭斋馆、亭台廊桥往往各具特色。无锡园林建造把江南风情与无锡气息展现无遗。

第一，在顺应地势的原生态方面形成优良传统。山水之间古木参天，参天古木造就山水美景。这一点，在寄畅园体现得最为完全。寄畅园始建于明朝时期，园基当中本就有许多合抱粗的"古木乔松"，而到了清朝时期，"康乾盛世"便使得这一特点更加突出，甚至已经达到了"一树一景"的精妙。

第二，在选择优势花木造就一园特色景观方面别出心裁。江南花草盛，无锡园林将江南的花草特色凸显于园林之中，无锡的五大园林享有"五朵金花"美誉，即梅园的春梅秋桂和蜡梅，鼋头渚的樱花、兰花以及花菖蒲，锡惠公园的杜鹃花和菊花，蠡园的桃花和荷花。在历史传承过程中，无锡的梅、兰、鹃、菊已被列为国字号的种源基因库。

第三，在建设花卉相关的专园方面独树一帜。专类花园按照一定的造园意图进行园林布局，享有"五朵金花"的无锡园林，都拥有自己的花卉专园。梅园以"梅"为核心，将400多个梅花品种、10000余株梅花进行了精巧独到的设计，开创了一代风气之先并且成为出神入化的造园艺术的集大成者。同时，鼋头渚江南兰苑的艺术成就也不容小觑，鼋头渚引种兰花50余属180种，数千盆之多，它把对兰花的保护和艺术呈现集中表现出来，同时也完美地做到了对兰花种植资源的充分保护。

第四，在精神上以文为魂提升园林的意境空间。无锡园林多依托河流山水与人文作品的融合提升园林意境和人文情怀。运河沿线的各大园林尽可能借助与运河相关的文人墨客之墨宝，或各类遗址之留存来提升园林的文化意境。一般地，园林人文意境主要是通过三个方面来实现的：一是通过修复古遗迹，深挖每个园林蕴含的价值底蕴；二是借助外物，托物起兴，从而深化了整个园林的文化内涵；三是通过题写匾额来增加整个园林的意境氛围。无锡人在历史上重商更重文，因此在园林建造上尤其重视人文意境的挖掘和展示，以显示商业实力背后的人文底蕴或人文情怀，同时在一定程度上提升了社会的认可度。

无锡现存有明显特色的园林有：

（一）黄埠墩

"水流贵缓不贵疾。"大运河自黄埠墩进入无锡城后，水势缓流，便利了城

---

① 沙无垢. 无锡园林十二章［M］. 北京：中国建筑工业出版社，2019：12–13.

里人的生产生活。清代康熙年间的《无锡县志》中曾经提及："黄埠墩……，形家言，邑之山脉从西北来，至惠山、锡山伏而东南行，由水底起为是墩，乃走城中，再起金匮，乃结聚而成县。又水势直下而益广，需以此砥之，故谓黄埠墩为天关……"黄埠墩对于整个无锡的意义不言而喻。

黄埠墩处于无锡关口之地，因出行之人多求平安，墩上曾建有佛寺，后毁于太平军与清军交战的战火之中。后来李鸿章主持重新修建佛寺，将地形地势与人文情怀融为一体，环墩而筑有六面形四十二间转盘楼，黛瓦粉墙，朱漆门窗，虚其中为天井，供奉观世音菩萨和地藏王菩萨，正门朝向惠山浜，也就是惠山、锡山的方向，显示天关的意义。

20世纪80年代再修黄埠墩时，因有文天祥两过黄埠墩的说法，将原来的仪门以及戏台合建成大门朝北的正气楼；主楼南侧接出敞阁式的原戏台，楼阁整体构造成了"凸"字形，南面临水处建码头、平台以及门头，楼阁和门头之间便是庭院，环墩作为矮墙。2014年，黄埠墩因特殊的地理位置，被确定为"江南运河无锡城段"的起点。

（二）寄畅园

寄畅园西靠惠山，向东面临惠山横街，南侧又是惠山寺，北侧为听松坊。寄畅园的东南方向便紧邻锡山，西南方向又和"天下第二泉"相距不远。寄畅园把二泉之水引入园中作为取景之用，在整个院子的建造上，寄畅园既占据了地利，也占据了人和，所以在江南的园林建造当中能够独树一帜。

寄畅园久经坎坷，最终获得重生，重新修葺的寄畅园，内有郁盘亭廊、知鱼槛等建筑，又加上不断地疏浚水系整修园路，渐渐恢复了它古木清幽、苍凉辽阔的韵味。

（三）锡惠公园

锡惠公园是无锡人美好生活之地。公园内置景观小园多样新奇。龙光洞始建于1974年，主洞口在锡山的南麓，有题额"隐辰"，暗含在其山下有龙潜卧之意。施墩遗址位于锡山的南麓，遗址上有音乐喷泉广场。位于音乐喷泉广场中轴线正上方的九龙壁，建成于1987年，属于彩陶制的影壁壁画。百花坞，前身是当年准备修建的"牡丹坞"，后来百花齐聚，便更名为百花坞，内设百花亭，浅坡幽壑，可行可憩，别有一番韵味。映山湖位于锡山和惠山之间，其为"秦始皇坞"的旧址，锡山和惠山的云影倒映在湖水当中，因而得名"映山湖"，充分体现了山因水而活的独到。春申涧是映山湖的活水源头，系惠山第一坞"白石坞"的天然石涧。

锡惠公园的园中之园——杜鹃园，坐落于惠山头的茅峰东麓，其前面是映山湖，向北便是阿炳墓。原址本来是荒木杂草丛生的坡地，其地势呈现西低东高，中部有土坎，顺着山坡还有土涧和池塘。杜鹃园本为1978年准备开设的杜鹃花专类园。诗情画意的杜鹃园，既表现出鲜明的江南特色，又增添了独具创新理念的时代精神。因地制宜地叠山、引泉、造房所营造的意境，在观赏结束后总是给人一种意犹未尽的感觉。

（四）吟苑

吟苑向西紧靠着锡山，东面便是京杭大运河，与锡惠公园仅仅是一路之隔。吟苑的盆景艺术堪称艺术界无声的诗立体的画，整体上属于小园，适合于静态观赏，有较多的驻足点，仿佛在欣赏一幅画卷。

（五）蠡园

蠡园位于风光秀美的蠡湖之滨，是蠡湖风景区园林当中被众星捧月的一园。其湖面东西铺展，湖的南端与长广溪口遥相呼应，湖西的漆塘山、宝界山、充山南北向绵亘不断，整体形成的线条非常优美，因而成为一处绝妙景地。

（六）梅园

梅园注重梅的生态与环境的整体性。在修建梅园时，不仅仅是以梅为主，更追求"四面有山皆入画，一年无日不看花"的完美境界。在植物园、植物造景工艺上开创了一代的风气之先。到了梅园，如果映入眼帘的全是梅花，反而凸显不出梅花的高贵典雅，只有做到"无日不看花"的美景，方能真正体现梅花的大家风范，这也是绿色造园的辩证法和一大诀窍。

梅园风景呈现动静结合的特点。荣氏的梅园向东起于东山，是一座南低北高的小山坡，园景就顺着山脊逐渐向上，一路展开，到达"小罗浮"石刻后，再向东便是浒山，这时的眼界便会更加开朗。接着再沿着浒山向东前进，便来到了豁然洞，通过该洞的上端便可以直达浒山的山顶，后顺坡而下，在山麓处，便是让心宁静的开原寺。

梅园建造着眼于塔、墅、寺的浑然天成。首先是"梅园"石刻、紫藤棚以及洗心泉；接着便是由紫藤棚向前的湖石奇峰、天心台亭以及大片的梅林进入视野当中；再到梅林深入，另有一番韵味，一组精致的建筑迎面而来；最前面是香海轩，始建于1914年，采用了中西合璧的建造方法。香海轩再往前的广场上，是大片的红枫林和飘香丛桂。香海轩又与诵幽堂相连接，在诵幽堂的西侧是留月村，东侧便是荣德生的乐农别墅。诵幽堂后面，又有招鹤亭和"小罗浮"刻石，一放一招，打破时空界限，使人产生无限的联想。浒山的景色构造，是位于最高处的整个梅园舍我其谁的点睛之笔。

（七）横云山庄

位于鼋头渚的横云山庄，名称来自其所在山势的特点。无锡的山多数呈现东西走向，而横云山庄所在位置的山势呈南北走向。基于山势特征，其擘画构筑将人的审美感渗透自然山水当中，整个景区"以天然风景为主，人工点缀为辅"，如沿横门向上而行，沿着游道走，上行而西拐，山坡上便能见到中日梅文化观赏园、小金谷等景点；再继续向上，又可以见到位于横山之巅的吟风阁。整个横山景观与四周景色紧密串联在一起，构成"息息相关"的园林特点。景区水抱山环，风景极具层次感。在继承发扬中国古典园林的艺术手法之上，在相地、立意、借景、建筑风格以及空间的处理上，都因地制宜地采用了传统的手法并加以创新，即"以人工美来提炼天然美，于苍茫中出典雅"，用生动的建筑语汇，勾勒了无锡太湖北一角秀美的风景轮廓线。

（八）太湖园林

无锡位于太湖之滨，在造园时秉承"自成天然之趣，不烦人事之工"的修建理念，因而能成为园林建设的绝佳选址。太湖园林依托太湖，多为真山真水的山麓园林，因境成景。

"太湖园林继承了中国古代在园林建造上追求'巧于因借'的理念。在选址方面巧妙地依托岛屿的自然地形与湖岸线的开合关系灵活选址，从而形成独特的视觉景观与空间体验。"[1] 因无锡紧邻太湖的北岸，故山水结合的绝佳之处尽被无锡所有。境内东南部的军嶂、龙王、石塘、大浮诸山，中部的宝界山、充山、鹿顶、南犊诸峰，西部的闾江、鸡笼、莲花、石埠等，这些山峰环绕形成太湖的左右两翼。接着在北侧的大小箕、后湾等与之汇合相交，从而形成了太湖被群山环绕的局面。而在太湖湖中，又有中犊、马迹、拖山、大小椒等大大小小的岛屿，散落在阔大的湖面当中。太湖园林便成为诸多园林的总称。

近代以来，鼋头渚是修建园林的绝佳选址之处，先后建成了横云山庄、太湖别墅、若圃、茹经堂等。鼋头渚是南犊山伸入太湖的一个面积并不算大的山渚余脉，因其状如鼋头而得名。在风景区内，山湖间构成一种平岗浅

---

① 朱震峻. 中国无锡近代园林［M］. 北京：中国建筑工业出版社，2019：77-78.

林、山外有山的延绵韵味。这些山峦与岛屿纵横，形成湖中有湖之状，于是鼋头渚便有了海的雄伟、湖的秀丽。"在'借景'的基础上加以巧妙的构思与结合，形成鼋头渚因势而成的独特风格。"① 值得指出的是，古代被称为无锡湖的芙蓉湖，距离惠山和锡山不足 1 千米，并且与无锡城西的梁溪相互贯通，因而组成了无锡山水名城的第一个层次。在鼋头渚所见的是太湖流域典型的吴中平远山水，只要能因地制宜地随形布局，所到之处，便只剩宜人了。

《园冶》中提及的"江湖地"对园林建造起到锦上添花的作用，在无锡的园林中体现得淋漓尽致。如横云山庄，位于鼋头渚的西南方向，得尽山湖之最。山庄紧靠湖面，有湖中诸岛可供欣赏，远处绵连的山峦与近处的湖水随时相互组合，既错落有致，又富于变化，形成缥缈的动态美。人工营造的万浪桥为广袤的湖面添加了一笔灵动，登桥远眺群山远水，与横云山庄平分秋色，别有一番韵味。

锦园，始建于 1929 年的无锡小箕山，锦园在最初是荣宗敬用来庆祝六十大寿的私人别墅，因荣宗敬又名宗锦，故名"锦园"。锦园位于小箕山沿湖的平坦地段，四面环水，是赏太湖之景的绝佳之处。在锦园的东北方向为管社山、梅梁湖，东南方向则与鼋头渚隔湖而望，西南方向湖中又有三山，其中管社山与小箕山构成对景，视线所到不同之处，景色随之不同。锦园以荷花著称，园中四方池塘红白荷花每逢盛夏便清香四溢。荷花现如今已经成为锦园的标志，故而也有了"锦园风荷"的佳话。

《园冶》中所提及的"江湖地"与"山林地"相互对应，无锡园林的建设，不仅得益于水文化的富蕴，而且得益于山水文化的相互结合。绵延不断的层层山峦，为园林景色增加了美好的视觉效果。太湖园林大多背靠山峦，面向湖泊，所以将主体建在了岛屿的制高点上。早期的太湖别墅七十二峰山馆和荣鄂生的小蓬莱山馆，都属于视野开阔型，可以将太湖山湖风光尽收眼底。

与蠡园和鼋头渚内各大园林景观采景较高、视野开阔不同，梅园的选址位于距离太湖较远的荣巷西端，紧邻山体。整个梅园东、西、北侧均被山峦环绕，南临蠡湖，呈现南向开放的格局。"借助山体的制高点结合远景创造视觉效果，再结合近水营造视觉美感，景随观赏地点而变化，从而达到移步

---

① 朱震峻. 中国无锡近代园林［M］. 北京：中国建筑工业出版社，2019：77–78.

换景的效果。"①

景观的高低排布营造出疏密相间、开合有致的空间节奏以及理性的曲线序列，使得太湖园林具有自然的灵动与优美。梅园的线条结构出奇独特，太湖别墅的开合变化出神入化。沿着太湖园林一路游览，旷奥相济，变化多端，游览者的心胸也随着景色变化而开合收放，带来无尽乐趣，必生流连忘返之感。

（九）惠山祠堂园林

惠山古镇位于惠山的东部山麓区，因天下第二泉顺山而下，形成了山水一体的磅礴气势。同时，京杭运河一大支流惠山浜直通惠山古镇的腹地，更为惠山古镇增添了水之美感。由于依山傍水、负阴抱阳的山水地理优势，古镇祠堂密集，因其空间有限，大多数祠堂以巧妙的院落建筑布局营造了丰富的视野空间。近代以来，包括王恩绥祠、杨氏潜庐在内的祠堂园林，都与其周边的环境进行了巧妙的结合。

祠堂园林修建，巧妙地借用了水之灵动。惠山浜流经惠山腹地，为园林整体提供了水的灵动美，园林因此鲜活起来。"古镇祠堂正门借助运河水脉向水而建，此外，祠堂的主轴线大多数也是采取与运河水脉相互垂直的方式。与王恩绥祠、杨氏潜庐以及李公祠虽在选址地形上各有不同，但是在与水的结合方面，却有着异曲同工之妙，均体现了'门前玉带水'的设计概念。"②

惠山古镇地理位置的特殊性与祠堂对空间位置的特殊讲究，促成祠堂园林的主轴线大多与锡山和惠山相一致，借景成园便成为一大特色。例如，王恩绥祠堂中路四进院落的中轴线，其在空间上与锡山的龙光塔相一致；进院后能够发现，庭院是逐渐抬升的，最后一进叠置黄山假石，暗喻这里是锡山的余脉，此后便是破墙而入，增添了整体的真实感，给人幽静的身临其境之感。杨氏潜庐的借景更是令人叫绝。整个杨氏潜庐的两条主要轴线采取相互垂直的形式，其中一条从祠堂的正门开始，正对西山的龙光塔，若沿此线进院观赏，那么几进的院落均能够将西山的景色收入眼底。而另一条轴线为东西向，朝向惠山，用来增添纵向的空间深度；在轴线西段，在台基上修建了"望山楼"，是观赏山景的绝佳之处。

---

① 朱震峻. 中国无锡近代园林 ［M］. 北京：中国建筑工业出版社，2019：80-81.
② 朱震峻. 中国无锡近代园林 ［M］. 北京：中国建筑工业出版社，2019：81-82.

（十）城邑园林

《园冶》记载，与江湖地、山林地相比较，在城中修建园林难度最大。不过，江南地区水网密集，满足园林对水的要求，所以城内造园成了江南地区众多达官显贵、情趣之士的追求。在众多城内园林中，具有代表性的是薛福成宅园。

薛福成宅园在风水选取上十分讲究。薛福成宅园紧邻无锡旧城的运河水脉汇点西水关，基址四周是密布的河网，与护城河相互连通，在交通上出入水路十分便利，同时也为修建提供了充足的水源。从风水上来看，此处选址正应了"门前若有玉带水，高官必定容易起"的美好寓意，因而成了文脉历史悠长的风水宝地。

薛福成宅园整体上呈现长方形的布局，因风水考量，东南、西南两角微缺，也正因为如此，后期完工后宅园呈现"凸"字形。在大的整体格局上，宅园的规划则是比较规则的，整个宅园分为外宅和内宅，在此基础上，分为中、东、西三条主要主轴线；中轴线前伸，两翼向后收缩，俯瞰宛若大鹏展翅，实现了宅园与人意的融合。

近代的园林修缮在其空间的布局以及虚实关系的处理上，与惠山园林有着异曲同工之妙。无论是薛福成宅园，还是王禹卿故居的园林部分，园中水景都占据着重要地位，水面倒影与现实景观相互结合，虚实相伴交相辉映，在原本的自然美之上更是无限延伸了整个景观的意境。

三、旅游度假发端锡园

自民国开始，中国经济进一步被卷入世界经济潮流，国民政府为适应世界经济的发展，改变中国羸弱无能的落后状态，开始把注意力集中到发展经济方面，并采取了一系列扶持民族资产阶级和资本主义发展的经济政策，迅速批准创办了一批民族实业。直到抗战之前，中国民族资本主义的发展势头持续不衰，出现了中国近代经济发展史上的黄金时期，社会各项事业也得以持续发展。国民消费需求总量和结构呈逐渐上升态势，城市居民出现了追求精神生活质量的趋势。无锡抓住时代发展趋势，应用自身的优势，在休闲、娱乐、度假等方面快速成长，以至成为中国近代旅游业的发端地。

旅游休闲活动通常是围绕城市的形成发展以及人口流动产生的。民国时期，随着城市近代化水平发展的不断加深，无锡逐渐成为以上海、南京、苏州、杭州为主体的长江下游城市群的重要城市之一，引发了以工商贸易、观光考察、会议公务、探亲访友、休闲娱乐等为目的的客源在城市之间、城乡之间流动，为无锡近代旅游业的发展提供了人流基础。同时，随着新式交通工具的陆续出现，越来越多的中国人开始乘轮船、火车出行。交通、环境、城市化进程都为无锡旅游业发展提供了天时、地利、人和的优越发展条件，加之无锡秀美的江南水乡风情和浩渺雄壮的太湖逐渐为人所知，无锡近代旅游业发展可谓蒸蒸日上。当然，无锡风景旅游休闲度假活动也是国人在与西方接触过程中，思想观念逐渐从闭塞走向开放、从保守走向变革的表现和产物。

无锡太湖园林群促进了无锡风景旅游业的发展。杨瀚西、荣德生等在建造园林时，都曾提出过美好的规划愿景，即通过架桥铺路的方式连接环湖各景点，打造完善的基础设施，达成环太湖风景区的建设目标。陈植先生曾撰写《国立太湖公园计划》，希望通过以西方国家公园的建设实践为参考，部署太湖公园计划的建设。陈植先生在当时已经意识到"都市生活过于机械"，希望太湖公园成为"野外休养地之肇端"，故此后不久便有了"郊外天然胜地资以修养之要求"的应运而生。可以说，先进的太湖风景区规划，为开启全新的旅游模式奠定了良好的物质基础，极大提升了无锡地区旅游项目的竞争力。

无锡近代园林的开放性和旅游基础设施的完备性，使无锡成为旅游休闲度假的理想之地。除了如锡惠两山的传统名胜外，以横云山庄、梅园、蠡园为首的无锡近代太湖名园，不仅拥有优美宜人的风景，园内旅舍、餐馆、浴室、泳池、舞池等休闲游乐设施更是一应俱全，在当时可谓名声大噪，吸引中外各界人士慕名而来。民国时期，南京、上海两地政要显贵，多利用周末时间来锡休闲度假，造访名园。1937 年 4 月 4 日《新无锡·湖滨裙屐》载："财政厅秘书姚挹芝，昨亦来锡游览，寓蠡园颐安别业。海上文艺家周瘦鹃、陈小蝶，名画家胡伯翔等时联袂抵锡，同寓蠡园。"可见在当时，秀美的山水和开放的近代园林群，使无锡成为长三角地区旅游休闲度假的首选之地。总体来说，"无锡近代园林为休闲旅游提供了极大的便利，是中国近代风景旅游休闲度假的发端"[①]，为后来的中国休闲旅游事业发展提供了重要的借

---

① 朱震峻，严晨怡，王欣，等.论无锡近代园林的历史地位［J］.中国园林，2017，
　33（10）：47-51.

鉴，同时，无锡对园林事业的进一步开放式发展，也对近现代休闲旅游事业的发展进行了更加深入的开辟与深化。

第四章

无锡段运河文化遗产的多重价值

文化遗产是历史留存的文化物证，是民族历史的共同记忆，是贯通历史、当下、未来的纽带和桥梁。"文化遗产的保护关乎民族未来，关联文化安全、关系人民福祉，蕴含着对民族复兴、文化繁荣、人民生活美好、世界和平发展的价值向往。"进入新时代以来，以习近平同志为核心的中国共产党高度重视文化遗产的保护问题。党的十九大明确指出"加强文物保护利用和文化遗产保护传承"。习近平总书记在国内外不同的场合多次提出要保护利用文化遗产，提出"保护文化遗产，是各级党委、政府的历史使命和神圣职责""像爱惜生命一样保护好历史文化遗产""树立保护文物也是政绩的科学理念"等，并在不同场合和实践活动中身体力行。对于文化遗产的价值问题，习近平总书记强调：要"让收藏在博物馆里的文物、陈列在广阔大地上的遗产、书写在古籍里的文字都活起来，丰富全社会历史文化滋养"。这是中国共产党站在历史发展新高度对文化遗产保护管理的新认识，为中国文化遗产事业的创新发展指明了新方向、提供了新遵循。

保护文化遗产的动力，来自文化遗产的价值。活化文化遗产，也是对文化遗产价值的利用。对于文化遗产而言，其价值往往是多维的而非单一的，正是其价值的多样性推动着保护利用的创新发展。

中国大运河作为世界文化遗产，具有世界性的、普遍的杰出价值。世界遗产委员会认为："大运河是世界上最长的、最古老的人工水道，也是工业革命前规模最大、范围最广的工程项目，它促进了中国南北物资的交流和领土的统一管辖，反映出中国人民高超的智慧、决心和勇气，以及东方文明在水利技术和管理能力方面的杰出成就。历经两千余年的持续发展与演变，大运河至今仍发挥着重要的交通、运输、行洪、灌溉、输水等作用，是大运河沿线地区不可缺少的重要交通运输方式，在保障中国经济繁荣和社会稳定方面发挥着重要的作用，符合世界遗产标准。"① 跨越 2500 年历史的大运河，

---

① 世界遗产委员会对中国大运河的评价［EB/OL］. 运河学研究院，2014-06-22.

对中国的经济、政治、文化、军事等产生了深刻的影响，其价值是丰富多样的。无锡段的大运河，除了具有一般性的价值之外，地方性价值更为丰富和明显。

第一节 运河文化遗产的历史价值

无锡段运河的历史价值，指向运河价值的地方性，即以无锡为坐标，挖掘大运河对无锡历史的价值。

遗产是由先人遗留下来、被后辈所继承的遗留物，它可以是物质层面的、可视可感的，也可以是观念层面的、内在无形的。从遗产的本身来看，任何遗产事实上都与特定共同体的"过去"有关，具有特定的历史内涵和历史意义，历史性是其最重要的特征。文化遗产的历史特征指遗产来自过去，带着历史的光环，与历史、记忆直接相关，是对已经逝去的历史事件和过程的客观见证，承载着特定民族、国家、地区或是家族的历史记忆或集体记忆。它是现时代人们无法越过的历史实在，是人们必须面对且接受的历史条件或历史环境，是认识自我的历史基因。虽然文化遗产是当下社会选择和建构的结果，但其本身具有的物质性是客观的，这些客观性不会因为社会的选择和建构而失去特性。文化遗产作为历史的遗存物，是不可再生的，具有唯一性和脆弱性。

文化遗产是人类社会实践活动的产物，印刻着人类活动的历史印记，其历史价值主要表现在遗产所承载、烙印的文化价值方面，是传承历史文化一条必不可少的链条，是确保人类共同体拥有的文化基因得以传承发展的重要方式。此外，文化遗产除了本身的价值之外，在历史进程中还产生了大量的附加值。文化遗产的附加值主要表现为三个方面①：过去的价值，展示的价值，差异的价值。其中关于过去的价值是最重要的价值。联合国教科文组织在《保护世界文化和自然遗产公约》中就对文化遗产的历史向度做出了规定，如对属于文化遗产的文物、建筑群、遗址等，明确指出要从历史的角度审视其价值，并要具有突出的普遍价值。

---

① 彭兆荣. 文化遗产学十讲 [M]. 昆明：云南教育出版社，2012：58.

一、见证着无锡历史的演变过程

城市是伴随着人类文明进程而出现和发展的，城市遗产也就成为城市历史的表征。纵观文化遗产的保护历史，起源于对城市建筑和城市肌理的保护。英国学者拉斯金在 19 世纪后半叶提出了保护城市遗产的概念，他认为城市遗产具有纪念和地域价值，二者都可以唤起人们对城市历史的回忆，是城市文化的象征。曾经在城市历史上形成的商业区、居住区，"反映着历史城区城市生活的场景与状况，为现代人传达着先人们生存的典型片段和信息"①，城市中的桥梁、寺庙、老宅等，则真实地展示着城市的历史足迹；因人而存在的丰富多彩的非物质文化遗产和社会习俗等，在更多层面上体现着城市的独特性和地方性。城市的各种自然地理特征和人文历史风貌，都是城市遗产的历史积淀，既呈现着城市在历史发展进程中的变迁，也延伸着城市的历史文脉。

无锡段运河遗产，不仅是无锡城市历史进程的表征，而且是无锡城市文脉传承的历史见证，还是新时代无锡城市的"芯"。无锡环城运河，既是无锡从运河边的自然村庄到无锡县再到无锡城、无锡市的历史见证，也是无锡在历史演进过程中，各级政府组织对运河与其他河流、湖泊水患治理历史变迁的见证，蕴含着无锡城、无锡人与运河共生共存的复杂关系。清名桥街区的地标建筑清名桥，不仅见证了无锡城市工商业发展的兴衰沉浮，而且表征着吴地人主要是无锡人对"义"的追求和实践。儒家倡导"君子之仕也，行其义也"，即作为君子，为实现理想，可以为官从政，但要承担社会责任，努力为社会大众服务。清名桥就是儒家君子践行社会责任的一个典型。清名桥位于南门外的古运河与伯渎港交汇处，具有交通要塞的功能。一座桥梁通两岸，大大便利了民众生产生活的同时，也成为无锡人特别是社会名流效仿传承的榜样，在历史长河中不断引领着无锡各大家族捐资造桥修路、修建学校园林、服务社会大众等公益事业。

儒家的君子风范，在无锡地区不断被传承发扬。在清名桥街区的丝都博物馆旁，有一座由众多工商业者筹集基金修建的大公桥。大公桥的核心是"公"，是对以清名桥为代表的"义"举的社会传承。近现代时期的清名桥街区，丝厂林立，北起跨塘桥，南到清名桥全长仅 1003 米的狭长古街上，就有

---

① 单霁翔. 城市化发展与文化遗产保护［M］. 天津：天津大学出版社，2019：60.

振元、永泰、鼎昌、振艺、九余和泰昌等多家丝厂，从事相关工作的员工多达上万人，但古运河两岸却无桥可通行。缫丝女工上下班，要么绕道清名桥或者跨塘桥过河，要么就在下牌楼前面的南码头挤摆渡船，到了每年的黄梅雨季，古运河水涨流急，常有女工因船小人多而被挤入河中的事故。有一天，一名振艺厂的怀孕女工落水身亡，民众无比愤怒。面对实情，实业家许稻荪终于同意丝业公会提出的集资造桥要求，费用从"永锡堂"积善金中拨付，提议提出后，就得到百桥公司、"千桥会"的善款支持。1930年4月，一座长33米、宽6米的混凝土桥梁竣工，适逢荣德生在荣巷建成大公图书馆，于是这座桥被命名为"大公桥"。

纵观无锡历史，热心公益事业、乐于社会奉献的实业家比比皆是，荡口古镇华氏家族的华氏义庄，荣巷荣氏家族的公益中学、公益图书馆，严家桥唐氏家族的辅仁中学等，都是无锡实业家肩负实业报国、办学育人的历史典型。历史上无锡实业家的义举，不仅以德和善推动了无锡工商业的发展，带动了无锡经济的繁荣兴盛，而且深深地影响着无锡当代的企业家，他们在追求经济效益的同时，也在追求儒家义利观在自身的统一，热心公益，服务社会是他们的另一种社会责任和时代担当。正是一代又一代的实业家心怀救济天下的情怀，才谱写铸就了尚德务实的无锡城市精神。

我国在社会主义建设发展过程中，始终坚持把马克思主义理论作为我党治国理政的指导思想，提出共同富裕是社会主义的本质要求和奋斗目标。对此，邓小平同志说："社会主义的特点不是穷，而是富，但这种富是人民共同富裕。"习近平总书记更是明确指出："共同富裕是社会主义的本质要求，是中国式现代化的重要特征。"[1] 2021年7月21日至23日，习近平总书记在西藏考察时强调，要实现共同富裕，就"要在为民服务上力行，教育引导广大党员、干部始终把人民放在心中最高位置，当好人民群众的知心人、贴心人、领路人，用心用情用力解决好群众急难愁盼问题，努力推动全体人民共同富裕取得更加明显的实质性进展"。可以说，在通过社会义举促进社会共同富裕方面，无锡具有深厚的历史底蕴。如果无锡的党员干部要寻找以人民为中心，走群众路线，为群众排忧解难的历史教材，那么清名桥历史街区的清名桥、大公桥等就是最好的生动的历史教材；如果要挖掘无锡历史上共同

---

① 徐倩阳.习近平：共同富裕是社会主义的本质要求［J/OL］.光明网，2021-08-24.

富裕的文化基因，那么不同历史时期由不同身份、不同个体捐资修建的道路桥梁等，就是最好的历史案例。这些以文化遗产形式存在的实物，以无可辩驳的事实向新时代表征着无锡在历史发展进程中，存在着崇文尚德、追求社会共同富裕的文化基因。

爱国主义是中华民族精神的核心，是中华民族生生不息的精神血脉。习近平总书记指出："历史深刻表明，爱国主义自古以来就流淌在中华民族血脉之中，去不掉，打不破，灭不了，是中国人民和中华民族维护民族独立和民族尊严的强大精神动力，只要高举爱国主义的伟大旗帜，中国人民和中华民族就能在改造中国、改造世界的拼搏中迸发出排山倒海的历史伟力！"① 下塘十里大窑路凝聚着无锡人民保家卫国的爱国爱家情怀。以清名桥为界，其南面到南禅寺方向为上塘十里，其左侧北面为下塘十里。上塘十里南长街不仅有 4 家丝厂，还有丝码头、书码头、米码头等代表以水为轴的无锡城市工商业繁荣兴盛的码头特色。无论是明清时期，还是民国时期，上塘十里尽显南长街工商业的繁华。与上塘十里南长街形成鲜明对比的是下塘十里的大窑路。大窑路因窑而名，窑业兴盛时期，砖窑数量多达上百孔。大窑路首先见证的是无锡人的聪明智慧，在开凿、疏浚、拓宽、浚深太伯渎时，挖出的大量土方堆放在河岸上，如何有效利用这些泥土成为现实问题。无锡人根据当地土质比较黏胶的特点，决定将其烧成砖瓦，借助运河转运到各地销售。于是，古运河边出现了一座座砖窑，这些砖窑不仅就地取材，而且将烧出的砖瓦通过大运河转运各地，当时最主要的是以漕运形式将优质成品砖运送到北京故宫，为金砖铺地的雄伟故宫做出了贡献。

大窑路上的历史是进行爱国主义教育的生动教材。明朝时期，倭寇猖獗，为了抵御倭寇入侵，时任无锡县令王其勤决定将土城墙改建为砖城墙。为了无锡城的安全，大窑路上的炉火整日整夜被烧得通红，在保家护城的家国情怀激励下，仅仅用了 70 天的时间，无锡南门的土城墙就变成了砖城墙，如此快速有效的工作效率，是从事砖窑生产的手工业者在小手工业时代创造的生产奇迹，是无锡历史上爱国主义、集体主义的典范。"我们常讲，做人要有气节、要有人格。气节也好，人格也好，爱国是第一位的。"2018 年 5 月 2 日，习近平总书记在北京大学师生座谈会上指出："我们是中华儿女，

---

① 刘上靖. 习近平总书记关于弘扬爱国主义精神重要论述综述［EB/OL］. 中华人民共和国国防部，2021-10-01.

要了解中华民族历史，秉承中华文化基因，有民族自豪感和文化自信心。要时时想到国家，处处想到人民，做到'利于国者爱之，害于国者恶之'。"大窑路文化遗产，既是无锡人民爱国历史的见证，也是教育和培育新时代无锡人民爱国主义情怀的历史文化之路。

运河两岸的工业遗产，是无锡作为中国民族工商业发祥地的历史见证，是无锡工商业辉煌百年的自我表征。自从杨宗濂、杨宗瀚两兄弟于1895年创办业勤纱厂后，无锡工商业就逐渐发展兴盛起来。凭借穿城而过的京杭大运河的畅通优势，很快形成了以杨、荣、周、薛、唐等六大家族为龙头的民族工商业的群体，他们以棉纺织业、缫丝业、面粉业为支柱产业。到1937年，无锡的工业产值已经位居全国第三，仅在上海、广州之后。这些民族工商业者不仅成就了无锡经济的百年繁华，而且为中华人民共和国成立后无锡工业经济的发展奠定了厚实基础。

无锡工商业遗产，主要集中在运河两岸。"将工业厂房安置在水系附近可以方便材料和货物的运输、集散，交通便利，棉纺业等需要大量的水资源，沿河设厂方便取水。"① 在众多的工业遗产中，矗立在古运河畔的茂新面粉厂可以说是中国民族工商业发源地的缩影，其影响之大、保存之完整，不仅在无锡，在全省乃至全国都罕见，它不仅见证了无锡民族工商业的发展，也见证了无锡在现代化进程中的工业探索。茂新面粉厂是无锡市民族工商业的先驱。荣宗敬、荣德生等人于1900年筹资创办的企业，原名保兴面粉厂，后改称茂新面粉厂，又更名为茂新第一面粉厂。其生产的"兵船牌"面粉当时享誉全国，还曾远销英、法等国及南洋各地。抗战期间茂新面粉厂厂房被炸，设备损坏。9年后，由荣毅仁先生带头重建厂房，1947年竣工。茂新面粉厂的建成，是"实业救国"和民族工业振兴的重要例证。2013年，茂新面粉厂旧址入选第七批国保单位。无锡市政府和文物单位在原址上成立了民族工商业博物馆，它不仅保留了原有的面粉制造设备，还征集了纺织机、车床等其他工业设备，以实物形式直观再现了历史情景，此外，博物馆还以图片的形式展现了整个中国民族工业的发展历史和无锡工商业的繁荣盛况。

无锡近现代的民族工商企业成就了无锡百年工商繁华。位于茂新面粉厂东侧的振新纱厂，建造于1905年，由荣氏兄弟与荣瑞馨等人集资共建，是无锡近代史上第二家大型棉纺企业，中华人民共和国成立后改名为无锡市第四

---

① 李海阳. 无锡近代工业遗产追踪［J］. 休闲读品，2018（03）：38-54.

棉纺织厂。1919年，荣宗敬、荣德生兄弟在无锡办了申新三厂，这是当年无锡最大的纺织企业，中华人民共和国成立后成为无锡国营第一棉纺厂。

1922年，唐骧庭与程敬堂等人在惠商桥西建造厂房，开设了丽新染织厂。其子唐君远大学毕业后回到丽新染织厂任职，使丽新染织厂成为无锡染织业资本最雄厚、设备最完备的企业。之后丽新不断增添设备、扩大规模，于1933年建成丽新纺织漂染整理公司。抗日战争前夕，丽新已发展成为纺织、印染和具有自发电能力的全能工厂。1935年，唐骧庭、程敬堂又与唐熊源（唐保谦次子）等人在无锡创办协新毛纺织厂，这是无锡第一家精纺呢绒厂。抗战开始后，协新毛纺织厂机器大部分被毁，房屋也遭局部烧毁。抗战胜利后，唐氏立即着手筹集资金、抽调技术人员恢复在无锡的纺织企业。到1947年时，协新已恢复了纺、织、染部，为中华人民共和国成立后无锡纺织业的发展积淀了雄厚实力。

1920年，唐保谦、蔡缄三和薛南溟等人在周山浜筹办了庆丰纱厂，于1922年开工。1926年，唐保谦之子唐星海回国负责此厂，使庆丰纱厂成为无锡纱厂后起之秀。无锡庆丰纱厂同样见证了无锡工商业的兴衰荣辱。如今，该园区通过修复和改造，原本陈旧斑驳的工业厂房被重新定义、设计和改造，已逐渐发展成画廊、艺术中心、艺术家工作室、设计公司、时尚店铺、餐饮酒吧等各种空间的聚集区，实现工业遗产在新时代的再利用。

位于无锡市南长街大公桥畔的中国丝都博物馆，是原永泰丝厂旧址。永泰丝厂是薛福成之子薛南溟与"煤铁大王"周舜卿于1896年合资创办的。永泰注重质量，创"金（银）双鹿"名牌生丝，畅销海内外。1921年，"金双鹿"生丝在美国纽约万国博览会上获"金象"奖。1932年在纽约创设永泰公司，开中国丝厂业直接经营对外贸易之先河。抗战爆发后，厂房及茧栈遭日机轰炸，损失严重。无锡沦陷后，厂本部被迫租与日本人生产草袋。1949年中华人民共和国成立后，又租与中蚕中丝合作丝厂。1950年5月收回私营。1954年公私合营，后转为国营无锡丝织二厂。永泰丝厂旧址于2006年被江苏省人民政府公布为江苏省文物保护单位。如今被改建成中国丝业博物馆，馆内运用现代声光电技术全面展示中国丝绸文化、无锡丝业文化、传统丝织技术和丝绸制品等丝业文化主题。在建筑风格方面，永泰丝厂厂房、茧库等建筑按历史原貌修复，使游览者仿佛重新回到那个丝绸工业繁盛的年代。

永泰丝厂在美国开设永泰公司销售生丝，引领了无锡生丝企业的发展，为无锡赢得了"丝都"的美誉，这其中的改革创新精神值得我们学习和传承。

20世纪20年代末至30年代初，无锡的缫丝技术虽然取得了明显进步，但在交流的过程中，特别是参加万国博览会后，无锡缫丝企业意识到自身在生产技术及其管理等方面都存在问题。为此，永泰丝厂大胆创新，从技术设备、人才培养，甚至在蚕种选择等各方面都进行了一系列改革。其中薛寿萱对永泰丝厂的改革最富有代表性。薛寿萱留学美国，又考察过日本的蚕丝企业，视野开阔，思想先进。他首先认识到人才对企业发展的重要性，"欲期振兴中国丝业，人才当为首务"，他大胆创新，聘请日本专家担任技师指导技术革新，同时，面对企业人才匮乏的现实，通过各种方式培养自己的人才，促进技术革新和改革措施的顺利实施。对于企业的改革，他的目光不仅仅限于企业本身，还对企业链条进行整体考虑，在对企业内部技术、人才、管理进行改革创新的同时，他对蚕种进行了改良，控制蚕源，保证生丝质量。为了摆脱中国生丝受制洋人的被动局面，永泰联合缫丝企业成立了生丝出口公司，直接向国外推销生丝，不仅扩大了生丝销量，而且在国外销售领域掌握了主动权。"在旧中国的蚕丝对外贸易史上，能够彻底摆脱洋行束缚，广泛开拓国际市场的，唯有无锡薛氏最为成功。"①

创新是企业保持活力的重要因素，是引领企业发展的第一动力。全部科技史证明，谁拥有了一流创新人才、一流科学家，谁就能在科技创新中占据优势。一代人有一代人的奋斗，一个时代有一个时代的担当。科技创新和战略人才培养已经成为新时代的迫切需要，成为实现民族复兴对我国广大科技工作者提出的历史使命。习近平总书记提出要"极大调动和充分尊重广大科技工作者的创新创造精神，激发创新创造活力，使谋划创新、推动创新、落实创新成为自觉行动，在解决受制于人的重大瓶颈问题上强化担当作为，努力实现更多'从0到1'的突破，我们就一定能抢占科技竞争制高点，打造未来发展新优势"②。无锡作为近代民族工商业的发祥地，既表征着无锡深厚的工商文化底蕴，又有大量可挖掘和呈现的企业家改革创新的奋斗故事，这些历史故事是新时代讲好无锡工商文化的生动教材和典型案例，是激励当代

---

① 葛红. 薛南溟与永泰丝厂的改革［M］//王立人. 吴文化与工商文化. 南京：凤凰出版社，2008：310.

② 任洁. 关于科技创新和发展，读懂习近平强调的这三个要点［J/OL］. 中国青年网，2020-09-19.

企业家、科技工作者勇担社会使命的无锡故事。

无锡由于地处江南，蚕业发达，相关企业也较集中。1904 年，周舜卿在周新镇创办裕昌丝厂，为近代无锡第一家机器缫丝厂。由于设备先进，原茧质优，产品质量过硬，"锡山""金鱼"商标的丝产品畅销锡沪，并深受英、美等国的青睐。抗战期间该厂曾被日军占领。中华人民共和国成立后，并入一些小丝厂后，改为地方国营无锡第一缫丝厂。到 1993 年年底前，旧址还保存原建筑 5 幢。其中，生产车间 3 幢，均为清水砖墙、铁皮屋顶的二层楼房，且互相连接呈"王"字形；还有一幢三层楼的茧库，锅炉间、配电间一幢，也均为清水砖墙建筑，是无锡民族工业企业旧址中保存较为完整的一处。1994 年 1 月，由无锡市人民政府公布为市级文物保护单位。除此之外，参与见证了无锡近代民族工商业发展的还有乾牲丝厂、兴业制丝股份有限公司等众多棉纺织相关企业。所有这些企业为无锡今日成为经济发达城市积累了坚实的历史基础，同时也是无锡成为乡镇企业发端地的重要历史因素。

古运河畔还保留着革命战争年代遗留下的建筑，它们以中国共产党的鲜红颜色表征着运河在革命战争时期具有传播革命火种的功能。在运河畔的尽头，可以看到一栋二层青砖小楼，这里见证了抗战时期无锡共产党人不畏艰险、冒着生命危险开展革命工作的光辉历史。如今，这里已经在原址的基础上改造成运河畔的爱国主义教育基地。灰色砖石门墙上"培南小学"4 个字，是取自档案中的老照片原版拓印而成的；院落天井上方悬着的"迎接黎明"金字，是由无锡著名书法家陈肯所写的。一楼展厅的《迎接黎明》展览，通过相互联系的"地下党在城区立足生根""开展城区的爱国民主运动""开展护厂护商护城斗争""无锡人民迎解放"4 个主题展厅，回顾和展示了当年中共无锡地下党人不畏白色恐怖，以培南小学为掩护，在极端恶劣的环境中坚持斗争，迎来无锡城市黎明和新生的光辉历史。二楼则复原了旧时的学校教室和校长室，并同步建成了无锡江南古运河旅游度假区基层党建工作指导站。

位于环城运河上的西水墩，同样见证了无锡地下党员的革命勇气和革命精神。西水墩上建有水仙庙，本是当地百姓祈求风调雨顺、保佑家人平安如意的庙宇之地，正是借助了这样一块企盼安康幸福的风水宝地，中共早期党员周启邦在西水墩上开办无锡第一所工人学校，为工人阶级传授知识，指引他们走向真正的、现实的幸福之路。西水墩工人夜校遗址，见证的是知识分子如何从这里走上革命道路、献身革命事业的思想道路，表征的是中国共产党人是如何通过传播先进思想为社会大众取得解放的。

位于环城河上的光复门，既承载着无锡城市的历史文脉，也是无锡解放的重要标识。东汉《越绝书》中说，无锡有城有郭，郭设四门：东为熙春门、南为阳春门、西为梁溪门、北为莲蓉门。1908 年沪宁铁路建成，为了方便无锡火车站和城内交通往来，1912 年 4 月，锡金军政府拆除城东北角部分城墙，在今圆通路至解放东路口的位置，辟光复门。当时城门外有吉祥桥，桥下是内护城河。取名光复门，一是意指"驱除鞑虏，光复中华"，以纪念辛亥革命光复无锡，二是为了纪念沪宁铁路建成给无锡城市交通带来的变迁。光复门又称新北门，原北门相应称老北门。光复门开设后，借助铁路的交通便利，架桥修路，联通四方。从吉祥桥至工运桥的通运路一带，集聚了众多的饭店旅馆、百货商店、娱乐场所等，无锡县商会也在附近，通运路旁的许多小巷弄就是在那时候形成的，光复门外迅速成为无锡新的闹市区。

光复门既见证了无锡的商业繁华，也见证了无锡经历的抗战岁月。1937 年 10 月，日军飞机轰炸无锡火车站地段，光复门外周山浜等工商业集中地区遭受空袭之灾。1949 年 4 月 20 日，无锡工委在顺丰德面粉厂成立了工人纠察队司令部，依靠已被地下党控制的部分自卫队武装和一些护厂、护工大队，控制了城区运河两岸和城北区的经济、交通命脉，积极响应解放大军南下。为保密起见和便于指挥，无锡工委决定利用顺丰德面粉厂办公室一只编号为 43 号的电话机和工人纠察队司令部的沈仁涌保持联系，同时要求工人纠察队员、时任顺丰德面粉厂办公室练习生的蒋金夏武装保卫 43 号电话机，以确保通信联络的安全畅通。4 月 22 日晚，43 号电话机铃声响起，蒋金夏拿起话筒，电话里传来"请问你是 43 号吗？"的声音。"是的。"蒋金夏回答道。"同志，请你找沈仁涌同志接电话。"在电话里第一次听到有人称呼自己"同志"，蒋金夏非常激动，他迅速找来沈仁涌接电话。随后，整整一夜，43 号电话机铃声不断，频频有指示和捷报传来。4 月 23 日 22 时左右，中国人民解放军三野十兵团第 29 军 87 师第 260 团第 2 营一路未遇任何抵抗，经梨花庄顺利进入无锡火车站。迎接人民解放军的工商自卫团成员早已在此等候，随即带领大家暂驻光复门外太平巷无锡工商自卫团第 4 大队部，并在工运路、汉昌路一带巡逻、警戒，待后续部队到达会合后，第 260 团指战员于 23 时许，由光复门进入无锡城，同时入城的部队还有 87 师第 259 团。无锡人民还在睡梦中时，无锡城已宣告解放，一觉醒来，街上站岗的国民党军队换成了穿浅黄色军装的解放军，老百姓欢欣不已。无锡解放当天，工厂照常开工生产，商店照常开门营业，学校照常开课授业，城区电力供应、电话通信、交通运输都没有中断，社会秩序基本稳定。4月24日出版的无锡地方各报，都在头版头条刊载了无锡解放的新闻。《人报》用特大号铅字醒目印刷新闻标题："人民解放军入城 无锡解放了！包厚昌今日抵锡"。《锡报》《大锡报》的新闻标题："昨夜十二时 无锡光荣解放 解放军由光复门入城 纪律严明 秋毫无犯"。光复门是开启无锡历史的胜利之门。现在人们看到的光复门，是2008年易地重建的。如今，光复门已经成为无锡"奋斗百年路 启航新征程"的红色地标。

无锡运河沿岸的大量文化遗产，既表征着无锡的历史进程，又表征着无锡作为工商文化城市的历史底蕴，还表征着无锡在革命战争和社会主义建设时期的成就，呈现着无锡在整个历史进程中的整体性演进过程，表达着无锡在历史变迁过程中阶段性和整体性的统一。

二、彰显着无锡民众的精神家园

无锡段运河在黄埠墩一分为二，形成了无锡市的两个中心，即清名桥历史街区和惠山古镇。如果一定要对二者的特色进行比较，清名桥历史街区凸显的是工商业气息，沿河的民居和人们的生活样态也是围绕着工商业活动展开的，惠山古镇则凸显的是无锡人的生活百态和精神追求。在惠山古镇，保留的是族群祠堂、宗教场所、江南园林以及富有无锡本地特色的各色小吃等。它们构成了无锡人的精神世界，以至惠山古镇被称为"无锡人的精神家园"。

"参天之树，必有其根；怀山之水，必有其源。"宗祠就是一个家族的根基所在，它是家族谱系的物质载体，它表征着作为社会人的根脉。祠堂通过祭祀先人、议事仲裁、婚丧嫁娶、节庆娱乐等活动形式起到传承家族血脉、凝聚宗族力量等社会作用，是宗族的精神信仰所在。建祠堂和兴学堂，在古代家族中是同等重要的大事。学堂往往就设立在祠堂中，被称为"祠塾"。对于祠堂的价值，孙中山指出：《族谱》记述中华民族由宗族的团结，扩展到国家民族的大团结，这是中国人民才有的良好的传统观念，应加以利用。""中国国民和国家结构的关系，先有家族再推到宗族，然后才是国家。"惠山古代祠堂群，以5世纪的南朝惠山古寺、唐代的天下第二泉为核心，沿着古运河惠山浜、秦园街、绣嶂街市井，连续发育分布形成的这100余处古代祠堂和部分遗址，与江南山水、名泉胜地组合成了吴中地域特色浓厚的古代祠堂群落，祠堂所体现的"亲孝、忠君、公正、节烈、爱国"等内容，都能够较为完整地涵盖建立在血缘关系和祖先崇拜观念上，与"家国同构"的社会形态相适应的东方价值观体系，成为国内外逐渐消失的祠堂文化的唯一例证。

惠山古镇祠堂不仅具有宗族祠堂的一般性功能，而且对社会教化具有重要意义。如在范文正公祠堂门前矗立的白石牌坊坊额镌刻着范仲淹千古传诵的名句："先天下之忧而忧，后天下之乐而乐。"这不仅是范氏家族对范仲淹心怀天下、忧国忧民的儒家忧患意识的崇敬，还是对范氏家族后继者的激励，而且对社会大众同样具有代代相传的教化作用。而华孝子祠就是对社会大众进行忠孝教化的最好载体，因为祠堂所颂扬的华宝故事本身就是对社会民众的教化。《南史》立传说：华宝"晋陵无锡人也。父豪，晋义熙末，成长安，宝年八岁。临行谓宝曰：'须我还，当为汝上头。'长安陷，宝年至七十不婚冠。或问之，宝辄号恸弥日，不忍答也"。在今天，华孝子祠宣扬的忠孝精神依旧被推崇和传承。2015 年，华氏后人在华孝子祠参加了祭祖活动。当日，来自上海、浙江、湖北、四川以及海外的华氏后人齐聚华孝子祠，祭拜先辈、追思感恩，旨在弘扬"忠厚传家、乐善好施"的华氏家风，其影响意义对传承中华优秀传统文化，特别是忠孝文化不可小觑。

祠堂是传承良好家风的重要场所。"家风"又称门风，指的是家庭或家族世代相传的风尚、风气，是一个家族代代相传沿袭，体现家族成员精神风貌、道德品质、审美格调和整体气质的家族文化风格，是每个个体成长的精神足印，它对家族的传承、民族的发展都具有重要价值。祠堂在传承家风方面具有无可忽视的重要作用。祠堂会以醒目的方式悬挂或者印刻家族的家风家训，以此教育熏陶家族成员，当家族成员违背家风家规需要反思或者惩罚的时候，一般都会在祠堂进行。这不仅是对违规者本人的训诫，也是对家族全体成员的训诫。惠山古镇庞大的祠堂群，如果不以惠山古镇所称的 118 座祠堂，而是按照国家文物局主编的《中国文物地图集·江苏分册》公布的 63 座祠堂名单（周文恪祠、倪云林祠、徽国文公祠、浦长源祠、嵇留山祠、钱武肃王祠、顾可久祠、范文正公祠、周濂溪祠、司马温公祠、叶司空祠、虞薇山祠、华孝子祠、至德祠、许文懿公祠、蔡家祠、蔡孝友祠、陆宣公祠、陈文范公祠、松滋王公祠、薛氏三义祠、王武愍公祠、孙宗伯祠、唐襄文公祠、祝太守祠、王仲山祠、龚氏宗祠、尤文简公祠、薛氏宗祠、李阁学祠、张文恪公祠、杨藕芳祠、杨四褒祠、荣氏孝节烈祠、陶中丞祠、顾端文公祠、胡文昭公祠、五中丞祠、朱家祠堂、孙氏宗祠、戴氏宗祠、王节孝祠、杨忠襄公祠、施公祠、杨观察祠、杨追远公祠、袁龙图祠、王文正公祠、浦孝子祠、王孟端祠、杨祠花园、蒋氏宗祠、忠节祠、潘孝子祠、高忠宪公祠、黄太仆祠、惠司业祠、顾祠、顾太仆祠、龚节愍公祠、唐相卿公祠、单贞女祠、张明公祠）看，历经几十代人的祠堂，如此规模在传承优秀家风、宣传主流意识、教化族群甚至社会大众方面，都发挥了不可磨灭的作用。

今天，惠山祠堂成为来自众多家庭寻根问祖的场所。社会的变迁必然带来人员的流动，曾经以无锡为根的中国人，因为种种原因，或者远走他乡，或者漂流海外，身份地位的变化、生活方式的改变却难以改变他们儿时的记忆、对家乡的怀念、落叶归根的家族观念。惠山古镇祠堂，正是他们寻根问祖、寄托乡愁之处。此外，惠山祠堂还是凝聚吴地文化力量的历史文化场所和凝聚民族力量的爱国主义场所。

惠山核心展示园，不仅以静态的祠堂群成为无锡人的精神家园，还以动态的活生生的生活样态成为无锡人当下的精神寄托。锡惠山麓，胜地名泉天下第二泉，是惠山泉茶文化的发源地。惠山泉茶文化源于茶圣陆羽品定的天下第二泉，至今已有1200多年历史。此后的东坡试茶、王澍书泉、性海竹炉煮茶、乾隆御笔《竹炉煮茶图》，共同造就了二泉茶文化的兴盛。陆子茶祭再现了古人汲泉、烹泉的煮茶场景，向世人传递了宋代文人雅士极具风雅韵味的生活美学，展现了惠山茶文化在中国茶文化中的重要地位。如今的惠山早茶，依旧是人们美好生活的一部分，特别是对于那些相对悠闲或者喜欢享受生活的人们来说，他们喜欢坐在运河边，一边欣赏两岸的风景，一边慢慢品尝泉茶，享受慢时光带给人的惬意和享受。

在惠山古镇，不仅有香茶可品，还有各种特色小吃随手相伴。惠山古镇的豆腐花、油酥饼、梅花糕、酒酿圆子等美食一直深受无锡人的喜爱。可以说，正是这些特色小吃陪伴了一代又一代无锡人的成长，也正是这些特色小吃让外出的无锡人对家乡的味道念念不忘。无锡人的乡愁大概就与这些特色小吃联系在一起。而今，无锡将二泉茶文化与特色小吃进行了整合，打造了具有江南特色的早茶。一杯泉茶水，一碗豆腐花，一块油酥饼，两块梅花糕，外加一小碗的酒酿圆子，足足带给人一整天的幸福。惠山古镇运河休闲早茶已经入选江苏"运河百景"，成为惠山古镇的一大特色，吸引的不仅是外来的游客，更多的时候是很多本地人偕朋带友一起来体验、享受慢时光里的人生味道。

第二节 运河文化遗产的艺术价值

艺术属于文化，是人们把握现实世界的一种方式，常常以直觉的、整体的方式把握客观对象，并应用象征性符号形式创造某种艺术形象的精神性实践活动。遗产，从最初的保护起因看，就包含着对遗产艺术价值的保护和传承，绝大多数非物质文化遗产，如绘画、雕刻、刺绣、泥塑、音乐、舞蹈、口头文学、表演艺术等的认定，几乎都与自身所具有的艺术价值有关。文化遗产的艺术价值主要指文化遗产所体现出的一个民族、地区或群体所表达的文化价值、美学价值及艺术手段。作为被认定的世界文化遗产，它代表着一种独特的艺术成就，一种创造性的天才杰作，至今对人类都具有普遍的杰出价值；在一定的历史时期，它曾对建筑艺术、城镇规划或景观设计等方面产生过重大影响，或者可以为今天的社会提供艺术范例；它能为某种已消失的文明或文化传统提供艺术见证，或是以载体形式传达着一定历史时期的思想观念等。

艺术价值可以描述为文化遗产的设计构造、建筑情调对人们精神上或情绪上的感染，它所展示的特殊的设计风格、艺术上的进步和高水准的技艺能够提高人的精神素质。艺术作品是一种生产劳动成果，是人按照美的规律创造的作品。2021 年 4 月 19 日，习近平总书记在清华大学考察时指出："美术、艺术、科学、技术相辅相成、相互促进、相得益彰。要发挥美术在服务经济社会发展中的重要作用，把更多美术元素、艺术元素应用到城乡规划建设中，增强城乡审美韵味、文化品位，把美术成果更好地服务于人民群众的高品质生活需求。"不论是清名桥历史街区的城市格局、建筑风格、江南情调，还是惠山古镇的非遗产品、江南园林、祠堂寺庙等都蕴含丰富的艺术价值，对提升不同层次社会群体的精神素养、文化品位等都具有艺术熏陶的艺术价值。

一、祠堂园林的美育熏陶价值

审美价值主要是从美学的高度给人以艺术的启迪和美的享受。"身即山川而取之，则山水之意度见矣。"（郭熙《林泉高致》）美术教育是美育的重要组成部分，对塑造美好心灵具有重要作用。与科学价值和历史价值需要更多的知识储备不同，审美价值是人们遇到世界遗产时无须思量、当下即可获得的价值。从人与世界遗产交往形成的关系看，审美关系是二者之间的第一重关系。与科学价值和历史价值的受众相比，世界遗产中的审美价值的受众更加广泛、普遍。并非每一个人都需要感受世界遗产中的科学价值和历史价值，但每一个人都可以感受到其中蕴含的审美价值。世界遗产中的审美价值是不纯粹的，是充满历史和自然的厚重感的存在形态。文化遗产的审美价值有着多方面的体现，就其主要方面而言，可以说体现为审美感知、审美体验和审美理想。

审美感知价值。审美感知即人在观赏客观对象时因其形态、色彩、声音、质地等内在和外在表现所引起美的感受和知觉。审美感知是具有审美价值的客观对象直接作用人的五官而形成的显性反映。文化遗产的审美价值首先反映在其具有的审美感知价值上。惠山古镇的祠堂不是单纯的祠堂，而是祠堂和园林的完美结合，在布局上，为了避免祠堂的呆板、单调，"造园者充分利用了建筑物与建筑物之间的空间，借助理水、置石、植树、培花的方法，塑造出园林的自然情趣"①。比如在昭忠祠堂，其建筑通过依山取势，使高度得到了延伸，而祠内的院落则紧凑有序，避免了空间的空旷单调。在山势与人的视线之间，为了防止凸起的山阻隔人的视线，则采用了以山为中心，按照人的视觉具有离心、扩散的特点，外向布局，整个建筑背山面外，既可以呈现层差错落的外轮廓线，又充分利用了山势特点，达到了视野开阔的效果，缓解了因祠堂的严肃性容易造成心情压抑的不良影响。有些祠堂则在中轴线上处理得非常有特点。如华孝子祠，不仅中轴线明显，而且中心部分的池桥景观也完全对称，体现出其追求物质与精神高度融合的文化设计原则。寺塘泾南岸的顾可久祠，进门有照墙、四面石牌坊、宝中堂、拜石山房和祠楼等建筑，此外还有石狮、旗杆石、浴日泉、古银杏、祭坛等，其中最著名的是"丈人峰"。"丈人峰"是一块太湖石，其石形态奇特，但并非"瘦漏皱透"，而是线条硬挺，酷似一个昂首袒腹、两臂开张的大将军，因此称为"丈人峰"。一块"丈人峰"顿时增添了祠堂的意向空间，为严肃的祠堂增加了艺术灵气。

惠山祠堂不但数量众多，而且各具特色，既有以我国传统的砖木结构、

---

① 陈娅，朱蓉．惠山古镇祠堂园林设计特色解读［J］．设计，2021，34（03）：30-33.

粉墙黛瓦、单檐硬山顶为特色的江南民居形式，又有少数祠堂为单檐歇山顶，并大多保存完整，颇有历史文化价值和审美价值。惠山古镇之美，最美的莫过于寄畅园的园林之美。寄畅园是"江南四大名园"之一，依靠惠山的山势巧妙借景，布局以山池为中心，巧于因借，混合自然。又构曲涧，引"二泉"伏流注其中，潺潺有声，世称"八音涧"。既有假山池塘、亭台长廊等园林景观，又可见到远处锡山上的龙光塔倒影在园内池塘的景象，布置相当别致，中国古典园林之美尽显其中。

其营造美的意境大概有三种方式[①]：一是"意在笔先"的造园理念，采用黄石叠砌假山，假借惠山余脉连绵逶迤之势，将流经墙外的天下第二泉引入其中沟涧，泉水蜿蜒流转，山涧曲折幽深，达到山水相和的自然意境。二是"天人合一"的造园理念。整个园中将山水树木、文学艺术等与建筑、大自然完美结合，竭力营造出人与自然和谐，自然与建筑亲和的关系。屠隆在其《秦大中丞寄畅园记》中称赞："兹园之胜，得之天者什七，成之人者什三。"倘若七分都是天成之感，达到了以"虽由人作，宛自天开"的"天趣"，创造了"崇尚自然而妙造自然"宛如画境的自然山水式园林，从而"甲吴会矣"。三是"寓情于景，触景生情，情景交融"的造园理念。在寄畅园，人们不仅能观山水之美景，还能听泉水倾斜之声响；不仅能听见大自然中的风声、雨声、松声、鸟声，还能听见涵碧亭中的琴曲声、郁盘亭中的棋声、含贞斋的吟咏之声。江南文人雅士的园林闲逸生活画卷便栩栩呈现出来。这种"合同而化"的天籁人籁将自然之景和生活之情融为一体，造就了"情中之景，景中之情"。袁枚在《峡江寺飞泉亭记》中赞叹道："天籁人籁，合同而化。不图观瀑之娱，一至于斯，亭之功大矣！"

梁启超先生认为，艺术的本质和作用就是给人以审美趣味，通过对景物的赏会与复现，达到心灵契合之感。寄畅园在建筑、水体山石、植物的空间布局上都达到了艺术美的本质。寄畅园在建筑空间分布上进行了精细安排，大部分建筑分布在园的北部边缘、园的东侧边缘与园的西南部，小体量的建筑、游廊、亭台则紧挨水体东侧、北侧，形成半封闭围合，使得原本不大的水体显得空旷开阔，扩大了园林的纵深感，而北侧水面上的七星桥，不仅划分了水体的空间，而且可以作为园中北部景观的分层线，加强了景观的层次度与水体的灵动性。在水体山石的空间布局上，寄畅园的水体主要位于东

---

① 何恬. 江南古典园林中的绘画美：以寄畅园为例［D］. 南京：江南大学，2014.

侧,并于东北角上做出水尾,以示水体有源有流。水体的驳岸自然曲折,在知鱼槛处又将水体分为南北两个水面,从而避免了水体过于狭长的弊端。北侧水面被七星桥划分为大小两个水面,将园中水体划分为大小不一、相互交错却又相互联系的水面。这些水面之间经过多次收放,通过大小不一的韵律变换,扩大了水面空间的视觉尺度,丰富了水面景观层次。在山石的堆筑上,寄畅园讲究"因势造园"。土石多堆砌在园的西侧与西北角,形成西北高而东南部低缓的地势,既能够引入惠山二泉为寄畅园提供充足的活水水源,又能顺应惠山的走势,将惠山之余脉引入园中,成为真正意义上的山地园林。花草树木的布局不仅可以美化环境,还可以划分空间、创造怡人的景观。寄畅园在植物空间布置上,通过因地制宜"模拟自然"的方式,打破了园墙界限,使得园中的空间不再局限于园内,而是向外扩散延伸,形成内外兼具的空间景象,使得园中空间景观更为深远。

惠山古镇,不论是建筑之美,还是园林之美,都为当下美育的熏陶培育提供了典范。不仅是中小学生接受美育熏陶的实践场所,更是艺术设计专业师生研究祠堂之美、建筑之美、园林之美、山水之美的观摩思考之地。

二、艺术作品的审美体验价值

欣赏文化遗产的审美感知过程实际也结合着审美体验。不过审美感知主要表现为审美主体接触审美客体后在感官上直接产生的美的感觉和知觉,而审美体验则主要表现为审美主体认识审美客体之后,也就是在对其有了审美感知的基础上,进一步结合自己的审美经验而做的情感心理体悟和验证,从这个意义上说,审美感知是表层的,是审美体验的基础,审美体验是深层的,是审美感知的深化。审美体验价值越高的审美客体,其审美价值也就越高。文化遗产审美价值的高低在相当程度上取决于审美体验价值的高低。人们在参观园林式祠堂,通过五官直接作用于客观对象形成审美感知价值之后,会依据内心的审美经验,即在此前参观、浏览、研究客观对象积累的审美经验,形成自己内心的心理体悟和验证,也就是说,能在审美感知的基础上结合自身的审美经验,对客观对象做出评价,即审美体验价值。例如,人们在参观祠堂中供奉的忠臣良将、贤官名臣、志士仁人、文人学者、诗人画家、孝子义士等有德行、有功绩、有节操的人物时,如吴国的始祖泰伯,楚国的春申君黄歇,汉代的高士梁鸿,晋代的孝子华宝,唐代的宰相、《悯农》的作者李绅和明相张柬之及茶圣陆羽等,这些人物的言论行为、思想品德、人格精神、道德情操等，都会在参观者、崇拜者的内心深处产生正向的价值体验。此外，祠堂中的匾额、楹联、碑文、石刻、家谱等体现的字体之美、思想之美都会在一定程度上促使参观者在愉悦状态中进行学习和思考，达到在了解人物以及事件背后意义即内在美之后，进一步强化对客观对象的审美体验。

对于普通民众而言，文化遗产的审美价值体验更多表现在民俗活动中。惠山庙会是无锡古老的传统民俗及民间宗教文化活动，由周秦时代腊祭演变而来，最初以祭祀神明为主，后发展成集吃、住、行、游、娱、购、宗教文化为一体的庙会民俗活动。在庙会期间，人们不仅能品到吴地特色小吃、赏到吴地民俗特色工艺，还能看到具有浓厚的吴地文化色彩的情景剧。在保护传承非物质文化遗产的大背景下，从 2012 年开始，惠山庙会与"非物质文化遗产展示活动"同时举行，除可以参观体验祠堂、园林之美外，还可以参观欣赏包括"江山多娇""古镇遗韵"等山水人物书画作品展、中国泥人精品、锡绣精品、玻璃内画等多个展览，另外还有锡剧、沪剧、越剧等戏曲以及民族歌舞等表演。随着庙会有关非物质文化遗产表演内容不断增加，惠山庙会对人们认识美、感受美，甚至亲自体验美的功能也在不断扩展和深化。

三、手工技艺的审美理想价值

审美理想是指审美主体对审美客体的外在形态美和内在本质美的综合性认识和理想化追求，具体表现为审美趣味，是审美意识的核心。审美理想来源于现实又高于现实，但作为审美经验的结晶与升华，审美理想需要"物质化"后回到现实，变成人们可接受、可感触的物体。作为艺术品的非物质文化遗产，其作品就是匠人们以审美理想为媒介对现实的反映，它比现实美更高、更集中、更典型，但最后一定回归于现实生活，甚至流行于日常生活中。

惠山泥人被誉为"无锡三宝之一"，兼具艺术和收藏价值。惠山泥人被区分为粗货和细货的根本原因是制作手法不同。所谓粗货，主要是使用模印，内容大多来自日常生活，反映的是人们对美好生活的向往和生活小情趣的艺术再现，审美表达比较大众化、日常化。细货是泥塑匠人用手捏出来的，内容来自戏剧或神话故事，表达了人们在精神层面上超越日常愉悦的更高层面上的追求和向往，与粗货在形态、上色等方面相比，细货对泥塑匠人的艺术水平要求较高，只有接受过规范训练学习的艺人才能捏出细货。因此，细货更具有艺术价值，是惠山泥人的精髓所在，也是其成为非物质文化遗产的根源所在。

惠山泥人的艺术价值，主要源于以下原因：

制作工艺繁杂有序。惠山泥人的细货制作手法在江湖上被称为"手捏十八技法"，即搓、揉、挑、捏、印、拍、剪、包、压、贴、镶、划、扳、插、推、揩、糊、装十八种捏法。除此之外，它还经历了十几道制作工序，主要有滤泥、锤泥、打稿、捏塑、翻模、印坯、整修、上粉、着色、开相、上油等。烦琐又有序的制作过程为惠山泥人的艺术价值奠定了基础。

造型多样又讲究美感。惠山泥人中的"粗货不以'粗'为缺点，细货不以'细'为优点，它们都具有独特的艺术价值"①。粗货来源于生活，形式多样且生活气息浓厚，其造型粗犷简洁，色彩明快，挥洒写意，形神兼备；细货讲究艺术造型和审美价值，人物塑画生动传神，色彩色调秀丽明隽，艺术韵味浓厚。不论是粗货还是细货，造型可以有别，但美感必须共有，故惠山泥人具有欣赏和审美价值。

色彩鲜明搭配和谐。彩绘是惠山泥人在制作过程中一道非常重要的工序，也是彩绘技艺的关键步骤。在泥塑界，通常有"塑、彩三七开"的说法。"红要红得鲜，绿要绿得娇，白要白得净"，艳丽且多样的色彩如何处理得和谐一体，这是对艺人艺术修养的考验。惠山泥人用色大胆，但可以做到线条块面搭配协调，色彩缤纷和谐一体，独具特色的泥塑彩绘表达了泥塑匠人深厚的美学素养和高深的绘制技艺。

锡绣也是无锡极具特色的非物质文化遗产之一。无锡地区刺绣历史相当悠久，汉代刘向《说苑》中有这样的记述："晋平公使叔向聘于吴，吴人拭舟以逆之，左五百人，右五百人；有绣衣而豹裘者，有锦衣而狐裘者。"据此推算，锡绣应该有2500多年的历史了。锡绣也称无锡精微绣，因绣品的规格微小，绣工极为细致，寸人豆马都能绣制得形神兼备，被誉为锡绣的独门秘笈。锡绣需要用到绣稿、绣线、绣针等。绣稿内容以书画构图为灵感源泉，故画面的布局与构思处理，对其作品的艺术表达与意境效果起着直接作用。精微绣的画面尺寸虽小，但需要有多层次的变化，便于观赏者能够细细品味其中的精致、精细与精彩，故在用色、用线、用料上十分考究，需要根

---

① 项东红. 论无锡惠山泥人文化的传承与发展［J］. 文化创新比较研究，2019，3（30）：60-61.

据绣稿内容，挑选符合要求的各种颜色、粗细、不同材质的绣线，底料则采用最高规格的定制平纹丝织面料，所用之针也是特制的，针体极细且整体较长，一根针通过上百种技法的变化，来达到丰富的刺绣效果。针法的选择对绣品的技术质量起到重要作用。绣制精微绣时，要根据表现物品的不同质地，分别采用如小乱针、施毛针、平套针、散套针、滚针、缠针等不同的针法，精湛的绣技充分体现了精微绣精益求精的艺术特征。

第三节　运河文化遗产的经济价值

　　文化遗产的经济价值指遗产具有的商品属性。从根本上说，遗产既是商品，又不是商品。商品一定是使用价值和价值的统一体，就文化遗产而言，其使用价值是难以测定的，因为先人在创造文化遗产时所付出的具体劳动和抽象劳动是难以计算的，而且，遗产被认定为遗产，被看中的根本不是经济学领域所谈的使用价值，更多的是其具有的历史价值、艺术价值、科学价值等，有些文化遗产不仅不能被使用，而且在保护修缮过程中还需要不断投入资金、人力等以维持其继续存在。对于非物质文化遗产而言，其价值是和传承人直接联系在一起的，传承人不进行相关的活动，遗产的价值就无法得以表现。此外，文化遗产具有唯一性、脆弱性，其价值无法根据市场供求关系做出判断。

　　文化遗产确实又具有商品的特征，原因在于文化遗产能够带来直接和间接的经济收益。因为文化遗产可以转化为符号价值，满足人们对其消费的需求，这些消费需求不同于一般商品直接或间接地被消费，而是对其符号价值意义的消费，偏向于情感类消费。与文化遗产价值符号相关的电影、动画、综艺等影视作品，更是可以无数次被消费。此外，某地一旦有遗产被认定为文化遗产，就会被开发为旅游地。文化遗产地，特别是世界文化遗产地的旅游收入一般要大大地高出非世界级文化遗产地的旅游收入。除了旅游业的收入外，该地相关产业，如交通运输、房地产、酒店住宿、纪念品等都会有相应的附加收入，这样看来，文化遗产的经济价值是绝对不可忽视的。在追求发展绿色经济的当下，文化遗产已经成为推动经济发展的绿色动力，其价值在推动经济转型、改善生态环境、提高居民生活质量方面具有时代意义。

　　当今时代，判断物有所用的一个极其重要的标准就是其具有经济价值，经济价值有多大。文化遗产是一个民族、国家、地区历史进程中的集体记忆，是民族认同、文化认同、地域认同之根的有形或无形载体，文化遗产保护，根本目的是文化传承而非经济利益。但是，鉴于文化遗产的稀缺性、代表性，经济价值因此被衍生出来。文化遗产不是一般的商品，使用价值和价值都难以量化，故不同于一般商品通过交换获得利润。文化遗产的经济价值主要是通过发展旅游业实现的，遗产旅游是实现文化遗产经济价值的最普遍形式。从目前各国对世界文化遗产申报的结果看，文化遗产的经济价值是各个国家、地区都特别关注的。就我国而言，从宏观角度看，旅游业的发展已经成为时代趋势，故不论是哪个层面的遗产，都会被努力开发为旅游地。政府希望通过文化旅游产业不仅带动经济发展，而且产生联动效应，促进城市综合竞争实力。从微观角度看，文化旅游已经成为人们对美好生活追求的重要组成部分，普通大众已经成为文化旅游业的主要对象。

一、运河资源的旅游价值

早在 20 世纪 80 年代中期，清名桥历史街区已经成为无锡市的历史文化旅游街区。"虽然许多房屋已经破旧，有的墙壁似要倒塌，用几根木头支撑着，但正是这种原汁原味的江南风情，吸引了无数中外游客。许多西方人面对小桥流水、枕河人家、桨声惊梦，往往流连忘返。"① 每年有数以万计的游客来清名桥历史街区参观游览。为了向国外游客宣传无锡清名桥街区，无锡专门拍摄了电视剧到德国播放。但是后来因为运河水质问题，游客逐渐减少。

在中国大运河进入预备申遗名单之前，无锡已经开始了对清名桥历史街区的改造，对环城古运河水质问题的清理工作，目标就是要把清名桥街区打造为文化旅游地。保护修缮、清理整治工作成效明显。在国家和社会不同层面的共同努力下，2014 年，环城古运河段、清名桥历史街区正式成为世界文化遗产。

世界文化遗产是由联合国支持、联合国教育科学文化组织负责执行的国际公约建制，以保存对全世界人类具有杰出普遍性价值的自然或文化处所。世界文化遗产属于世界遗产范畴，是文化遗产保护与传承的最高等级。任何

---

① 无锡市政协学习史料委员会. 古运河的呼唤［M］. 南京：无锡文史资料编辑室，1999：23.

遗产一旦成为世界级遗产，就会成为一种象征着世界权威的符号资本，相应地获得了符号资本所带来的世界性的知名度、声誉和地位，于是，社会资本、经济资本开始趋向符号资本，以便谋取相应利益。当符号资本成为市场经济获取经济利益的资本时，遗产符号就会被分解为一个一个的具体符号，然后被分别加工利用。

　　遗产符号并不是简单的符号，"其背后的含义是经过地方群众积累的大量地方性知识形成的、约定俗成的解释，是作为一种历时性的过去在现在的'存在'，成了历时性与共识性的一个连接点。"① 清名桥历史街区，是大运河无锡段穿城而过以来历史地形成的生产生活方式的样态表现，属于典型的江南人的生活样态，包括民居建筑、日常生活、审美情趣、宗教信仰等，也包括近代民族工商业群体所造就的工商业文化氛围及其内在的精神气质，是千百年来无锡历史在当下的整合与有机融合。目前，无锡市通过对清名桥历史街区与环城古运河两处世界文化遗产的拆分解构，将其转变为清名桥核心展示区。范围为东起向阳路、塘南路，西至通扬路，南起金城路，北到解放南路、槐古支路，面积为 2.03 平方千米。作为古运河的核心精华地段，伯渎港、古运河在此相汇，运河人家鳞次栉比，粉墙黛瓦、花格木窗、方砖铺地、屏门隔断、前店后坊，"抬脚上桥、开门见河"，寺、塔、河、桥、街、窑、坊等众多景观组成特色环境，被称为古运河"精华中的精华"，享有"江南水弄堂·运河绝版地"的美誉。展示区聚集了运河古道、南禅寺、妙光古塔、清名古桥、伯渎古巷、张元古庵、明清古窑等历史文化胜迹，"桨声、灯影、古桥、民居"构成了一幅最纯粹的古运河"民俗风情水上图"。

① 彭兆荣. 文化遗产学十讲［M］. 昆明：云南教育出版社，2012：98.

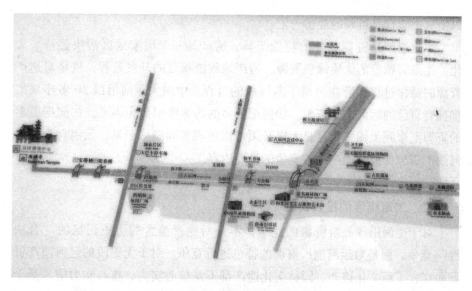

图3 采自清名桥历史街区展示板

　　为了将遗产符号资本化，无锡成立了古运河文化旅游发展有限公司，负责运河文化遗产符号的开发利用。在清名桥历史街区对外开放后，沿街两岸分布着诸如全国各地特色的小吃店，具有百年历史的化妆品、旗袍店铺等，在时光回忆与现代潮流相结合的氛围中，一批又一批的本地人、外地人涌入清名桥历史街区投资、消费，遗产地旅游带来了明显的经济收益。为了更好地提升遗产旅游获得经济效益，无锡市在清名桥历史街区持续开展了"今夜梁宵"夜市活动。夜市活动围绕"夜购、夜食、夜游、夜娱、夜秀、夜读"等主题，推出多项主题活动。在古运河、伯渎河这两条千年河流交汇处，挑选赏景游览的最佳位置设置游船舞台，与清名桥3D灯光秀联动，打造流动的文艺盛宴；充分拓展水上交通资源，提倡绿色出行，专线开通夜市水上巴士供游人乘坐；在古运河边打造水上夜宴，重现"古运河边载酒船"的江南韵事，使游客、市民置身于声、光、电、水、雾、影的体验之中，感受美轮美奂的江南古运河夜市画卷。整条南长街被精心装扮，开放屋架、花径连廊、动感舞台、特色花灯、垂直景观墙、移动花车、伞状休憩亭构成了一幅缤纷的夜市生活长卷。为了吸引更多年轻人夜间消费，夜市将传统项目与网红项目连接起来，引入《夜南扉》青年影像群展、5G街头直播间，同时还实现国潮品牌、原创品牌、本地品牌强强联合，综合提升夜市品质和消费体验。显然，清名桥历史街区和古运河已经被当作了符号资本加以利用消费，以便从中实现其可观的经济价值。

文化遗产是资源竞争的特殊工具。遗产是一个国家地区解决经济、文化、生态问题等的优质绿色资源。遗产地旅游项目的开发过程，就是对遗产资源的活化过程和潜在力量不断释放的过程。中国大运河沿线 30 多座城市都拥有自己的运河文化资源，如何把更多的游客吸引到无锡来，如何把更多的资源汇聚到无锡来，这是无锡必须考虑的现实问题。于是，无锡自身的运河遗产资源便成为遗产旅游竞争的重要内容。

二、工商街区的投资价值

对于运河沿线旅游资源的竞争，不是对遗产蕴含的历史记忆的"合法性"竞争，而是对运河遗产资源的特色进行竞争。对于无锡段的运河遗产资源而言，工商文化遗产、园林文化遗产都不是核心实力，核心实力应该是千里运河上无锡特有的"江南水弄堂"。为了将运河遗产转化为具有江南特色的水弄堂来吸引游客，无锡对南长街、南下塘的遗产点进行了选择和重组，并对其进行了价值阐释，赋予了遗产经济资本的当代价值。

十里繁华的南长街上，工业遗产、名人故居数量较大且相对集中，但要变成旅游景点，则需要选择和改造。清名桥历史街区的大公桥附近，是经过改造后的中国丝业博物馆，大公桥和清名桥都是有历史故事的桥，都是可以吸引人们缅怀旧时光的物质载体，而中国丝业博物馆属于永泰片区，是无锡丝业诸厂之首的永泰丝旧址。厂房保存完整，较好地反映了当时的历史情景，厂房的价值不仅具有改造再利用的价值，而且是很多无锡人、无锡家庭的集体记忆，具有参观教育的价值。于是，通过空间的再造，永泰原址被改造为中国丝业博物馆对外开放。历史故事和大量历史文物吸引着游人不自觉地走进博物馆参观学习。

距离中国丝业博物馆不远的是薛南溟旧居。薛南溟，名翼运，以字行，生于清同治元年（1862 年），祖居无锡县西漳寺头，后迁城内前西溪，是薛福成长子，光绪十四年（1888 年）中举，入李鸿章幕府。李鸿章任直隶总督时，他以候补知县衔任天津县、道、府三署发审委员会委员，专理华洋讼事。光绪二十年（1894 年），薛南溟因父丧丁忧回家，从此弃官经商。他曾任永泰洋行买办，并在无锡南乡开办茧行。其旧居是一处中西合璧的独立小院，与其他宅邸的差异性风格，正好成为吸引游人的理由，薛南溟故居被改造修建，成为南长街一处可彻底放松心情的静谧之处。

走过清名桥，便看到了伯渎港。祝大椿故居就位于古运河和伯渎港的交汇处，是一处古香古色的江南院落。祝大椿（1856—1926年），字兰舫，江苏无锡人，清末资本家，工商实业家。其故居规模宏大，建筑做工精致，特色明显，颇有艺术价值，并且房屋主建筑在历经了一个世纪的变迁后，仍保存完好，是典型的中西合璧的商贾别墅，也体现了浓重的运河江南人家特点。通过故居门前抱鼓石上刻着的三麒麟戏球的图案，就能知道房屋主人的显赫地位和对帝王、朝廷的忠诚。作为无锡清名桥历史街区内保护和修复最完整的清代名人故居，它也是目前清名桥古运河景区内故居中规模最大的省级文物保护单位。

这几处遗产点集中于清名桥附近，且都印刻着无锡的历史和无锡名人的人生追求，不仅对外来游客，而且对无锡本地人都具有吸引力，自然地成为遗产旅游点的游览之处，且由于资源的独特性，成为无锡运河遗产地的核心要素。

走过清名桥，便到下塘十里可烧窑的大窑路。大窑路在历史上窑窑相连，炉火旺盛，古运河的船上运载的沉沉金砖，从无锡出发北上到达京城故宫。大窑路上砖窑多，人口多，故事多，事件多，是遗产地旅游开发的绝好材料。

遗产点的布局，是一个最大限度满足游览者心情的线路。当人们走过清名桥后，一般会有意犹未尽的感觉，顺着伯渎河走走看看，大窑路便进入眼帘。走过一座一座的砖窑之后，心情的兴奋点便逐渐消退，容易有一种疲倦之感，于是，位于前方的水仙庙再一次满足了游人想要放松心情、求得宁静的需求。

随着清名桥历史街区的知名度不断提高，街区内的遗产点也在不断增加，同时被赋予了不同的社会价值。贺弄，旧称火弄。因明朝嘉隆年间杜甫后人在此定居经营火砻（砻坊是指经营稻谷去壳加工的手工业作坊）营生而得名。贺弄从本质上和其他弄堂没有实质性区别，但因莫氏家族带有传奇性的故事，特别是根据其家族事件改编的现代戏剧《一捧雪》的故事，无形中增添了贺弄的历史怀旧感。

贺弄，可上溯至明朝莫氏宅第。明成化二十年（1484年）、弘治十二年（1499年），莫聪和莫息侄叔二人先后高中进士。莫聪任兵部员外、郎中，莫息授工部主事。莫家怀古，在南长街的贺弄建宅。据《无锡市志》介绍，"莫宅兜，长街弄附近，原为明代莫氏宅第"，莫宅造就了一方胜景。其中莫家花园有条河，河上建有单孔石拱桥——永圣桥（始建于 1324 年），后在乾隆下江南时赐名"定胜桥"，曾与金钩、玉带、知足三桥齐名，现在只有这座桥还保持着原有的风貌。于是，嫁接了鸿山遗存玉飞凤，《莫园怀古》便赋予了爱情情调的怀旧文化记忆。

钱少卿老宅也是贺弄怀旧的场景之一。钱光弼（1891—1965 年），字少卿，于 1918 年创建"业勤兄弟花边公司"，生意兴隆，后购进贺弄土地用于建筑宅第。钱宅为典型民国建筑，青砖两式洋房，面宽三间，四造进深，第一进为二层楼房；第二进为主楼，装饰精美，为主人居住；第三进为平房，作餐厨、储藏用；第四进为欧式棚园。宅邸内部装饰风格中西合璧，设计精美，用料高档，很是气派。老宅采用了"文化空间的再造"，将钱少卿老宅置换为定胜堂，扩大其餐厨功能，于是，老宅的怀旧场景便变得丰富直观起来。

巷内原有的厂房为无锡印花老厂房，有一扇门正好对着定胜河，在厂门对面的定胜桥便新建了一座江南休憩亭，老厂房加定胜桥便有了文化空间再造的可能性，于是廊桥遗梦、夜泊枫桥便融合为廊桥月泊，带给人们充满诗意的浪漫想象。可以说，对历史遗迹的历史再审视，贺弄被改造为现代人在江南水弄堂怀旧和向往浪漫的文艺之地，成为人们的寻梦之地。

贺弄隔壁的圣塘里，只是一条普通的江南弄堂，且没有贺弄有趣的历史故事，但凭借其位于江南水弄堂的符号资本，又与怀旧和浪漫的贺弄毗邻，于是，圣塘里根据实际需要被打造成美食、娱乐的休闲商业地块，其经济价值便不言而喻了。

三、惠山古镇的商业价值

环城古运河在黄埠墩进行了分流，一支转向了惠山古镇。借着环城古运河道成为世界文化遗产的符号资本力量，惠山古镇的经济价值逐渐被挖掘和显现出来。

惠山古镇集人文之粹，得山水之美。千百年来，一直是本邑民众的精神家园和休闲游玩之地。古镇拥有古寺、古泉、古园、古祠、古河、古桥、古树名木等文物古迹和文化景观，祠庙文化、名人文化、泉茶文化、园林文化、泥人文化等汇集于此，素有"露天博物馆"及"文化宝库"之美誉。发源于此的非物质文化遗产有惠山泥人、锡绣、竹刻、庙会、惠山油酥饼、惠山豆腐花、梅花糕等。1995 年，惠山古镇和古运河被江苏省列为省级历史文化保护区。2006 年，惠山古镇祠堂群被国务院公布为全国重点文物保护单位。2010 年，惠山古镇被评为"国家传统建筑文化保护示范工程"。2011 年6 月，经专家严格评审，惠山古镇荣获"国家文物保护最佳工程奖"和"中国历史文化名街"称号。

作为历史文化名街，惠山古镇积淀的历史人文价值被挖掘和呈现，成为无锡城市最重要的旅游景点，古镇上商家店铺林立，各种传统美食、特色商品应有尽有，茶馆、餐馆隐于林中。加以锡惠公园、寄畅园、惠山寺的互通互联，更是增强了古镇的人流量和商业氛围。除去一般的商家店铺之外，惠山古镇突出了非物质文化的经济价值。国务院《关于公布第一批国家级非物质文化遗产名录的通知》指出："我国是历史悠久的文明古国，拥有丰富多彩的文化遗产。非物质文化遗产是文化遗产的重要组成部分，是我国历史的见证和中华文化的重要载体，蕴含着中华民族特有的精神价值、思维方式、想象力和文化意识，体现着中华民族的生命力和创造力。"毫无疑问，国家级非物质文化遗产便成为具有国家权威性质的符号资本。无锡作为一座历史名城，其惠山泥人、锡剧、精微绣等都已经成为国家级非物质文化遗产。其中，惠山泥人最为出名。为了发挥惠山泥人作为国家级非物质文化遗产的经济价值，不仅在惠山泥人厂址修建了惠山泥人博物馆，供游人参观学习，而且在古镇开设了惠山泥人传承人的工作室，吸引游客进行参观消费。

惠山古镇作为本地人的地方精神家园，一年一度的惠山庙会是人们日常生活必不可少的内容。随着现代社会工业化带来的冲击，现代社会人们的日常生活空间与传统民俗活动呈现分离状态。惠山庙会已经不再是以户为单位的个体式活动，而是演变为由政府组织的展演活动，这种活动通过大量新元素、新内容、新形式的加入，改变了传统庙会带有精神向往的性质，更多转变为娱乐性的商业活动。作为吴文化发源地的梅里古镇，更是将泰伯庙会变成了经贸会。从 2010 年开始，梅村街道在已持续多年的"以文兴商"的主题下，将原"泰伯经贸文化节"更名为"泰伯文化节"，通过添加文化元素吸引更多的人参与活动。文化节活动以"泰伯庙会"为核心，主打"传统文化"牌，新增民俗巡游、灯谜会等吴地文化气息浓厚的活动，同时举办街道年度发展成果展、新春电影周等文化活动，倡导传统文化和地方习俗的回归与重振。泰伯经贸文化节上举行经贸文化节项目签约、高新技术产品成果展等。显然，这样的文化活动是对符号资本的商业利用。

第四节 运河文化遗产的教育价值

文化遗产是历史的产物，具有唤起人们对特定历史的集体记忆，这种记忆往往成为地域认同、文化认同的载体，成为形成社会凝聚力的重要资源。同时，文化遗产承载着一个民族在历史发展过程中形成的共同心理结构、意识形态、生活习俗等，是民族认同的重要来源，对生活在一个共同体内的人们会形成强大的凝聚力和激励作用。鉴于此，文化遗产总是具有社会选择和建构的特点，其价值意义在一定程度上是社会建构的产物，是社会选择的结果。选择的标准是多样的，但具有社会教育意义是其重要原因之一。被选择的文化遗产在其价值意义的阐释上进行社会建构，目的是满足社会需要。就文化遗产本身而言，很多文化遗产蕴含着丰富的教育资源，可以成为社会培育理想信念、追求科学精神等方面的教育资源。

一、先贤事迹的尚德崇文教育价值

无锡段运河两岸的社会教育资源，不仅形式多样而且内容丰富，最早可追溯到"泰伯三让"。泰伯又称吴太伯，吴国第一代君主，东吴文化的始祖，姬姓。其父亲为周部落首领古公亶父。兄弟三人，吴太伯排行老大，两个弟弟仲雍和季历。父亲传位于季历及其子姬昌，太伯和仲雍避让，迁居江东，建国勾吴，开创了吴国五百多年的基业，源远流长的吴地文明由此发轫。泰伯"三以天下让"被孔子尊为"至德"，百姓尊其为"让王"，司马迁的《史记》将其列为"世家第一"。东汉桓帝为其建庙修墓，为纪念泰伯"三让"的高风亮节和开发江南的丰功伟绩。

如果说泰伯三让为吴地人们心中种下了尚德的种子，明末东林党人则以生命践行了这种德性。东林党是明朝末年以江南士大夫为主的官僚政治集团，由明朝吏部郎中顾宪成创立。当时朝野积弊、权贵贪纵枉法，社会矛盾日趋激化，为了针砭社会问题，顾宪成等人修复宋代杨时讲学的东林书院，与高攀龙、钱一本等人聚众讲学，他们倡导"读书、讲学、爱国"的精神，引起全国学者普遍响应，一时声名大噪。他们讽议朝政、评论官吏，要求廉正奉公，振兴吏治，开放言路，变革制度。这些针砭时政的主张得到当时社会的广泛同情与支持，同时也遭到宦官及其依附势力的激烈反对。天启六年

（1626 年），魏忠贤窃国乱政，崔呈秀假造浙江税监李实奏本，诬告高攀龙等人贪污，魏忠贤借机搜捕东林党人。1626 年 3 月，高攀龙不堪屈辱，效屈原之志，投水自尽，以示清白，时年 64 岁。崇祯元年（1628 年），朝廷为高攀龙平反，赠太子太保、兵部尚书，谥号"忠宪"。1957 年，"高子止水"处被评为市级文物保护单位。2020 年 12 月，由梁溪区纪委监委牵头，会同区有关部门对高子止水遗址进行保护修缮，开辟了"清风梁溪"廉政文化园，充分挖掘监察文化，积极倡导清廉家风，大力弘扬以廉立身、以廉治家、以廉教子的优秀文化传统，在全社会营造以廉为荣、以贪为耻的良好风尚。

由顾宪成撰写的"风声雨声读书声声声入耳，家事国事天下事事事关心"早已耳熟能详。1956 年 10 月东林书院由江苏省人民委员会公布为省级文物保护单位；2001 年无锡市对东林书院进行了全面修复，有石牌坊、泮池、东林精舍、丽泽堂、依庸堂、燕居庙、道南祠等建筑；2005 年 6 月东林书院入选第六批全国重点文物保护单位，成为目前无锡市优秀传统文化的教育基地。

二、"实业救国"的企业家精神培育价值

企业家精神是从事经济活动的企业家在实践活动过程中逐渐形成的、被社会所公认的一种精神，包括爱国情怀、勇于创新、诚信守法、社会责任、国际视野。习近平总书记 2020 年 7 月 21 日在企业家座谈会上讲道："企业家要带领企业战胜当前的困难，走向更辉煌的未来，就要在爱国、创新、诚信、社会责任和国际视野等方面不断提升自己，努力成为新时代构建新发展格局、建设现代化经济体系、推动高质量发展的生力军。"无锡近代民族工商业践行的"实业救国"理念是当今企业家精神培育的深厚滋养。

实业救国的社会背景是中华民族处于水深火热之中，本国经济发展处于国际经济、政治、军事等形势的夹缝之中。整个社会经济实力薄弱，连基本的工业链条都没有形成，国家处于风雨飘摇之中。从事经济活动的工商业者，他们采用了实业救国的方式，主要从轻工业着手，充分利用江南地区，特别是无锡水利交通便利、稻米、桑蚕相对丰裕的条件，战胜各种困难，在无锡运河沿线开办工厂，以实体经济创造社会物质财富的方式"救国"。在单个企业、单个家族成功的基础上，多个企业、多个家族便以前辈为榜样，于是，一家一家的企业、一个一个的家族便以"实业救国"的形象展现在无锡以至整个中国面前，不仅造就了无锡的工商业发展神话，而且为中华人民

共和国成立后我国经济的发展奠定了坚实基础。

无锡近代工商望族不仅践行实业救国理念，而且很重视教育。捐资办学是他们教育救国、教育兴国的首选，在众多的工商望族中，声名显赫的当数无锡荣氏家族。从 1906 年开始，荣家就办起了 4 所公益小学和 4 所竞化女子小学；从 1919 年至 1929 年，又创办了公益工商中学、梅园豁然洞读书处和公益中学；1947 年，创办了私立江南大学。为了能够让更多的人接受教育，荣家在 1912 年开始创建"大公图书馆"，免费向社会开放。在图书馆筹办期间，荣德生开始大量购买书籍，到 1914 年，购书量已经达到 5 万余卷。1915 年，图书馆动工，1916 年建成开馆，馆内有藏书 9 万余卷。为了方便查找，荣德生请荣吉人、严筱兰先后主持编写了 12 卷《大公图书馆藏书目录》，1921 年 10 月刊印问世，此时的大公图书馆藏书已达 11.7 万卷。商务印书馆早期编审、著名藏书家孙毓修这样评价："乡村之有图书馆，且有书目，则以大公为始矣。"1955 年，荣毅仁遵循父亲遗愿，将荣家梅园和大公图书馆全部藏书献赠国家，由无锡市人民政府接收，后还向无锡市博物馆捐赠一批珍贵的历史文物。1947 年荣德生先生创办的无锡第一所私立江南大学，成为今天江南大学的前身。

近代民族工商业者不仅重视德，而且努力践行仁。"仁者爱人。"位于清名桥历史街区的大公桥是为便利工人上班由众人捐款修建的，西水墩上的西水仙庙也是由三里桥附近的众多商人捐款修建而成的，而三里桥附近的吴桥，则是吴子敬一人捐款修建的。1934 年，荣德生先生以自己六十寿辰的贺仪修建了宝界桥。60 年后，由荣毅仁牵头，荣智健捐资，于老宝界桥旁修建了一座宽敞的新桥，平行的两桥犹如两道彩虹飞架一水之上。无锡周新镇，位于滨湖区东绛，形成于明初至晚清，到民国时期基本形成村落格局。出身于周新镇的无锡著名民族工商业家、"煤铁大王"周舜卿，从光绪二十一年（1895 年）起，辟街道、造桥梁、设店铺、办学校，光绪二十八年（1902 年）取名为周新镇。周舜卿还创办了无锡第一所商业职校——廷弼商业学堂，创建了无锡第一家机械缫丝厂——裕昌丝厂，逐渐将周新镇打造成江南名镇。无锡商人厚德重仁的历史成果，都可以成为倡导企业家精神的社会教育资源。

三、家国情怀的红色与廉政教育价值

运河两岸积淀着深厚的红色文化资源。清名桥历史文化街区的"南书

房"已被打造成为南禅寺街道"古韵南禅红色驿站"基层党建工作指导站，实践出一条以"区域化党建、网格化治理、精细化管理、精准化服务、多元化参与"为核心的"党建+五化"融合的社区治理创新之路，形成了一批"百姓御史工作室""131一线工作法"等文化内涵深、服务措施硬、群众反响好的党支部特色工作法。大窑路窑址则提炼出无锡窑工抗倭的民族精神，展示了与古窑相关的红色精神图片，与运河遗产价值融合为一个整体。典型的革命遗址——中共无锡工委机关旧址（培南小学）已经焕然一新，在复原二楼旧时的学校教室和校长室的同时，建成了基层党建工作指导站。祝大椿故居则引入党员教育实境课堂。故居策划引入多个爱国主题的互动式剧本，搭建沉浸式党史学习教育平台，创新学习方式，通过场景打造、声音烘托、DM演绎，让人们沉浸其中，体验革命前辈在保家卫国进程中遇到的各种艰难险阻，深入了解党史。

惠山古镇的118处祠堂，祭祀着历代贤达名人、清官廉吏，构成了国内外绝无仅有的"祠堂群"景观，也形成了具有浓厚地方特色的"梁溪清风"廉政文化。2019年，惠山古镇被评为"省级廉政文化教育基地"。

位于惠山古镇的秦氏双孝苑，被打造成孝友文化基地，孝友是无锡秦氏家族精神。秦氏家族从秦湛遂父秦观之愿迁墓惠山起，历史记载秦氏在无锡的孝友故事颇多，仅《光绪无锡金匮县志》中列入孝友传的秦氏就有20人，占全篇的1/10。据了解，乾隆十一年（1746年）秦道然倡议，在寄畅园嘉树堂奉祀"碧山吟社"创始人秦旭之子、明成化诏旌孝子秦旦、秦奭兄弟。寄畅园即成祠园，亦称孝园。乾隆南巡游览寄畅园时，总结了秦氏家风："孝友传家""书史传家""异世一家能守业"。乾隆二十三年（1758年）赐无锡秦氏"孝友传家"匾额。如今，秦氏双孝苑已免费对外开放，并成为无锡市社会主义核心价值观教育实践基地。

坐落在无锡惠山脚下的陆宣公祠，祠主陆贽（754—805年），大历年间（766—779年）进士，唐德宗时为翰林学士，参与宰相议事。此时的大唐刚经历安史之乱，又发生了严重的叛乱事件，唐德宗在泾原兵变后不得不逃离长安。国家生死存亡之际，陆贽挺身而出，跟随唐德宗出逃至奉天（今陕西乾县）。陆贽积极进谏，冷静决策，辅助唐德宗处理政务，帮助唐德宗起草诏书，在此期间的诏书多出自陆贽之手，陆贽起草的诏书分化瓦解了叛军，后叛军被成功平定。陆贽力挽狂澜，扶大厦之将倾，被时人称为救世宰相。

陆贽为人正直，一生清正廉洁。对于贪污腐化之事，他从不手软，坚决予以处理。为整治贿赂之风，陆贽以身作则，洁身自好，对他人所送礼物一律不收。唐德宗见他太过清廉，便责备他："清慎太过，诸多馈赠，一概拒收，难免太过无情，细小之物品受亦无妨。"但陆贽回复道，贿赂只能开启人们的贪欲之心，收重礼是受贿，收薄礼也是受贿，受贿这个口子一旦打开，欲望定会越来越大。"利于小者必害于大"，自己身为宰相应当严于律己，率先垂范。"不矜细行，终累大德"，"大唐廉相"陆贽成为唐朝的廉政佳话。

杨藕芳祠堂的祠主杨宗瀚（1839—1910 年），字藕芳，无锡人，系杨延俊三子。杨宗瀚早年追随李鸿章开展洋务运动，创办上海机器织布局。后来，他受到台湾第一任巡抚刘铭传之邀，前往台湾勘探地势，开发并建设了我国第一条铁路。1895 年，他又与兄长回到家乡无锡，在经历了重重难关之后，两兄弟共同创办了我国第一家商办纱厂——业勤纱厂，就此掀开了无锡民族工商业的新篇章。此后，杨氏后人一方面致力于城市的基础建设，开办无锡第一家电话公司、修建广勤路；另一方面他们也热心推动无锡人文景观的发展，于太湖之滨建万顷堂，在鼋头渚兴建横云山庄，为无锡的全面发展做出了巨大贡献，同时也使杨家成了无锡近代四大家族之首。杨氏家族以耕读传家为祖训，"耕"是勤勉务实，而"读"是修身明智。杨家将"耕"与"读"相结合，投身无锡发展，担当复兴大任，在国家民族的风云变幻中，扛起实业救国、务实担当的大旗。2006 年 6 月，杨藕芳祠堂被作为惠山镇核心祠堂园林列入全国重点文物保护单位。如今，杨藕芳祠堂也成为无锡市廉政教育基地。

第五节　运河文化遗产的生态价值

根据联合国教科文组织 1972 年颁布的《保护世界文化和自然遗产公约》规定，文化遗产从历史、艺术或科学角度看具有突出的普遍价值，对于人类工程或自然与人联合工程而言，则是从历史、审美、人种学或人类学角度看具有突出的普遍价值。由此可以看出，文化遗产一般不讨论其生态价值。生态价值是人与自然环境关系的哲学范畴，指生态环境对人和人类社会生存发展的意义，是人类社会多样性价值体系中重要的价值标尺之一，它是自然环境所具有的满足人和社会的能力。作为文化遗产的中国大运河，沿线居住着

3亿左右的民众，他们依河而居、以河为生，以至在运河沿线孕育出大量繁荣百年甚至千年的城镇，依河而居的格局至今没有发生根本性改变。大运河穿无锡城而过，大运河的水质对于无锡人而言尤其重要。

一、太湖蓝藻的生态警示价值

对于生态环境问题的重要性，习近平总书记早在2013年5月24日主持十八届中共中央政治局第六次集体学习时指出："建设生态文明，关系人民福祉，关乎民族未来。党的十八大把生态文明建设纳入中国特色社会主义事业五位一体总体布局，明确提出大力推进生态文明建设，努力建设美丽中国，实现中华民族永续发展。这标志着我们对中国特色社会主义规律认识的进一步深化，表明了我们加强生态文明建设的坚定意志和坚强决心。"无锡和太湖特殊的地理位置关系，使太湖蓝藻很容易积聚在无锡水域，严重时不仅会出现水危机，而且河湖中的蓝藻直接影响了空气、生物等。2007年，无锡太湖水域暴发蓝藻，不仅太湖水面聚集了大量的蓝藻团，而且与太湖相通的其他河流都有蓝藻移动，古运河河道也无法避免，整个清名桥历史街区，走到哪里都有难闻的蓝藻恶臭味，不仅如此，连自来水都带着臭味，无法饮用。清名桥历史街区的人流量明显减少，生态问题已经不仅仅是简单的环境问题，而是已经成为影响经济发展的重要问题。

无锡水网密布，河湖相连，运河水和梁溪水在西水墩相交叉后形成各自走向。大运河的生态问题不仅是古运河河道作为世界文化遗产本身的要求，也是当地人民正常生产生活的需要，还是无锡发展遗产旅游经济必须考虑的现实问题。为此，无锡全面加强了运河河道的生态建设，从清除淤泥到净化水质，从查找隐患到打捞蓝藻等，进行了大量的实质性工作。

为了彻底解决运河河道的生态问题，无锡在更大范围实现了河湖相连，解决了很多河道水体发黑发臭现象，为了保证水质的持久性，无锡首创了河长制，以明确的责任制最大可能解决了河道的生态问题。经过多方面的综合整治，城市的水质问题明显得到改善，很多生活在以前被污染河道附近的人们的幸福指数也得以提高，无锡连续多次被评为宜居城市。经过连续多年的坚持治理，到2021年，无锡首次实现河道国省考断面全面达到Ⅲ类，比例首次提升至90%以上，水域水质总体符合Ⅳ类标准，太湖蓝藻治理成效显著，无锡人民连续14年安全度夏，连续2年获评中国最具幸福感城市。

二、遗产环境的生态保护价值

随着遗产保护不断深入，遗产的环境保护已经成为遗产保护的重要内容。大运河文化遗产是"活态"遗产，是流动遗产。大运河的生态环境既是大运河遗产保护的重要内容，也是大运河沿线城镇生态建设、人民幸福的重要内容。水波动，城镇兴，文化兴。对此，习近平总书记2020年11月13日在江苏扬州三湾考察时指出："扬州是个好地方，依水而建、缘水而兴、因水而美，是国家重要历史文化名城。千百年来，运河滋养两岸城市和人民，是运河两岸人民的致富河、幸福河。希望大家共同保护好大运河，使运河永远造福人民。生态文明建设关系经济社会发展，关系人民生活幸福，关系青少年健康成长。加强生态文明建设，是推动经济社会高质量发展的必然要求，也是广大群众的共识和呼声。要把大运河文化遗产保护同生态环境保护提升、沿线名城名镇保护修复、文化旅游融合发展、运河航运转型提升统一起来，为大运河沿线区域经济社会发展、人民生活改善创造有利条件。"运河沿线的环境问题与城市发展、人民生活息息相关。

无锡是一座城河一体的运河城市。对运河遗产的生态保护，就是对全市河湖生态的保护；对运河遗产环境的治理，就是对全市综合环境的治理。根据《无锡市大运河文化保护传承利用实施规划》，到2025年，大运河无锡段生态保护格局全面形成，沿线水清岸绿风貌初步形成，建设绿色宜居的运河城市和水清岸绿的运河公园。以运河遗产保护为抓手，构筑无锡河湖水网的绿色发展新格局，筑牢大运河文化带建设的生态"基底"，实现"推窗见绿，沿河见景"的宜居城市。

习近平总书记对大运河保护利用的殷殷期望，正激励着无锡市委、市政府的相关部门，在已有成就的基础上，继续奋进求善，以更高的水质标准向无锡人民交出满意的答卷。

第五章

无锡段运河文化遗产的保护实践

文化遗产对任何一个国家而言都是宝贵的财富，但文化遗产的唯一性、脆弱性，使得保护问题成为文化遗产的核心问题。文化遗产的保护主要有三方面的内容："一是对文化遗产的产生、发展、表现价值和作用的研究；二是对文化遗产的保护措施和实施；三是针对文化遗产内涵、价值在民族发展、民族精神延续中的作用进行宣传、教育和弘扬。"① 习近平总书记指出，"大运河是祖先留给我们的宝贵遗产"，一定"要统筹保护好、传承好、利用好"。

中国大运河是世界上开凿最早、里程最长、规模最大，对自然地理面貌改变最明显的运河工程，全长近 3200 千米，开凿至今已有 2500 多年的历史。2014 年 6 月 22 日，在多哈召开的第 38 届世界遗产大会上，中国大运河项目成功入选世界文化遗产名录，成为中国第 46 个世界遗产项目，大运河沿线共有 27 处河道，58 个遗产点列入其中。大运河江苏段世界文化遗产点共有 27 处，属于无锡段的有江南运河无锡城区段和清名桥历史文化街区。

无锡城区段运河主要是沿用了吴王夫差所开凿的吴古故水道。春秋时期吴王夫差令人开凿运河，东汉初年袁康、吴平所著的《越绝书》上把这条运河称为"吴古故水道"（古运河）。该段运河南起吴国都城姑苏（苏州），经无锡和常州后向北穿过长江，到达广陵（扬州）。无锡段运河一段是从无锡南门外到清名桥，一直向东南，经望亭直达苏州（老运河），一段是从常州向东南，经横林、洛社直达无锡北门外的双河尖，两段运河造就了无锡"环城水道龟背城"的城市格局。

无锡段运河沿线留下了大量丰厚的文化遗产，与历朝历代对无锡城和无锡段运河的重视密不可分。隋大业六年（610 年），隋炀帝下令"刺开江南河，自京口（今镇江）至余杭（今杭州），八百余里，调十余丈，报通龙舟，

---

① 于海广，王巨山. 中国文化遗产保护概论［M］. 济南：山东大学出版社，2008：6.

并置驿馆、草顿，并足欲东巡会稽（今绍兴）自唐武德以后，累浚为东南之水驿"（《大业杂记》）。江南运河大多沿用原有河道，无锡在江南运河的重要性开始显现。至元朝，"置仓无锡州，以便海漕"（陈迈《亿丰仓记》），无锡便成为江南的一个漕运中心，目的是便利海运和河运交替使用。之后的明清时期，无锡仍旧为江南地区的漕运中心。无锡本身作为优质稻米的生产基地，加之便利的交通运输，终究促成无锡米市和各种码头的形成发展。沿河粮行堆栈密布，船樯桅杆高耸是当时无锡城区的典型形象。民国时期，江南运河发达的航运功能，又造就了无锡民族工商业的崛起，形成无锡城"千年文明、百年辉煌"的历史特色。

大运河无锡段北起常州与无锡交界的五牧（今属洛河镇），南到无锡与苏州交界的望亭，其北接长江，南达太湖，全长 40.8 千米。进入世界文化遗产点的江南运河无锡城区段，俗称无锡古运河，纵贯无锡城区，有"千里运河、独此一环"的美誉。在《申报世界遗产文本·中国大运河》中是这样描述无锡段运河的：大运河无锡段是京杭运河无锡段历史风貌保持最完整的区段，是中国大运河的精华部分。至今仍留存浓郁明丽的水乡风貌。北段河面开阔，舟楫如梭，旧时三里桥米市集市繁华；中段棚下街、水仙庙绿荫夹岸；南段临水民居保存有古色古香的水乡风情的江南水弄堂。整个段落北起黄埠墩，自江关分流，西南支经西门桥、西水墩、跨塘桥，南至下甸桥，东北支经莲蓉桥，出羊腰湾，至跨塘桥与西南支合流，包括了北塘、城东、城西、南长 4 个小段以及黄埠墩、西水墩两个小岛，全长 14 千米，是无锡运河沿线最宝贵的文化遗产。

第一节 环城古运河的保护治理进程

对文化遗产的保护，既包括保护遗产本身，也包括对遗产本体存在环境的保护。大运河遗产与大运河环境紧密联系，作为一条流动的河流，活态的遗产，对大运河遗产的保护，首先是对大运河的环境治理。无锡市早在 1987 年就开始了对运河的保护治理工作，既包括对运河环境的总体整治，又包括对遗产点的修缮修建工作。

一、环城古运河的保护规划

无锡市对大运河的保护和治理工作走在全国前列。早在 1987 年，无锡市就认识到保护古运河的重要性，建立了古运河保护区，划定范围从黄埠墩到清名桥，全长 6.6 千米，制定公布了《无锡市区古运河管理暂行规定》，并支持召开了"无锡历史文化与人文景观研讨会"，市委常委经过专门研究，同意"会议纪要"对全市人文景观建设提出的"保护、修复、发掘、利用"方针和市建委制定的《无锡市人文景观、风景园林的保护、开发和利用的初步设想》，这些文件证明了无锡是大运河沿线申遗城市中最早划定保护区、出台管理办法的城市。到 20 世纪 90 年代，市政府在保护、治理古运河工作方面取得了明显成绩。1991 年，在市政府支持下，南禅寺的修复和改造与建设综合市场相结合，在保护中开发，在开发中保护，以寺兴市，以市修寺，通过抢救性保护恢复了古迹。1992 年，启动了大运河的保护和整治工作，关停整治了一些污染企业，古运河水质恶化状况初步得到遏制，溶解氧由 20 世纪 80 年代的 0.29 毫克/升，上升为 1.5 毫克/升。1995 年修订的《无锡城市总体规划》对古运河的绿化、文物保护、环境保护、旅游资源开发等提出了原则意见。同年 12 月，京杭大运河无锡城区段由江苏省人民政府批准列为省级历史文化保护区。1998 年市政府把古运河风光带的环境绿化、美化、净化工程列入任期目标，对河道进行了清淤工作。①

2006 年 5 月 22 日，全国政协文史与学习委邀请有关部委和城市市长在杭州召开了"京杭大运河保护与'申遗'研讨会"，研讨会上，中国博物馆学会副会长舒乙先生根据运河沿线已有的改造建设成果，提出了 5 种模式，其中，针对无锡的改造成果，总结了无锡模式："原有原貌基本保持完好，古河、古桥、古窑、古街、古码头基本没动。老百姓的生活条件现代化程度不高。"② 可以看出，当时沿线城市对大运河的理解还不够深刻，大运河遗产的改造还存在问题。2006 年 12 月，国家文物局将大运河列入《中国世界文化遗产预备名单》，大运河的申遗项目启动。无锡积极响应国家号召，对无锡市的运河沿线进行全面调查，设定了 3 条河道，一条古运河，一条锡澄运

---

① 无锡市政协学习史料委员会.古运河的呼唤［M］.南京：无锡文史资料编辑室出版发行，1999：32-33.
② 冬冰.运河长子的担［M］.南京：广陵书社，2016：25.

河，一条梁溪河。通过调查，大家认为无锡运河有两大特点：一是无锡段运河是无锡粮食的集散地，是中国四大米市之一，并且是运河上唯一的米市；二是无锡段运河是活态的，从隋唐开始的漕运，到近代的工业遗产长廊，再到现代的低碳黄金水道，无锡段运河一直在发挥作用。2007 年 6 月，国家文物局和全国政协文史与学习委员会、交通运输部、水利部等相关部门，共同召集运河沿线城市有关政府和文物部门的负责人，在北京召开了"大运河保护与申报世界文化遗产工作协调会议"，此次会议的召开，表明大运河保护与申报世界文化遗产全面启动。同年，无锡市成立大运河无锡段遗产保护规划办公室。2008 年，编制了《大运河（无锡段）遗产保护规划》，通过省级、国家级专家组论证，成为江苏省沿线联合申遗城市中的范本。同时，按照保护规划，无锡市对大运河两岸环境进行了全面整治，对水体进行清淤截污，对两岸驳岸、码头进行了整修，对历史建筑进行了维修，整治投入达 70 亿元。2012 年，无锡市政府公布《大运河（无锡段）遗产保护规划》，同时公布《大运河（无锡段）遗产保护办法》。在先后历经 16 年反复论证后，到 2012 年，无锡市将原来的 0.44 平方千米扩容至 2.03 平方千米，2013 年，按照联合国遗产委员会的申遗要求，无锡市在运河两岸设定大运河两岸保护区和缓冲区。大运河无锡段申遗河道从黄埠墩到下甸桥，全长 14 千米，同时设立 3 个申遗点：清名桥历史文化街区、黄埠墩、西水墩。同时，完成核心区保护性修复面积 11.5 万平方米，创建了运河文化艺术馆、中国丝业博物馆、明清窑群遗址博物馆等活态博物馆，并复原建造了无锡"戏码头"，挖掘了"太湖船点""捏泥人"等本土非物质文化遗产。曾有业内专家说，中国运河无锡段给世人呈现的盛景堪称 21 世纪江南版清明上河图。2013 年 8 月，通过联合国审议专家组到无锡进行现场考察评估。当时专家做出的评价内容主要有两条：一条是清名桥历史文化街区是典型的运河聚落，可誉为"江南水弄堂，运河绝版地"；另一条是环城运河反映了运河和城市相生相伴的典型关系，即"环城运河龟背城"。2014 年，无锡市制定京杭运河（无锡段）景观提升改造规划方案，实施京杭运河（无锡段）两岸景观提升改造工程，建设范围北起凤翔大桥，南至高浪大桥，全长约 13.7 千米，面积 51.6 万平方米。该工程示范段（蓉湖大桥—梁溪大桥）于 2012 年 10 月开工，2014 年竣工并交付使用。项目工程总长度约 5.1 千米，其中，东岸约 2.5 千米，西岸约 2.6 千米，改造面积 5 万余平方米。整个改造工程以绿化造景为主，包括节点景观、慢行系统、亮化工程及其他公共配套服务设施等。2014 年，中国大运河申遗成功，无锡一处河道、一处景点成功列入中国大运河文化遗产。

二、环城古运河的综合整治

古江南运河开凿之时，还没有无锡城，当时无锡只是运河边的一座村落。依靠运河的交通便利，无锡逐渐发展出集镇，到西汉时期建了无锡城，据《汉书·地理志》和唐代《元和郡县志》等史籍记载，西汉初年，这里开始设县并建城，城址在"运河西，梁溪东"（见南宋《成淳昆陵志》）。因其北面是浩渺万顷的无锡湖（唐以后称芙蓉湖），故县名和城名均以"无锡"为名，这就是"先有大运河，后有无锡城"说法的来源。唐宋时期，由于无锡经济文化的发展，人口不断增加，城址就向南北两端扩展，于是，运河被纳入城中。城中的这段运河，后来被叫作"直河"。因城东部有弓河和9条箭河，而直河又好似弓上之弦，故又名弦河，于是无锡城有了"一弓九箭"的说法。民国时期，直河东岸的大市桥街、中市桥街、南市桥街等街巷被连起来，改名为中山路，城中直河也被人们称为中山河。清乾隆年间的《金匮县志》写道："运河水入北水门，直行，出南水门而注官塘。未有城时，粮船由此。今两邑分城，以此为界，西无锡，东金匮。"嘉庆年间的《无锡金匮县志》亦云："运河自北门塘分支，过长安桥向南行，东汇北门桥河，西汇南尖河，入北水门，东南行，出南水门。""城中直河，曰弦河，以有弓河、箭河而名之。"《吴中水利书》云：此"即邗沟故道也"。

明嘉靖三十三年（1554年），无锡知县王其勤为抵抗倭寇，将无锡城原有的3个水关——北水关、南水关和西水关，都筑了较为狭窄的水城门。其中，北水门和南水门分别是大运河进城、出城之门。水门狭窄且经常关闭，不便漕船和大型货船通过。于是，官方决定将城东经亭子桥、羊腰湾的外城河挖深开阔，作为漕船、重船通航的运河主航道，同时，再将经西门桥的西城河作为驿船、轻舟往返的运河驿道。城中的直河，就不再作为大运河的主航道，仅为普通小船来去的河道。从此，大运河无锡城区段就由原来的"穿城而过"变成了"环城而过"。① 光绪七年（1881年）出版的《无锡金匮县志》云："锡城久圮，漕艘贯县而行。后因倭警筑城，运道乃绕城而东出。是改从东路在嘉靖甲寅后也。"又云："西城河实南北水驿，旧并于'运河'

① 夏刚草. 江南运河无锡城区段的走向及其变迁 [EB/OL]. 中国运河网，2019-01-09.

条内，称运河分支，绕城。以城西水急，故粮艘多走城东道。"

1958 年，城中直河全部被填塞，运河上的所有船只从城东或城西环绕而过。但是，从黄埠墩到江尖渚的北塘段和从南城门外到南水仙庙的南长段，仍是春秋时期开凿，历经隋、唐、宋、元、明、清的江南运河古河道，故称为"古运河"。而从明嘉靖三十三年（1554 年）以后作为大运河主航道的环城段，即经羊腰湾的城东段和经西门桥的城西段，则称为"老运河"，以区别于 1958 年以后开凿的新运河。

从 1987 年开始，无锡市开始治理运河工程，但出台的《古运河管理管行规定》收效甚微，古运河与城区其他河道存在水系萎缩、淤积严重、沿岸面貌又差又乱、河道水质恶化、水生态破坏严重等问题。以水文明的水乡城市无锡面临严峻的"水危机"，特别是运河沿岸有的古迹已经坍塌或风化，有的古建筑修缮得不中不洋，原真性尽失，古运河沿线急需整治管理。

1997 年，无锡市水利局组织市河道管理处实施样板河道建设，对地处市中心繁华地段总长 2700 米的南环城河进行了全面整治，共清除淤泥 10 多万立方米，拆除废旧码头 16 座，接长加固排水口 220 个，石驳岸勾缝 4000 平方米，组织沿线单位和街道全面整修石驳岸，粉饰房屋及围墙，种植树木，拆除违章建筑。整治后的环城河不仅河面干净，水质转清，而且提高了排水蓄水能力，提高了沿河居民生活质量，成为全市创建国家卫生城市示范窗口。

2003 年 1 月下旬，市十三届人大一次代表大会提出《关于综合整治城市河道水环境的议案》，8 月 4 日，无锡市政府制定《关于城区河道综合整治三年目标的实施意见》，2004 年 3 月 25 日，无锡市十三届人大常委会第八次会议审议市政府《关于城区河道综合整治工作安排的情况汇报》，其中专门提出古运河的综合整治，提出要挖掘、修复和整合沿河人文古迹景点、民间传说掌故，保护和修复运河两岸的古桥、古塔、古寺、古庙、古巷、古居、古窑等众多古迹。要把古运河建成中国古运河的精华带、繁华的商业带、古色古香的旅游带。

整治工程于 2004 年开始。2 月 18 日市委、市政府召开"打造山水名城、共建美好家园"城市建设动员大会，古运河环境综合治理和运河遗产保护工作层层展开，治理范围包括崇安、北塘、南长 3 个区，总投资 27 亿元，用于治水、驳岸、绿化、亮化等治理和建设费用约占 1/3，而其余的资金大量用于拆迁、修复景点、基础配套设施等方面。

2006 年，古运河整治改造工程列入无锡"十一五"规划中的重点工程。其一期工程，将南尖至南门吊桥段近 4 千米的沿线确定为年内建设的三大重点地块，整治工程于年内基本完成。2007 年 10 月启动二期工程。二期整治包括河道清淤、截污管网、两岸景观亮化等方面的综合性工程。2008 年年初，在工运桥至亭子桥的运河岸坡（沿工艺路段）砌截污槽，这是古运河综合整治工程的核心内容之一，用以拦截沿河污水，在截污槽的上方，将钢筋混凝土板做成亲水平台。

2007 年，在实现"水清鱼游两岸美"目标的基础上，对运河沿线的历史文化内涵进行了挖掘和展现，于 2008 年春开始景观工程建设，同年 9 月底结束。在古运河两岸，以《名家咏无锡》形式，展现了无锡人文历史风貌。重建了光复门，在光复门对岸，建造了明清江南风格的问津、问澜两水阁。阁之间为长达 70 余米的画廊，以石刻形式呈现了《古运河梁溪风情图》。将两座跨河人行天桥改建为飞虹、翔虹廊桥，江南运河两岸的历史、人文及其建筑的典雅古朴之韵便徐徐展开。

随着大运河申遗工作不断深入，无锡古运河的整治和改造工程也在不断深入，在原有综合治理的成果上，从 2009 年开始，无锡古运河又进行了二期综合整治工程，主要对环城古运河两岸风貌带进行综合整治，整治项目自黄埠墩起至南长桥，全长 11 千米，涉及整治范围 153 万平方米，总投资 28 亿元。整治内容包括清淤、截污、驳岸整修、亲水步道构建、危旧房改造、两岸绿化亮化、历史文化遗迹遗存保护与修复、旅游开发和服务配套设施建设等子项目。项目于 2009 年 7 月开工建设，2010 年 5 月全面完工。2010 年，成立无锡城投旅游发展有限公司开发环城古运河水上游旅游项目。2014 年 6 月 22 日，"京杭大运河城市旅游联盟推广联盟"成立大会在杭州召开，无锡作为城市代表参会。

第二节　运河文化遗产的保护管理

中国大运河，是中国农业文明创造的一项世界奇迹，蕴含着中华民族高超的智慧和勇气，是中华民族精神的象征，2014 年成为世界文化遗产后，大运河成为一张亮丽的中国名片。2017 年习近平总书记提出要"统筹保护好、传承好、利用好"大运河，2018 年，党中央、国务院提出打造大运河文化带建设的重大决策部署，2019 年中共中央办公厅、国务院办公厅印发了《大运河文化保护传承利用规划纲要》（以下简称《规划纲要》），明确提出把大运河文化带建设成"宣传中国形象、展示中华文明、彰显文化自信的亮丽名片"。同年，印发了《长城、大运河、长征国家文化公园建设方案》（以下简称《方案》），大运河江苏段被确立为大运河国家文化公园重点建设区。

2019 年颁布的《规划纲要》提出，以习近平新时代中国特色社会主义思想为指导，按照高质量发展要求，坚定文化自信，坚持以文化为引领，坚持以人民为中心，打造大运河璀璨文化带、绿色生态带、缤纷旅游带。要按照"河为线，城为珠，线串珠，珠带面"的思路，合理划分大运河文化带的核心区、拓展区和辐射区，清晰构建大运河文化保护传承利用的空间布局和规划分区。要从充分展现大运河遗存承载的文化、活化大运河流淌伴生的文化、弘扬大运河历史凝练的文化 3 个层面深入理解大运河文化的内涵和外延，突出大运河的历史脉络和当代价值。同时从强化文化遗产保护传承、推进河道水系治理管护、加强生态环境保护修复、推动文化和旅游融合发展、促进城乡区域统筹协调、创新保护传承利用机制 6 个方面着手实施保护传承利用行动，并提出文化遗产保护展示、河道水系资源条件改善、绿色生态廊道建设、文化旅游融合提升 4 项工程，以及精品线路和统一品牌、运河文化高地繁荣兴盛 2 项行动。为保障各项工作的推进实施，《规划纲要》强调，要充分发挥党总揽全局、协调各方的作用，要强化组织实施，建立大运河文化保护、传承、利用工作协调机制，负责统一指导和统筹协调《规划纲要》实施。

2019 年颁布的《方案》，明确要求以习近平新时代中国特色社会主义思想为指导，全面贯彻党的十九大精神，以长城、大运河、长征沿线一系列主题明确、内涵清晰、影响突出的文物和文化资源为主干，生动呈现中华文化的独特创造、价值理念和鲜明特色，促进科学保护、世代传承、合理利用，积极拓展思路、创新方法、完善机制。《方案》要求要协调推进文物和文化资源保护、传承、利用，系统推进保护传承、研究发掘、环境配套、文旅融合、数字再现等重点基础工程建设；要完善国家文化公园建设管理体制机制，构建中央统筹、省负总责、分级管理、分段负责的工作格局，强化顶层设计、跨区域统筹协调，在政策、资金等方面为地方创造条件。要加强组织领导和政策保障，广泛宣传引导，强化督促落实，确保《方案》部署的各项建设任务落到实处。

为了把习近平总书记关于大运河文化带建设的重要指示精神贯彻好、落实好，以高度的政治责任感和历史使命感扎实推进大运河文化带建设，江苏省委书记李强在 2017 年 9 月提出要把江苏段建设成高颜值的生态长廊、高品位的文化长廊、高效益的经济长廊，使之成为大运河文化带上的样板段和示范段。2018 年 4 月，依托江苏省社会科学院，江苏省成立大运河文化带建设研究院。江苏制定出台了《江苏省大运河文化保护传承利用规划》，编制完成《江苏省大运河国家文化公园建设保护规划》，为了落实主体责任，江苏成立了大运河文化带建设工作领导小组，由省委书记、省长分别任组长和第一副组长。为了统筹做好保护传承利用工作，2019 年 1 月，江苏成立全国首个大运河产业发展基金——"江苏省大运河文化旅游发展基金"，基金首期规模 200 亿元，5 月 12 日，江苏省政府在上海证券交易所成功发行全国首只大运河文化带和国家文化公园地方政府专项债券，规模 23.34 亿元，涉及江苏省 11 个大运河沿线市县的 13 个大运河文化带建设项目。各城市纷纷实施了一批文化旅游融合项目，在提升文化旅游景区品质的基础上，打造精品文旅线路，推出大运河文旅品牌。2020 年 1 月 1 日起，《江苏省人民代表大会常务委员会关于促进大运河文化带建设的决定》（以下简称《决定》）正式实施，成为全国首部促进大运河文化带建设的地方性法规。

2020 年 11 月，习近平总书记在江苏考察时，强调要共同保护好大运河，使大运河永远造福人民。省委、省政府把大运河文化带建设作为建设"强富美高"新江苏、推动高质量发展的重大工程，纳入工作大局，摆上突出位置。无锡市委、市政府以国家相关政策为指导，结合无锡具体实际情况，提出要按照文化遗存保护、文化价值弘扬、生态保护修复、沿线环境建设"四个走在前列"的定位，对照建成"先导段、示范段、样板段"的标准，扎实推进大运河无锡段的保护、传承、利用实践。

一、出台相关政策，引领运河文化遗产保护管理

在国家引导、江苏指导的前提下，2020 年 3 月 2 日，无锡从实际情况出发，出台了《无锡市大运河文化保护传承利用实施规划》（以下简称《规划》）。《规划》共分为 10 章，在分析无锡段运河特色优势及其问题的基础上，提出建设传古扬今的文化带、绿色宜居的生态带、享誉中外的旅游带，要高质量推进国家文化公园建设，加强生态河湖保护与综合利用，提升运河现代航运水平，推进城乡区域统筹协调，同时要强化组织实施。使无锡早日成为全省"争当表率、争做示范、走在前列"的排头兵，早日成为全省"强富美高"建设的示范区。

为了加强文化遗存保护，突出活化传承利用深入，无锡市提出实施《大运河（无锡段）遗产保护规划（2010—2030 年）》和《无锡市文物保护三年行动计划（2018—2020 年）》，出台了《关于加快无锡市文化产业高质量发展的若干政策》和《无锡市文化产业高质量发展三年行动计划（2019—2021 年）》，布局沿河文化产业发展重点；在法律保障上，率先在省内出台《市人大常委会关于贯彻执行〈省人大常委会关于促进大运河文化带建设的决定〉的决议》；在资金保障上，成立总额 7 亿元的无锡大运河文化旅游发展基金，统筹利用文物保护、现代服务业（文化旅游、新闻出版、广播电视）、水利、交通运输、环保、生态补偿等各类专项资金，加大对大运河文化保护、传承、利用项目的扶持力度。

二、健全工作机制，推动运河文化遗产保护实践

工作机制，是工作程序规则的有机联系和有效运转。工作机制是一个相辅相成的整体，贯穿于工作的各个环节。为了从行动上落实各项规划，保证大运河文化遗产的实践保护，2019 年 6 月，无锡市成立了以市委书记为组长、市长为第一副组长的大运河文化带建设工作领导小组。领导小组对大运河文化带建设提出了工作要求，一是编制好一个规划，《无锡市大运河文化带建设保护传承利用规划》；二是设立好一个专项基金，优化完善无锡大运河文化旅游融合发展基金方案；三是办好一个研究院，依托江南大学，充分发挥大运河文化带建设研究院无锡分院的智库作用；四是实施好一批重点项目，坚持"政府引导、市场机制、企业运作"，算好投入、产出、平衡"三本账"，确保各项工作稳步推进。

在江苏省大运河文化带建设研究院和无锡市大运河文化带建设工作小组的领导下，2019 年 9 月，江苏省大运河文化带建设分院、无锡大运河文化带建设研究院在江南大学成立。借助新设立的 300 万元"江南文化研究发展基金"力量，无锡大运河文化带建设研究院全面实施"三个一批"发展战略：扶持一批大运河课题研究项目、带动一批学科资源参与大运河文化带建设、打造一批大运河文化研究中心，为大运河文化遗产的保护、传承、利用工作奠定了理论指导和智库引领。

三、划定建设范围，明确运河文化遗产保护区域

2019 年，为积极响应大运河国家文化公园建设，无锡从自身实际出发，提出了"两园三带十五点"的建设方案。该方案将古运河看作一个有层次的整体，依据地理空间和文化特色分布进行保护实践。

"两园"即清名桥和惠山古镇核心展示园。清名桥核心展示园是大运河国家文化公园无锡建设保护区的两大核心展示园之一。作为清名桥历史文化街区扩版工程的运河古城公园，目前其范围为：东起向阳路、塘南路，西至通扬路，南起金城路，北到解放南路、槐古支路，面积为 2.03 平方千米。作为古运河的核心精华地段，园区深入挖掘清名桥历史街区的运河文化、民族文化、宗教文化和民族工商业文化等历史文化资源，结合古运河、南禅寺、南下塘和清名桥"一河两岸"历史建筑群、古遗址、名人故居等文化遗产，开辟多条精品旅游线路，并初步延伸至环城古运河，实现无锡古运河全线贯通。

惠山古镇地处无锡市西、锡山与惠山的东北坡麓，大运河支流惠山浜直达古镇腹地，古祠堂群密集分布是其重要特色。2006 年 6 月，经国务院批准，惠山古镇祠堂群被列为全国重点文物保护单位。惠山古镇核心展示园将定位为中国谱牒文化展示区，依托百余座祠堂、中国谱牒文化研究中心、惠山寺、惠山老街等，展示康熙、乾隆南巡线路，临运河老街街巷肌理、老建筑风貌，再现祠堂文化、园林文化、佛道儒文化等多元文化的融合，寄托华夏儿女寻根问祖的情怀，彰显家风家训在当代的意义。

"三带"分别为清名桥—南禅寺运河展示带；南禅寺—北仓门—运河公园展示带；望湖门—江尖公园展示带。其特色是依托清名桥、跨塘桥等水文化遗产展示无锡"城河相连"的运河特征；依托永泰丝厂、振兴纱厂等工业遗产展示无锡近代民族工商业的发展变迁；依托南长街、南下塘、大窑路与运河河道展示独特的水弄堂格局。

"十五个展示点"为中国民族工商业博物馆（茂新面粉厂）、无锡商会遗址、东林书院、黄埠墩、民族音乐博物馆、周怀民藏画馆、何振梁与奥林匹克陈列馆、小娄巷、接官亭弄、荣巷、北仓门蚕丝仓库、业勤苑、西水墩、学前街（钱锺书故居、顾毓琇纪念馆、张闻天故居、薛福成故居）、无锡（国家）数字电影产业园，突出了无锡历史上的文化特色。

在国家文化公园建设的范围内，无锡率先在省内完成对清名桥核心展示

园和惠山古镇核心展示园的大运河国家文化公园标识形象的导入应用工作，即将大运河国家文化公园 LOGO 字样和图案标识导入其中。大运河国家文化公园的标识形象是由汉字运河组成的水纹，水纹可以首尾连接，连续不断，象征大运河延绵不断地从历史缓缓流向未来。

四、汇聚多元力量，提升运河文化遗产保护能力

我国文化遗产保护体制，是以政府保护为主导、全社会共同参与的体制，这就决定了大运河遗产的保护实践，是一个全方位、多角度的实践活动。大运河无锡段遗产保护实践，主要是从以下维度展开的。

开展学术研究，提升保护管理能力。实践需要以理论为指导，只有在科学理论指导下，才会有正确的实践行动。为此，无锡积极发挥无锡大运河文化带建设研究院、无锡古运河研究会、无锡吴文化研究会在学术引领方面的积极作用。如无锡大运河文化带建设研究院 2020 年举办了长三角一体化进程中的江南运河文化高层论坛，原驻美国大使、外交部副部长周文重等 10 位特聘教授，就江南运河文化资源优势为长三角一体化高质量发展注入新动能等主题提出了真知灼见。研究院在开展运河游学项目、立项自主科研项目之外，还成功申报教育部重大课题攻关项目"荣氏家族与无锡民族工商业资料收集、整理与研究"，江苏省大运河文化带建设研究院重大课题"大运河吴越文化高地建设路径研究"等，为挖掘弘扬无锡运河文化内涵提供重要智力支持。无锡古运河研究会持续开展古运河价值理论研究工作，为弘扬运河文化奠定理论基础。无锡吴文化研究会深耕吴地江南文化资源，开展"中国运河第一撬"研讨会，加强对伯渎河的历史地位和文化内涵的研究，打造梅里文化、传承弘扬泰伯精神。

应用多种手段，全方面展示无锡运河风情。具有 2000 多年历史的大运河，包含着丰富的人文历史资源。2019 年，无锡市为宣传大运河及其文化，举办了大运河民谣诗歌节。目前，大运河民谣诗歌节已成为梁溪区围绕运河故事开展的特色品牌文化活动之一。2020 年，由无锡市歌舞剧院（江苏民族舞剧院）编排了《千年运河》，无锡市锡剧院鼎力打造了全新力作锡剧《泰伯》，都以艺术形式诠释了大运河及其文化精神，而《运河四季》的实景演出，则通过歌、舞、诗、乐、曲艺、戏曲等艺术形式，以四季节令与色彩的自然变化，形象展示了大运河全流域的景色之美、人文之美、风物之美。《又见江南》沉浸式实景演出则为南长街带来可持续活力。2020 年，无锡市

举办了"大运河影像艺术展",这是市政府向社会力量购买公共文化服务项目。展出作品以纪实摄影为表现形式,全景呈现大运河水系的自然风光、人文生态、民俗文化、百姓生活、旅游休闲等,通过镜头语言呈现中华人民共和国成立70多年来,京杭大运河全线,特别是江南段大运河沿线优美的自然人文景观、丰厚的历史文化遗产和人民幸福生活的美好场景,唤起当下人们对宏伟运河的古老记忆,引发人们对运河的再关注与再思考,充分展现作为世界文化遗产的大运河的珍贵价值与独特魅力。

当今时代,通过互联网无限流量的形式传播文化已经成为一种普遍形式。无锡日报报业集团在《无锡日报》、无锡观察App上同步开设了《行走大运河系列报道》栏目,展现大运河新人、新事、新精神、新风貌。无锡广电集团制作了40期广播节目《了不起的大运河》,以"纵横"两线为主导一一展开。纵线为"地理坐标",根据大运河无锡段流向逐一讲述各个流经地的历史、人文故事;横线为"文化坐标",开展与大运河无锡段相关的诗、歌、画、人物等的专题集纳。两条线可分可合,交替推进,以便能做到既深挖无锡本土运河文化,又紧贴热点做好运河文化宣传。而20期短音频节目《应运而生》,传播量超百万人次。

一般认为,博览会是高档次的,对社会经济文化的发展起促进作用。大运河成为世界文化遗产后,中共江苏省委宣传部、江苏省文化和旅游厅等共同推出了大运河文化旅游博览会,旨在推动文化和旅游融合发展。2020年,第二届大运河文化旅游博览会(简称"运博会")主会场在无锡举办。本届运博会上,无锡打出了艺术创作、文旅精品、非遗文创、舞台演艺、美食文化、夜游经济的"组合拳"。从资源挖掘来看,无锡首次有了运博会的吉祥物,形成了极具无锡地方特色的文创IP。从表达形式来看,无锡组织了夜游古运河、音舞诗画"运河四季"主题演出、交响合唱《大运河》、舞剧《千年运河》等演艺演出形式,展现了无锡段运河的多维立体美,而"行大运"骑行活动则用低碳环保方式呈现了运河的现实之美。从学术研讨来看,无锡运博会举办了大运河文化旅游产业合作、大运河城市文旅消费两场主题论坛,汇聚了300多位国内外运河城市代表、文化和旅游业界专家学者,发布了《2020年度大运河文化和旅游发展榜》《2019江苏大运河文旅消费白皮书及2020趋势报告》,为推动文化和旅游高水平融合,特别是为后新冠肺炎疫情时期的文旅高质量发展提供了新思路。从活化资源来看,积极推进非物质文化遗产活化保护,推荐惠山泥人、无锡精微绣、宜兴紫砂陶制作技艺等非遗项目参加第二届大运河文旅博览会分会场暨第三届中国淮安大运河文化带城市非遗展。同时，省文旅厅、新华报业传媒集团，联合美团点评、中国电信江苏分公司以及大运河沿线城市代表，共同发起成立了大运河城市智慧文旅消费联盟，并发表了宣言。联盟的成立标志着大运河沿线城市文旅产业迎来了深度的互动、共振和协作。

拓宽宣传渠道，积极推广和传播运河文化。为了让中外游客亲身感受和体验中国大运河无锡段的历史文化、人文底蕴和"江南水弄堂、运河绝版地"的独特魅力，组委会邀请全国百佳入境游旅行商来无锡参加运博会和踩线活动。2020 年 9 月 2 日，在全国百佳入境游旅行商"无锡运河行"文化旅游推介会上，百佳入境旅行商代表围绕如何落实习近平总书记关于加强大运河文化带建设的主题，进行了广泛深入的讨论，达成了"加强运河保护传承利用，延续壮美运河千年神韵"的共识，发表了《无锡宣言》。《无锡宣言》全文如下：

1. 大运河是祖先留给我们的宝贵遗产，是流动的文化

我们承诺：将竭尽所能当好运河人文与生态的保护者。牢固树立和贯彻落实新发展理念，共抓大保护，不搞大开发，不断提高大运河沿线文化遗产和生态环境保护能力，不断建立健全相关法律法规和执法监管措施，构建大运河各类遗产和生态保护的大格局。

2. 大运河是中华文明历史的见证，是中华民族的标志性工程

我们承诺：将全力以赴当好运河故事和文化自信的传播者。坚持以文化为引领，以人民为中心，加强保护传承利用，坚定文化自信，全方位、多层次讲好大运河故事，多渠道、系统性传承大运河优秀文化，全面阐释大运河文化当代价值和时代精神，让大运河活起来，更好满足人民对美好生活的现实需要，更加丰富人民群众精神文化生活。

3. 大运河是全国各民族各地区交融互动的关键纽带，是新时代区域创新融合协调发展的示范样板

我们承诺：将竭尽全力当好运河文旅融合发展的践行者。紧紧围绕统筹推进"五位一体"总体布局和协调推进"四个全面"战略布局，按照高质量发展要求，着力推动文化和旅游融合发展，打造大运河璀璨文化带、绿色生态带、缤纷旅游带，延续壮美运河的千年神韵。

《无锡宣言》向世界展现了无锡保护大运河的决心和信心，展现了运河成果服务人民的理念，展现了运河保护与经济社会发展的多维关系。本次运

博会共接待 28 个国家（地区）以及国内 10 省（区、市）37 个城市的 2500 余名嘉宾。据不完全统计，累计超过 10 万人走进运博会现场，线上受众突破 2 亿人。可以说，第二届大运河文化旅游博览会全方位展示了无锡运河风情和城市形象，在传播运河文化的同时，也向世界宣传、展示了无锡形象。

动员社会力量，参与运河保护实践。大运河是中国劳动人民在农业社会创造的伟大杰作，人民群众是大运河的创造者、守护者。具体到无锡段来说，大运河是吴地先人共同劳动创造的成果，作为吴地后辈，无锡人民有责任保护好先人创造的传世之作。习近平总书记号召人民群众积极参与到文化遗产的保护行动中，指出"保护和传承文化遗产是每个人的事"。为了宣传扩大遗产保护的重要性，我国于 2006 年设立了"文化遗产日"，希望在全社会形成倡导珍爱文化遗产的文明之风，增强公众对文化遗产的认识和了解，努力形成全社会共同参与文化遗产保护的良好氛围，进而形成政府主导、部门协作、社会参与的具有中国特色的保护格局，推动具有全民性的文化遗产保护时代的到来。

为了能在全社会形成保护传承大运河的社会氛围，无锡市共组织了 21 个志愿者团队活跃在大运河沿线，市委宣传部、市文明办、市委讲师团于 2020 年联合成立了"无锡市大运河文化志愿宣讲队"，市委统战部成立"运河同舟联盟"，定期进校园、进企业开展志愿宣讲活动，普及大运河文化，增强广大市民群众的文化认同和文化自信，为建设"强富美高"新无锡提供强有力的文化支撑。

为了宣传运河文化，弘扬运河精神，传承中华优秀传统文化，2019 年，由无锡市梁溪区东林古运河小学牵头，联合运河沿岸 5 省 2 市 10 所学校成立了"运河文化教育联盟"，之后，沿河 6 省 2 市近 50 所中小学加入了该联盟。联盟以大格局、大空间、大主题统领运河文化学校教育实践，形成区域合作研究机制，共同弘扬包括运河文化在内的中华优秀文化，培育运河精神滋养的新时代运河之子，全方位、多角度打造大运河文化教育体系，为学生成长输送不竭动力。

积极鼓励社会力量进行运河保护实践。无锡运河之光文化有限公司是一家民营企业，多年来一直从事运河文化的宣传和推广工作。在大运河申遗之前，其参与创办了《中国文化报》大运河文化专刊；大运河申遗成功之后，该公司建设了中国运河网站和运河网微信公众号，开设《无锡运河》栏目，对大运河文化遗产的保护传承做出了贡献，被无锡市列为大运河文化信息交流平台。

五、谨慎利用运河工业遗产，实现城市有机更新

无锡是我国近代民族工商业的重要发祥地，大部分企业沿运河而建，因而在运河沿线形成了一条工商业密集的走廊，也留下了大量的工业遗存。无锡正式启动运河保护规划后，古运河沿线的工业遗产不仅保留了当年的历史格局，而且借助当代科技发展，实现了城市有机更新，打造出一张张工商业遗产的亮丽名片。

无锡运河外滩，位于京杭大运河与梁溪河交汇处，是"以水为轴"的无锡城市空间历史发展的缩影，也是中国民族工商业建筑遗产最为典型的代表之一。1894年，无锡地方名绅杨氏家族在运河边开设的业勤纱厂，标志着无锡近代工业的兴起和发展。随后，荣氏、薛氏、唐氏等地方望族先后在运河沿岸开设了面粉、缫丝、棉纺等以食品和纺织为主的现代化工业，无锡逐渐成为江南地区新的经济中心城市，堪称中国近现代民族工商业的摇篮。其中，位于运河外滩的开源机器厂是中华人民共和国成立初期我国机床行业的"十八罗汉"之一，由中国著名工商实业家荣德生先生于1948年创建，至今已有71年的历史。1952年，开源机器厂完成公私合营，改名为"无锡机床厂"；1991年，无锡机床厂被命名为国家一级企业；2007年，开源机器厂旧址被列为无锡市第一批工业遗产保护单位。无锡运河外滩作为其中的一个代表，不仅铭记的是民族工商业的发展，还铭记的是荣氏家族公私合营的创举，以及中国机械工业从萌芽到发展壮大的辉煌成绩；同时，无锡运河外滩作为产业建筑遗址，也铭记着无锡过去几代人的生产方式和日常生活样态。

为了达到城市更新的良好效果，无锡运河外滩建设工程分为两期，一期是新建住区与老厂房改造更新，二期是滨河新区商业开发。第一期于2014年5月正式开业，总投资近2亿元，建筑面积约1.8万平方米，包含运河外滩壹号、运河外滩贰号、运河外滩艺术中心。老厂房中体量最大的一个车间，被改造成艺术、休闲、娱乐、餐饮综合体，其余几个车间被改造成办公空间，并有创意企业入驻。二期是新建筑开发设计，于2018年1月开工建设，总投资约3亿元，总建筑面积3.1万平方米，2021年建造完工。二期既与原有的老厂房很好地融合延续，又为这个项目注入了更复合的内容、更现代的元素、更多元的体验，将历史遗存的厂区融入现代城市生活，工业文明的活力得到进一步延伸，新建筑的新活力也展现出来，整个场所散发的精神力量

再度变得鲜活起来，而且充满了时代气息。此外，在利用更新原有工业遗产的基础上，无锡在运河边建成了 N1955 文化创意产业园、蓉运壹号创意产业园，以有机更新的方式推动了工业遗产在当代的转化利用。

为了保护传承非物质文化遗产，无锡建成了一批"非遗"大师工作室，如惠山泥人大师俞湘莲工作室、精微绣大师赵红育工作室等。目前，无锡以古运河为主线，已串联起惠山古镇祠堂群、无锡籍名人故居、清名桥历史文化街区、民族工商业博物馆、"三泰一址"、鸿山农业生态园等一系列旅游资源。与此同时，无锡凭借惠山泥人、精微绣、紫砂、二胡、老酒等众多"非遗"项目，已开发出相关配套旅游产品，使外地游客不仅能亲身感受江南水乡深厚的历史人文底蕴，还能目睹枕河人家的生活方式。这些成果彰显了无锡的历史文化个性，为提升城市知名度和美誉度奠定了文化基础。作为无锡最具人气、最具无锡历史文化特征的载体，无锡古运河无疑将成为城市经济转型中发展服务业、旅游业的黄金空间。

六、叠加红色资源，拓展运河文化遗产保护价值

大运河在无锡城，不仅是一条绿色运河文化之河，而且是一条红色革命文化之河。在古运河畔，保存有丰富的红色文化资源，在大运河文化带分布着党的重要机构旧址，重要党史人物的故居、旧居、活动地，重大战役战斗遗址，具有重要影响的革命烈士事迹发生地或纪念地，以及与重要党史活动、重要思想和文化事件有关的各种遗迹。这些文化资源和运河文化资源叠加融合在一起，凸显了无锡运河沿线文化资源的多样性。在庆祝中国共产党成立 100 周年大会上，习近平总书记指出："历史川流不息，精神代代相传。我们要继续弘扬光荣传统、赓续红色血脉，永远把伟大建党精神继承下去、发扬光大！"

基于无锡运河文化遗产的丰富多样性，无锡市应用系统思维，以运河为轴心，串珠成链，整体推进运河沿线文化资源的保护、传承、利用。近年来，无锡各地下大力气保护、利用革命遗址，修复、重建了一批纪念设施，打造、推出了一批红色旅游线，并把一批红色文化场馆纳入大运河旅游示范点。这些宝贵的红色资源，反映了党领导无锡人民进行革命、建设、改革和发展的历史情况，蕴含着党的优良传统和伟大的民族精神，构成了运河文脉的鲜红底色和不可磨灭的红色记忆。

为了凸显运河畔的红色文化基因，无锡市梁溪区委以建设"古运河党建

风景带"为契机，充分挖掘古运河沿线丰富的党史资源，将南禅寺党群服务中心、南禅寺街道基层党建工作指导站、祝大椿故居党员教育实境课堂、大窑路社区党建工作指导站、培南小学中共无锡工委机关旧址5个党建特色阵地提能升级、整装出新，打造成一条水陆结合的党建红色专线。

除了以红色专线形式向社会大众宣传党史、学习党史之外，无锡市积极发挥革命文化资源在厚植爱国主义情怀中的重要作用。光复门原址位于无锡市圆通路路口附近解放环路上。1912年，为方便当时火车站和城区之间交通往来，政府在县城的东北隅，破城墙开辟"光复门"，意指"驱除鞑虏，光复中华"。1949年4月23日，中国人民解放军第三野战军第十兵团第二十九军过江登陆，于当日23时由光复门进入无锡城，无锡宣告解放。1950年，无锡政府因城区建设拆除光复门。2008年，为传承城市文化脉络，光复门易址重建，现坐落于环城古运河畔工运桥东，是无锡的红色地标之一。无锡市梁溪区通江街道就利用便利形式，在其辖区光复门前给街道社区党员上党课，而通江实验小学则以沉浸体验形式给学生上"特殊党课"，以可触摸、可感知的形式培育爱国主义精神。

七、深化环境治理，引领运河文化遗产生态保护

无锡水网密布，大运河贯通了无锡拥有的水系支流。河流的环境问题是生态治理的重点之一。大运河无锡段虽然经过了两次大规模的环境治理，但整个环境问题并不乐观。2015年暑假，笔者指导江南大学运河生态调研团队对南长街的环境保护状况进行了调研，其调研报告中的相关内容如下：

根据课题组成员做的几次调研情况，南长街运河的环境保护大体是肯定的，但依旧存在以下6个问题：

（1）古运河的水质问题。仅从表面上看，运河水基本干净。蓝藻有一些，面积不大。但迎着风向，蓝藻味还是会刺入鼻孔。可以判断，运河河面干净，主要来自视觉的表象，是清洁工人定期打捞河内垃圾的结果，而不是真正水质优良的表现。

（2）古运河的水污染问题。通过观察发现，清洁工每天早上会从运河中抽水来冲洗街道。大体上，经过冲洗的水基本不会再流回运河水道，只是难以保证运河水道不受此污染。按照环保规定，运河水道的水是不可以用于清洗拖把的，但有些人环保意识差，运河边吊脚楼里的商户有时会偷偷在水道中清洗拖把，造成水质污染。

（3）古运河水道中淤泥的清理问题。由于各种原因，运河水道中总是存在一定程度的淤泥淤积。淤泥清理工作，是由政府出面进行的。通过观察发现，河道中存在一定深度的淤积，大致可以判断，相关部门在淤泥清理方面还存在一些问题。

（4）运河的排污问题。通过走访运河边的个别原住居民了解到，南长街运河水道中，存在排污管道和排污情况。但此管道比较隐蔽，而且排污的时间不太确定，大概一周有一次排污。排污主体是谁，目前还不清楚。居民把此情况向政府相关部门进行了反映，但效果很差，隐蔽性的排污管道至课题组成员再次实地考察时依旧存在，显然，排污还在进行中。

（5）居民对运河水质的看法。居住在南长街附近的原住民持有普遍的观点：近年来，运河水质明显变差。在他们幼年时期，运河的水质很好，居民会用运河水淘米、洗衣，小孩们会下河游泳。现在居民生活污水不时地向运河排放，运河里有蓝藻生长，政府相关部门对水质净化采取的措施有限，效果并不明显，导致水质越来越差。春夏季运河蓝藻丛生，河面固体垃圾较多，有时候早上起来，就能闻到运河被污染的恶心腥味儿，街道上飘散着难闻的气味，河里会漂着死鱼。用河水淘米、洗衣已经成为历史。

对大运河无锡段船上人家的调研情况如下：

（1）运河水多呈黄色，河面没有漂浮垃圾，河岸附近有少许蓝藻。据船上长期工作人员描述：现在的运河水是黄色的，以前要比现在好得多；近年来，政府偶尔处理河底的淤泥，频率很低，因为工程浩大、花费高。

（2）运河上行驶的船一般为货船，运送水泥、沙、石子、钢筋等，船体向外排水是由于船体要从运河里抽水来提供船的动力，船体所用柴油发生少许泄漏导致水体重金属超标，会对运河水质产生影响；船上人家的生活饮用水及生活用水有储存管，产生的生活垃圾一般都用垃圾袋装好，素质比较差的会直接将垃圾扔到运河里，卫生间的垃圾会直接投入河中；船家运送货物过程中船不靠岸，直接从出发点到目的地。

中国大运河是 2014 年申遗成功的，我们的团队是在 2015 年 7 月到 8 月之间对无锡段运河进行的调研。从调研结果看，运河的水质问题是最大的问题，解决运河的水质问题，不仅是生态文明建设的重要任务，更是保护、传承、利用大运河文化遗产的首要任务。

对于河流污染问题的治理工作，无锡早在 2007 年就在滨湖区率先开展"河长制"的试点工作。这是在全国率先推行的治水管理模式。由于该模式具有有效性，后被全国其他城市效仿。为了全面推行河湖长制，从深度和广度进一步推动生态文明建设，在 2017 年元旦，习近平总书记在新年贺词中特别强调，"每条河流要有'河长'了"。河湖长制是无锡为解决河流污染做出的原创性贡献。该模式为实现太湖连续 12 年安全度夏做出突出贡献。以河长制为核心的治水模式，从政府主导走向全民参与、从末端治理转向源头治理，开启新时代生态文明新实践。2019 年 11 月 12 日，滨湖区首届河长制暨治水高峰论坛举行，由 40 余位国内外专家和 28 家治水企业组成的滨湖区水环境综合整治"专家库""企业库"宣告成立。2018 年，无锡市出台了《无锡市全面深化河长制实施方案》，要求全力巩固和提升河长制管理成效，坚决打赢治水攻坚战，走出一条具有无锡特色的水生态文明建设道路。目标是到 2020 年，全市河湖管理保护规划体系基本建立，集中饮用水水源地水质达标率保持 100%，重点水功能区水质达标率 82%，国考断面水质优于Ⅲ类比例在 70% 以上，全市黑臭和地表水丧失使用功能（劣于Ⅴ类）的水体基本消除，地表水质优于Ⅱ类水的比例在 70% 以上。为了实现上述目标，建立了四级河长体系，最高级的河长由市委、市政府相关领导担任（如表 4 所示），从根本上保障河长制的实施和成效。

表 4　无锡市第一批工业遗产保护名录

序号	姓名	河湖名称
1	黄钦	梁溪河
2	杜小刚	望虞河
3	徐劼	伯渎港
4	朱爱勋	苏南运河、小溪港
5	蒋敏	长江、太湖
6	徐一平	锡澄运河
7	周敏炜	锡北运河
8	冯军	走马塘
9	陈德荣	界河—富贝河
10	王进健	白屈港、东清河

序号	姓名	河湖名称
11	王唤春	九里河
12	王作才	曹王泾
13	刘必权	洋溪河—双河
14	袁飞	陆区港
15	刘霞	蠡湖
16	陆志坚	北兴塘—转水河
17	高亚光	新孟河、漏湖、新沟河、直湖港
18	吴峰枫	冷渎港—桐桥港
19	沈建	大浦港
20	丁旭初	张塘河

表格来源：无锡市政府网站

河长制不仅实现了责任到人的明确管理方式，而且为了解决可能存在的形式主义，无锡市要求在每条河流上都竖立一个标牌，除标明监督电话、河长职责、河道信息、河长制管理目标等信息外，标牌上还明确了河道管理范围的划定：有堤防的河段，管理范围为两岸堤防之间（含堤防）和堤防背水坡以外 10 米地带；无堤防的河段，管理范围为水域和河口线两侧 10 米（部分地区将全区河流距河岸 200 米范围内设为禁开区）。任何单位和个人均不得擅自占用河道管理范围内的水域土地。为了更好贯彻河长制，无锡成立了三级共 88 个河长制工作办公室，配备河长工作人员 422 名，他们具有独立办公场所，工作经费纳入年度预算，进一步夯实了河长制工作基础。考虑到河湖的治理是一项长期的任务，必须一张蓝图干到底，因此对河湖存在的问题编制"一河一策"，做好顶层设计，从技术上来保证河湖治理的连续性。与"一河一策"对应的是，无锡还建立了"一河一档"。在对河道水系规划进行修编的同时，将河道治理与生态文明建设、城中村改造、新农村建设有机结合。

河长制的实施，大大解决了无锡河流的水质和生态问题，不仅大运河水质不断得以改善，而且到 2012 年，无锡主要饮用水源地水质达标率 100%。

对于像无锡这样水网密布的城市而言，运河水质的治理，不是单一的问题，而是一个系统工程，其中，蓝藻治理是核心。蓝藻是蓝藻界蓝藻门原核生物，无性繁殖，分布遍及世界各地。蓝藻在富营养化的水体中容易生长，水温在25℃~35℃时，蓝藻的生长速度就会比其他藻类快，故温度是蓝藻暴发的主要因素之一。治理蓝藻最直接最根本的办法就是除去有机磷。

无锡位于太湖北边，受太湖影响极大。1987年，太湖已有1%的水面水质受到轻度污染，主要分布在五里湖湖面和小梅入湖处；有10%的水面水质达3级，主要分布在三山、马迹山、大浦港至乌溪港和胃港至光福的太湖沿岸水域；89%的水面维持在2级水质，主要分布在湖心地区水域。由于水质退化，太湖的营养化程度加重，经常发生绿色"水华"。从湖内氮、磷的营养成分分析，其指标均在中一富营养化和富营养化水平。1960年总氮值仅为0.23毫克/升，1980年为0.85毫克/升，而1987年已达1.43毫克/升，1987年为1980年的1.68倍，为1960年的6.22倍；总磷值1981年为0.02毫克/升，1987年为0.046毫克/升，1987年为1981年的2.3倍。以氮、磷指标评价，太湖的中一富营养化和富营养化的面积已占太湖总面积的90%以上。无锡市太湖沿岸由于富营养化程度较高，在夏季经常有蓝藻滋生，严重影响水质。2007年，无锡太湖蓝藻大暴发，遭遇了有史以来最严重的"藻情"，运河水质也受到严重影响。

为了解决蓝藻问题，无锡市不仅关闭了太湖边的印染厂、造纸厂等污染企业，而且投入了科研经费研究可行的解决办法。此外，还从最直接的办法入手，在无锡水利局设立了无锡市蓝藻治理办公室，其主要职责有：

（1）负责蓝藻打捞与处理工作的规划计划、组织协调、技术指导、检查督查、考核验收；

（2）负责蓝藻专业打捞与处理设施设备、技术的试验、研发开发、推广应用工作；

（3）负责蓝藻水华监测、控制与资源化利用、无害化处理等蓝藻治理技术与产品的试验、研究和推广应用；

（4）负责蓝藻打捞与处理的业务技术指导与组织协调；

（5）负责国有资产的监督、管理和运行；

（6）具体负责市直属打捞队对其责任水域的蓝藻打捞与处理工作；

（7）负责市政府下达的其他与蓝藻治理有关的工作等。

此外，无锡建设了藻水分离站，专门从事蓝藻的收集与处理（如表5

所示)。

表5 无锡市藻水分离站统计表

序号	行政区	名称	投运时间（年）	运行管理单位	项目具体地点	设计处理能力（吨/天）	藻水收集范围	备注
1	市本级	锦园藻水分离站	2008	无锡德林海环保科技股份有限公司	锦园宾馆内	1000	锦园、犊山沿线	
2	市本级	杨湾藻水分离站	2009	无锡德林海环保科技股份有限公司	十八湾杨湾	3900	姚湾—孟湾	
3	市本级	黄泥田藻水分离站	2012	无锡德林海环保科技股份有限公司	黄泥田港排涝站	4500	庙港—南泉水厂	
4	市本级	渔港藻水分离站	2012	无锡德林海环保科技股份有限公司	渔港喇叭口	1000	喇叭口	
5	滨湖区	壬子港藻水分离站	2010	滨湖区水利局	壬子港套闸	3360	杨干港—壬子港	
6	滨湖区	闾江口藻水分离站	2009	滨湖区水利局	闾江口节制闸	3360	闾江大堤—北闸口	
7	滨湖区	七里堤藻水分离站	2015	马山街道	马山街道七里堤	5000	七里堤沿线	
8	滨湖区	千波桥藻水分离站	2012	马山街道	千波桥桥下	1500	檀溪湾—古竹运河	
9	滨湖区	上海纺工藻水分离站	2013	马山街道	上海纺工取水口	1500	东泉—上海纺工	

序号	行政区	名称	投运时间（年）	运行管理单位	项目具体地点	设计处理能力（吨/天）	藻水收集范围	备注
10	滨湖区	喇叭口藻水分离站	2012	无锡锦礼水处理科技有限公司	渔港喇叭口	3000	渔港沿线	购买服务
11	新吴区	新安藻水分离站	2009	无锡市高新水务有限公司	高墩港	3000	新安街道打捞点	
12	经开区	许仙港藻水分离站	2015	华庄堤闸管理站	许仙港	2000	华庄街道打捞点	
13	宜兴市	八房港藻水分离站	2009	无锡德林海环保科技股份有限公司	八房港	5000	大浦港至兰右港	
14	宜兴市	小泾港藻水分离设施	2014	宜兴市官林锦生泰环保设备有限公司	小泾港	1200	小泾港	
15	宜兴市	符渎港藻水分离站	2016	宜兴市清凌环保科技有限公司	符渎港	4000	周铁镇、新庄街道打捞点	购买服务

表格来源：无锡市政府网站

　　通过多方面的协同努力，这几年无锡范围内的太湖水质已经在逐渐好转，虽然每年还会或多或少有蓝藻出现，但大面积暴发的现象基本得到遏制，运河的水质也因此明显得到改善。2021 年 7 月，全太湖总体水质符合Ⅳ类标准，水体处于轻度富营养；单独评价指标总氮浓度符合Ⅳ类标准；太湖无锡水域水质符合Ⅳ类标准。26 条主要出入湖的河流情况：在太湖西部 17 条河流中，1 条河流水质符合Ⅱ类标准，6 条河流水质符合Ⅲ类标准，10 条河流水质符合Ⅳ类标准；在市区 9 条河流中，1 条河流水质处于Ⅱ类标准，3

条河流水质处于Ⅲ类标准，5 条河流水质处于Ⅳ类标准。①

环境治理问题，不是阶段性的，而是长期的、全面的。为了打好污染防治攻坚战，2017 年，无锡市开展 263（"两减六治三提升"）专项行动，对无锡的环境污染、大气污染等问题进行了全面专项整治。具体来说，"两减"方面指"减煤"和"减化"；"六治"方面指太湖水环境治理重点工程，治理生活垃圾，治理黑臭水体，治理畜禽养殖污染，治理挥发性有机物污染，治理环境隐患；"三提升"方面指围绕"一圈一带一区"建设，提升生态保护水平，提升环境经济政策调控水平，提升环境执法监管水平。

开展专项行动以来，大力加强生态文明建设的理念进一步深入人心，市委、市政府不断加大力度推进专项行动，无锡一些突出的环境问题得到逐步整治，环境状况和环境质量有了初步改善。在水环境治理方面，太湖无锡水域主要水质指标好于太湖其他水域，符合Ⅳ类标准，全市六个水源地水质稳定达标。263 专项行动取得的明显成效，有效提升了大运河的水质。

有效清除运河淤泥工作，是保证大运河水质的重要工作。无锡在第二轮城区河道综合整治工程中，为了运河清淤的精准度，在原有人工清淤疏浚的基础上，采用了生态清淤法，而且运用了国际先进设备，配备了电子眼监管。2016 年，无锡出台了《无锡市市区黑臭水体整治工作方案》，计划用 5 年时间对列入工作指标的 41 条黑臭河道进行综合整治，目标到 2020 年年底前，黑臭水体总体得到消除。2018 年，为了保证工作的顺利完成，无锡市成立专门工作小组，开展城市黑臭河道治理专项民主监督。在整治清理过程中，无锡市采用了河湖连通的方式，使无锡的河湖水系形成一个动态网络。经过对河湖水系的系统整理，大运河的水质明显得到改善，暗藏在运河下的排污问题也彻底得到解决。

在运河水质得到改善的前提下，水质能否得到进一步提升，既是提高水生态质量的政策要求，也是运河上行船人家、运河两岸普通居民的美好愿望。运河水质如何，和运河船舶有直接关系。作为京杭大运河上的航运主干河流，无锡段船舶平均流量达 1000 艘/天。船上会产生大量生活垃圾、油污水、残油、化学品洗舱水等污染物，而且船舶流量一大，水体浊度就易升高。只有强化船舶污染监管，才能避免对大运河水质的影响。

---

① 无锡市生态环境局 . 2021 年 7 月无锡水质状况［EB/OL］. 无锡市生态环境局网站，2018-08-18.

创新设置了船舶泊位岸线，解决船只因路途不靠岸造成的水质污染问题。2014年，无锡在新安水上服务区建有长达300米左右的船舶泊位岸线，该岸线最多能同时供近40艘千吨级船舶停靠休整。船舶在休整期间，可将船上的船舶污染物，如生活垃圾、生活污水及含油污水等在此进行智能化处理。船舶污染物智能一体化接收和处理设施在为船民提供行船生活便利的同时，很大程度上解决了运河污染问题。为了解决船舶柴油对运河水质和大气的污染问题，还在船舶泊位岸线上安装了可充电电源，以满足各类船舶停泊期间的生活用电和蓄能需求，船舶动力不再需要柴油，而是发电维持运转，污染问题有效得到解决。

由于治理成效突出，无锡近些年连续获得各类奖项。其中有：

2012年，中国步行商业街工作委员会授予南禅寺·清名桥街区"中国著名商业街"称号，并对这条浸润三千年运河历史文化的古老街区所展现的独特民俗进行了表彰与肯定。

2017年，江苏无锡古运河保护获中国大运河文化带经典案例奖。

2019年，在省大运河办的指导下，由省委宣传部、省交通运输厅、省水利厅、省文化和旅游厅、省文物局主办的"寻找大运河江苏记忆"活动，日前公布了40个江苏最美运河地标，无锡环城古运河（含中国民族工商业博物馆、黄埠墩）榜上有名。

2019年，在扬州举办的首届大运河文化旅游博览会上，无锡展馆获首届大运河文化旅游博览会优秀组织奖和最佳展示奖。

2010年12月31日，由中国运河年活动组委会发起的"中国运河景观评选·最美运河十景大众投票环节"结果揭晓，无锡·惠山古镇榜上有名。

为了广泛深入发挥清名桥历史文化街区集运河遗迹游览、名人故居品鉴、文化娱乐消费等多功能作用，围绕"夜购、夜食、夜游、夜娱、夜秀、夜读"等主题，创新发展出运河夜宴、青创集市、特色文创、国潮品牌、时尚餐饮等业态。结合钻石时光隧道、无人摄影棚等网红元素，融合当代文化艺术展览打造全新模式的3.0版本夜市典范，今夜"梁宵"无锡夜市一条街获得不同层次、不同群体的喜爱，获评"2020年度消费者最青睐的文旅融合标杆项目"。

2021年4月，为了推动夜间经济发展，文化和旅游部印发的《"十四五"文化和旅游发展规划》提出："大力发展夜间经济，推动国家级夜间文化和旅游消费集聚区建设。"根据《江苏省省级夜间文旅消费集聚区建设指南

（试行）》，夜间文旅消费集聚区是指以地域特色文化为核心，依托一定的夜间景观环境，实施一体化夜间场景设计与打造，形成文旅商深度融合、业态产品丰富多样、基础设施配套完善、消费环境和管理运营机制优、品牌和市场影响力大、文旅消费辐射带动力强的产业集群空间。2021 年 8 月 23 日，江苏省文化和旅游厅开展省级夜间文化和旅游消费集聚区验收工作，认定公布第一批省级夜间文化和旅游消费集聚区 22 个。其中，清名桥历史文化街区榜上有名。

2021 年 9 月 1 日，江苏省文旅厅公布了江苏"运河百景"标志性运河文旅产品遴选结果，推出江苏"运河百景"标志性运河文旅产品 100 个，涵盖旅游景区、街区、文博场馆、旅游村镇和线路等多种类型。无锡共有包括清名桥古运河历史街区（含窑群遗址）等 12 景入选，是江苏省大运河沿线 8 个城市中入选数量最多的城市。文旅融合不是简单的叠加，而是新创意的出现、新活力的迸发。这 12 处景致，多维度、全方位展现了无锡因运河而生、因运河而兴的多样文化形态，也预示着在文旅加速融合下，"运河+"将为人们带来更有意义的美好生活。

2022 年 1 月 10 日，我国首批国家级旅游休闲街区名单公布，无锡清名桥历史文化街区成功入选，成为江苏省入选的 3 个国家级旅游休闲街区之一。

第三节 运河文化遗产保护实践的现实困境

文化遗产作为民族的宝贵财富，不仅是本民族智慧的结晶，也是全人类文明的瑰宝。作为不可再生的珍贵文化资源，文化遗产在当代社会具有精神资本、文化资本、社会资本和经济资本的价值，是社会、环境、经济和文化多样性可持续发展的重要支撑，是经济发展的绿色动力。对于城市而言，"文化遗产不是城市发展的包袱，而是城市发展的资本和动力"[1]。

遗产保护与经济发展经常以一种对立的关系出现。确实，保护遗产不仅要保留遗产存在的物理空间，从而影响城市用地及其商业活动，而且需投入大量的人力、物力来保护修缮，并且在短时间内，文化遗产保护带来的经济

① 单霁翔. 文化遗产思行文丛：访谈卷一［M］. 天津：天津大学出版社，2012：107.

效益很有限。遗产保护与经济发展之间的客观矛盾成为亟待解决的现实问题。

对于文化遗产和城市的关系，习近平总书记曾做出过多次指示。早在 2001 年 10 月，习近平在担任福建省委副书记、省长期间，就对福建省的文化遗产保护工作做出批示：文物是历史的见证，保护文物就是保护历史；文物是珍贵的不可再生资源，保护文物就是促进经济和社会的可持续发展。2002 年 4 月，习近平为福州市知名文物学者、曾任福州市文物局局长的曾意丹所著的《福州古厝》一书作序。他在序中写道："保护好古建筑、保护好文物就是保存历史，保存城市的文脉，保存历史文化名城无形的优良传统。"值得注意的是，习近平在《〈福州古厝〉序》中还特地提出："保护好古建筑有利于保存名城传统风貌和个性。现在许多城市在开发建设中，毁掉许多古建筑，搬来许多洋建筑，城市逐渐失去个性。在城市建设开发时，应注意吸收传统建筑的语言，这有利于保持城市的个性"。2014 年 10 月 15 日，习近平总书记在北京主持召开文艺工作座谈会时曾说"不要搞奇奇怪怪的建筑"，引发广泛关注，很多人期待像北京这样的中心城市今后不要再出现与城市品位和风貌不协调的奇形怪状的建筑。2019 年 11 月 2 日至 3 日，习近平总书记在上海考察时强调指出，城市历史文化遗存是前人智慧的积淀，是城市内涵、品质、特色的重要标志。要妥善处理好保护和发展的关系，注重延续城市历史文脉，像对待"老人"一样尊重和善待城市中的老建筑，保留城市历史文化记忆，让人们记得住历史、记得住乡愁，坚定文化自信，增强家国情怀。

对照习近平总书记为城市发展和文化遗产保护指明的方向，我们就会发现，清名桥历史街区在发展过程中，存在着一些比较明显的问题。这些问题主要是文化遗产保护和经济建设、旅游开发矛盾的外在表现。

一、大运河文化遗产保护与利用的失衡性问题

遗产保护与利用存在着动态平衡关系。利用是保护前提下的谨慎利用，利用是为了更好地保护，但由于遗产利用可以持续带来经济价值，利用往往会偏离保护的轨道，造成遗产的破坏甚至消失。

无锡清名桥街区，早在 20 世纪 80 年代就进行了旅游开发。当时的清名桥街区，确实保持了原有民居的原真性和完整性，据相关资料显示，当时清名桥街区的许多房屋已经破旧，有的墙壁似要倒塌，全靠几根木头支撑着，但正是这种原汁原味的江南风情，吸引了无数中外游客。许多西方人面对小

桥流水、枕河人家、桨声惊梦，往往流连忘返。据无锡旅游局的同志介绍，
20世纪80年代中期，每年有几万名外国游客到这里观光。那时，无锡还拍
了一组电视剧，反映改革开放以来古运河人家的变化，副标题就是《清名桥
的故事》。此片送到德国去播放，受到好评。后来，由于运河的水质污染严
重，游人才逐渐减少。① 为了解决市区交通问题，对南长街大约60米的街道
做了一次大改造。在拓宽道路、保留沿河房屋的同时，又对沿河房屋做了修
建，结果改变了沿河民居的明清风格，代替的是类似汉唐时代的建筑，另
外，运河边的河埠被拆掉了，江南城市居民生活的独特风景线没了，寄托着
南长街人的乡愁也随之消失了。

2008年，无锡为了把清名桥街区打造成步行街，对有些建筑进行了拆
建，以便保持街道的整齐性，同时，对运河两边的传统建筑也做了改造。因
最初想把清名桥街区打造成婚纱一条街，有些建筑被改造得不伦不类，以致
沿河两岸民居风格出现混搭现象，如有些建筑是明清风格，有些是民国风
格，有些是西方风格，有些是现代风格等。随着时间的推移，墙面出现了脱
落现象，有些商家居然把墙面处理成纯白色，在普遍保护原有墙面的街面
上，偶然出现的白色墙面特别刺眼。漫步在南长街上，有时候会有一种穿越
不同时空的混乱感觉。对于文化遗产聚集的街区而言，历史街区的原有风貌
和整体性环境保护是首要问题。

遗产地的开发利用应以人为中心，以改善当地人的生活环境为方向。而
南长街路面改造采用了以视觉为主、实用为辅的思路。在最初改造的时候，
把沥青路面全部改造为凹凸不平的碎石路，这种路面在视觉上具有立体感、
艺术感，但不方便行人通行，更不适合机动车通行，不仅生活在南长街的居
民有怨言，就连来游玩的游客都有不适感。2013年，无锡市对南长街的凹凸
路面进行了再改造，对路两边各12列的方形石块表面进行平整，并将石块
之间的缝隙用水泥灌平。这样，在凹凸路面两边整理出宽约1.5米的平整人
行道，为行人提供了可选择的路面。

遗产保护的原真性与商业活动的开发性经常发生冲突。南长街的开发建
设，吸引了众多商家入驻，伴随商家而来的是对原有房屋结构的改造。当
时，政府对商家做了一些相关规定。例如，商铺的改造不能对现有结构进行

① 无锡市政协学习史料委员会. 古运河的呼唤 [M]. 南京：无锡文史资料编辑室，
1999: 23.

大改动，包括对地面的处理。但由于商家需求的差异，在保持门面大体一致的前提下，商铺内部结构改造差别很大。不仅如此，在南长街入驻的商铺中，出现了如星巴克、电竞游戏等与南长街、清名桥有点格格不入的现代企业店铺。有些游戏商家在门口矗立高约二米的机器人来吸引游人，类似这样的广告招牌对游客来说有极大的冲击力，但对于南长街的风貌来说，却是极大的杀伤力，因为它破坏了南长街的历史厚重感，破坏了人们来此寻找旧时光的怀旧感。后来，类似的商家不再允许入驻此街，而那些带有历史味道的百年老店逐渐增多起来，南长街作为历史街区的味道也慢慢浓厚起来。

遗产地被改造成什么样的消费场所，无锡对此有深刻的反思。南长街被打造成酒吧一条街后，南长街上的夜生活就开始躁起来。音乐的嘈杂声、年轻人的欢笑声、商家的忙碌声等充斥着南长街的核心地段。经营酒吧饭店的商家，大都非本地人。对于商人而言，赚钱是其最主要的目的，大量外来商人的涌入，弥漫的是浓浓的商业味道，逐渐地，运河两岸原住民形成的淳朴民风被淡化了。同时，酒吧一条街的繁华和热闹，影响了居住在这里的原住民，他们白天面对的是夜晚留下的垃圾，夜晚面对的是混杂的噪声。

文化遗产地被打造成旅游地、消费地来展示，这是文化遗产本身蕴含的内在价值，也是世界各遗产地都在努力从事的事业。遗产地被打造成特定消费场所之后，当地原住民的生活水平应该被提高，遗产地带来的福利应该被分享。原住民作为遗产地的主人，他们有权利享受遗产被保护利用的成果。在遗产地，原住民应该是主人而不是客人，游客及其相关消费者应该尊重当地人的权利。反之，政府如果把游客当作"上帝"，而把原住民边缘化，是不符合相关国际文件精神的，也是难以持续发展的。

联合国在《文化遗产及自然遗产保护的国际建议》中明确指出："在生活条件迅速变化的社会中，能保持与自然和祖辈遗留下来的历史遗迹密切接触，才是适合人类生活的环境，对这种环境的保护，是人类生活均衡发展不可缺少的因素。"改造后的南长街酒吧一条街，主要目标是商业收益而非原住民的幸福感。关于原住民问题，无锡在2007年开始对南长街沿河两岸的居民进行搬迁，到2009年基本完成搬迁，不过，生活在弄堂里面的人家基本没有搬迁。通过迁出原住民的方式，酒吧一条街的管理工作得以顺利进行，但南长街上、清名桥畔的江南人生活样态的灵魂也随之消失。为了商业化的需要，无锡又重新仿照出一些原住民的生活样态，以便为南长街留下一些"活的灵魂"。

对于文化遗产的保护，"保护什么"和"为什么保护"是社会各界思考比较多的问题，但对于"为谁保护"的问题则思考较少。就目前而言，大部分的文化遗产地是以旅游开发为目的，文化遗产的保护和传承是以利用为前提，造成这种普遍性观点的原因来自人们对于文化遗产和人的内在关系认识不足。从本质上讲，文化遗产是人创造的，它和人们的生产生活密切相关，保护文化遗产，更应该重视对遗产和人的关系的保护。"人是文化遗产的灵魂，文化遗产是人类的精神需求——这才是文化遗产核心的、本质的价值，任何文化遗产的保护都应该基于这一核心价值。"① 2021 年在中国泉州召开的第 44 届世界遗产大会上，国际古迹遗址理事会主席特蕾莎·帕特里西奥（Teresa Patrício）女士在"城市历史景观保护与可持续发展"主题边会上指出："当前全球面临着经济、社会、卫生、气候、城市等方面的危机，因此我们要为子孙后代保护好历史文化资源和城市历史景观"。城市是由人所建立，同时也为人服务，以人为本的管理方式才会使它的历史景观具有韧性。中国文化和旅游部副部长、国家文物局局长李群表示，在全球经济一体化浪潮冲击下，许多古老城市的文化遗产和历史格局被侵蚀、瓦解，保护城市历史景观，不仅在于保护视觉中的城市风貌和轮廓，更在于保护人们通过各类活动和创造赋予城市空间的独特精神气质。②

二、工业遗产改造与价值利用的单一性问题

文化认同与文化遗产紧密相关，文化认同来自共有的文化遗产。无锡是近代中国民族工商业的发祥地，拥有大量的工业遗产，在国家文化公园建设的大背景下，无锡对工业遗产进行了再利用，不仅焕发了工业遗产在新时代的生命活力，而且呈现了无锡在运河沿线的城市特色。但是，在工业遗产再利用方面，还存在如下一些问题。

工业遗产对文化认同的价值阐释有待挖掘。从目前的价值阐释看，主要是对工业遗产历史背景的介绍，对设计理念的阐释，而对工业遗产蕴含的文化根基很少涉及。文化根基是多样文化表达形式中的基础文化，是文化创新发展的主干，是文化认同的根源。文化认同是对一个群体或文化的身份认同

---

① 杜晓帆. 文化遗产价值论探微：人是文化遗产的灵魂［M］. 北京：知识产权出版社，2020：21.

② 光明日报. 推动文明互鉴 守护世遗魂宝：第 44 届世界遗产大会综述［EB/OL］. 中国政府网. 2021-08-02.

（感），又或者是指个人受其所属的群体或文化影响，而对该群体或文化产生的认同感。无锡的工业遗产大都和纺织、面粉等轻工业相关，清名桥的原住民家庭，绝大部分的人家是从事和纺织业相关的工作，以永泰缫丝厂为例，在其鼎盛时期，员工达到二万多人。在振兴丝厂、大福纺织公司等厂房的基础上改建而成的 N1955 创意园，其工业遗产是无锡很多家庭的集体记忆，可以在无锡几代人之间产生广泛的社会情感，对凝聚社会力量，宣传无锡地域文化具有重要意义。然而通过实地调查发现，N1955 创意园内入驻的企业主要是饭店、小吃店、儿童摄影店等，整个园区除了老建筑倔强地显示其历史外，其他所有的内容和其他商业圈没什么区别，工业遗产的教育意义淹没在市井烟火中。

在无锡运河沿线的工业遗产中，吴文化和运河文化中的开拓创新、敢为人先、开放包容、仁爱奉献等内核是其根基所在。这些精神是地域文化认同的基础。而文化认同可以在文化景观中得到有形展示。"每一个成熟的国家都拥有其象征性的景观。这些景观是国家的代表形象，是将一个民族凝聚在一起的共同观念与记忆集合的组成部分。"（Meinig，1979：164）无锡城市的工业遗产，不仅是简单的改造再利用问题，而是如何在再利用中呈现吴文化和运河文化核心思想的问题，这些思想既是对地域文化的传承发展，也是对无锡人民，特别是数量庞大的企业家的精神价值引导和精神培育。

工业遗产的利用，不仅仅是对其物质载体的改造再利用，也是对其蕴含的精神价值的时代发展。目前工业遗产的呈现，主要还是停留于对其形式的传承与利用，而对其内涵价值挖掘极其有限，这导致被改造的工业遗产仅仅成为饭店、茶馆等的历史外衣。

文化创意园精神消费引领不足。2008 年，联合国贸易和发展会议发布了第一个《2008 创意经济报告：创意经济评估的挑战 面向科学合理的决策》。创意经济是用以描述创意产业经济价值的概念，与创意产业的关联性极其密切。"创意产业则是一种政府推动城市复兴和重生的政策，一种推动经济结构调整和发展方式转型的模式。它强调以精神消费引导经济变革、以科技创新和文化艺术创意驱动经济发展。"① 创意经济属于一种经济形态，其重要特点是对工业文明的改造，特别是对工业遗产的改造，尽力消解在工业文明发展过程中，对资源和环境的破坏，努力促进人类社会的可持续发展。创意经

---

① 胡惠林．文化经济学：第 2 版［M］．北京：清华大学出版社，2014：35.

济的崛起，代表了新经济文明时代的到来。1998 年，英国在全球最早提出"创意产业"的概念，也是世界上第一个政府出台政策推动创意产业发展的国家。其创意产业具体包括出版、电视和广播、电影和录像、电子游戏、时尚设计、软件和计算机服务、设计、音乐、广告、建筑设计、表演艺术、艺术和古玩、工艺 13 个子行业，是英国经济中增长速度最快的一个产业。发展创意经济已经成为发达国家可持续发展的重要国策，也是发展中国家和欠发达国家、地区全面发展的重要选项。

无锡运河边的文化创意园，是对工业遗产改造的场所，是为创意产业提供的特殊平台，旨在通过特殊的场所，促进创意产业对文化经济的引导，实现经济增长和发展方式的根本性转变。但从目前进驻文化创意产业园的企业来看，餐饮业所占比重最大，如 N1955 南下塘文化创意产业园，餐饮企业比重占到三分之二，与文化相关的只有三分之一，且集中在英语培训、人像摄影方面。在大运河文化公园，除书画馆、展览馆、音乐馆之外，几乎是餐饮企业的天下，文化公园几乎变成餐饮公园。于是，来运河公园的人群主要是就餐喝茶的，或者是休闲散步的，书画馆、展览馆、音乐馆门前常常是"门前冷落鞍马稀"。北仓门艺术中心创意园相对于前两者而言，主要入驻的是文化艺术公司，从事的是国学、美术、绘画、设计等方面的业务，当然，餐饮企业也未能避免。创意园里聚集了大量的餐饮企业，与建设创意园的本意不符，而那些与文化创意相关的文化企业，几乎没有在创意设计、精神消费方面起到引领作用。当然，这不是仅在无锡才有的问题，而是全国普遍存在的问题，但无锡作为苏南地区经济发达、文化底蕴深厚的城市，应该借助已有的创意园，在创意产业领域走出自己的特色道路，使工业文化遗产蕴含的历史价值在新时代以新的方式引领无锡经济、文化的高质量发展。

三、大运河国家文化公园建设的文化性问题

大运河无锡段国家文化公园最集中的地段就是清名桥和惠山古镇核心展示园。以古运河为中心的清名桥展示园已有详细论述，这里要重点分析惠山古镇核心区的"运味"及其存在的问题。

惠山古镇是大运河无锡段的明珠，其悠久历史可以追溯到 4 世纪。全长 1350 米的寺塘泾与大运河无锡主航道相连通，山水相连，人文芬芳，运河与惠泉山组合成一幅美丽的山水风景图。江南惠山第一景，龙头泉水潺潺响。古往今来，惠山镇是无锡运河的文化重镇，千百年来，园林、寺庙、祠堂、

书院、诗社散落于惠泉山麓、河塘两岸，出产于此的二泉水、惠泉酒、惠山泥人引来八方来客，千年繁盛。民谣云：过一弯来又一弯，无锡锡山山无锡。过仔龙山到锡山，梁溪溪水水千万。惠山古镇在明清时期是全国重要的"米市""布码头"，素有"食供四方，衣被天下"之称。惠山古镇历史悠久，古迹众多，文化底蕴丰厚，号称无锡历史文化的露天博物馆。其中的惠山老街在 2011 年被列为中国历史文化名街。

惠山古镇是中国祠堂数量最集中的地方，汇集了从唐代一直到民国时期的 118 座古祠堂。这些祠堂风格各异，精彩纷呈。大多是粉墙黛瓦、飞檐斗拱的中式建筑，也有结构明快、琉璃点缀的西式建筑。许多祠堂内楼台亭阁、池塘石桥、假山长廊、绿树掩映，犹如精美绝伦的江南园林。惠山古镇在明清之际形成祠堂群落，归因于无锡因运河发展起来的工商经济。因京杭大运河穿城而过，加之无锡本地水网密集，水运交通十分便利。农业社会，交通便利就有绝对的优势，至清代，无锡已是闻名全国的"米码头""布码头""丝码头""钱码头"。当时与无锡北门有名的米布等商品集散中心的北塘大街、三里桥遥相呼应，紧邻京杭大运河的惠山一带，形成了大米、丝绸、布匹的交易市场及与之配套的钱庄、货栈，一时间四方商贾云集。以徽商为代表的一批外地客商，不仅在惠山街上开铺做生意，而且有人看好惠山风水，定居此。繁华热闹的背后就是对祠堂的修建。在传统社会，祠堂是族人祭祀祖先或先贤的场所，不过，祠堂除了祭祀祖先外，也是族人办理婚、丧、寿、喜等经常之地，此外，族亲们有时为了商议族内的重要事务，也常利用祠堂作为会聚场所。于是，无锡本地人加上外来的定居者，清代惠山古镇所建祠堂达 70 余座，堪称惠山祠堂修建的鼎盛时期。

20 世纪初，随着无锡民族工商业的发展兴盛，惠山古镇修建祠堂再次升温。从事纺织、建筑、面粉等行业的杨氏、荣氏、钱氏等工商名家，为方便聚集四方商贾，在惠山增建了一批行业会馆性质的祠堂，俗称行业祠、会馆祠。这些行业祠、会馆祠不仅使惠山祠堂的数量进一步增加，而且丰富了惠山祠堂的种类和样态。

2006 年，"惠山镇祠堂"被列为全国重点文物保护单位，包括核心祠堂十座。其中，位于锡惠公园的有五座：华孝子祠、至德祠、尤文简公祠、钱武肃王祠、淮湘昭忠祠；属惠山古镇的有五座：陆宣公祠、王武愍公祠、顾洞阳祠、杨延俊祠（留耕草堂）、杨藕芳祠。

目前划定的惠山古镇建设保护范围：东西长 1.7 千米，以黄埠墩和惠山寺为界，南北位于锡山大桥和通惠西路之间，宽 0.8 千米，总面积约 1.03 平方千米。其中，惠山寺至宝善桥之间为核心保护区，面积 0.25 平方千米，锡惠路以东 0.78 平方千米为古镇配套发展区及风貌协调区。其规划布局以古运河惠山浜水街、五里香塍祠堂街（直街）两条水陆风景线为轴线，通向千年古刹惠山寺与天下第二泉的景观核心区。区内有国家、省、市级以上文物保护单位 23 个 44 处，景点名胜 200 多处。著名的景点有良渚锡山先民遗址、战国时春申君饮马处、南北朝时期惠山寺庙园林、唐代天下第二泉、宋代金莲桥、明代古园寄畅园、愚公谷、明代二泉书院和碧山吟社。

惠山古镇不仅祠堂密集，而且园林闻名天下，最有名的莫过于锡惠公园中的寄畅园和天下第二泉。

锡惠公园是锡山和惠山两个公园融合的结果。惠山古称华山、历山、西照山，相传西域僧人惠照曾居此处，故唐以后称惠山。锡山是惠山东峰脉断突起处，《方舆纪要》卷 25 无锡县有载：锡山"亦在县西五里与惠山连麓而别为一峰。相传县之主山也"。中华人民共和国成立之初，无锡开展了群众性荒山造林运动。1950 年以后陆续进行了全面开发、整理，对原有名胜古迹加以保护整修，对于一些祠宇、荒山、洼地着手改造。1952 年，无锡市人民政府在此建锡山公园，筑有百花坛、喷泉、第一茶室、牡丹坞等，修复龙光塔，大规模绿化。1954—1959 年，在惠山古迹区恢复和改建了已经荒废的明代园林——愚公谷，修缮寄畅园，对古老的天下第二泉及其庭院进行了梳理和整修，并在锡山和惠山之间开凿了映山湖，与锡山公园合并，1959 年 10 月 1 日锡惠公园建成开放。为加强园内文物保护工作，经市政府批准，1995 年 2 月 28 日该园启用"锡惠园林文物名胜区"名称，在 2004 年被列入 4A 级旅游景区。

锡惠名胜区有国家、省、市级文物保护单位 18 处，占整个无锡市文物保护单位的 23%。唐宋元明清，从古说到今。区内有明代二泉书院、碧山吟社、点易台；有华孝子祠、钱王祠、顾宪成祠、李纲祠、张中丞庙；有惠山寺、龙光寺、龙光塔、忍草庵等佛教遗迹；还有玉皇殿、头茅峰等道教仙踪，是中国传统儒、释、道三种文化的聚集地。诗书礼乐，晨钟暮鼓。泉流淙淙，松涛阵阵。古柯乔木遍布区内，鸟虫鱼兽出没林泉。名山、名泉、古园、古寺汇集，实为文化昌明、风景优美的首善之地。

寄畅园又名秦园，是大运河无锡段国家文化公园中惠山古镇核心区的核心，位于惠山横街，西倚惠山寺，面积 0.01 平方千米，属于锡惠公园风景区，但又独立成园，是无锡著名的古典园林。寄畅园始建于明代正德至嘉靖年间，系尚书秦金（1467—1544年，字国声，号凤山）购置惠山寺僧房"南隐"建造，名"凤谷行窝"。园中多古木，后依一墩。明嘉靖三十九年（1560年），族孙秦梁与其父，将园修整，凿池筑山，并写有《广池上篇》《山成四首》等诗文。万历二十年（1592年），传至秦燿，秦梁侄儿，中丞秦燿（1544—1604年）被劾罢归，倾注精力改筑凤谷行窝旧园，理荒杂草，变迁陵谷，构列十二景，借王羲之诗意，"取欢仁智乐，寄畅山水阴。清泠涧下濑，历落松竹松"。在万历二十七年（1599年）更名为寄畅园。明末清初，秦园曾被分割。清顺治末康熙初，秦燿曾孙秦藻将其合并，并加以改业，邀请造园名家掇山理水，疏泉立石，园景益胜，名噪大江南北，四方骚人韵士过梁溪必游此园，也引得康熙、乾隆两帝历次南巡，均要光临寄畅园，因此寄畅园对面建有朝房。康熙曾七次游园，赐"品泉""山色溪光"等御书。乾隆共为寄畅园赋诗16首，题写匾额4幅。民国二十六年（1937年），日军侵占无锡，园南部遭到敌机轰炸，多有破坏，此时园内呈无人管理状态。1952年秦存仁代表园董，将寄畅园交给国家。1988年，寄畅园被列为全国重点文物保护单位。园林布局以山池为中心，巧于因借，混合自然，假山又构曲涧，引"二泉"入驻其中有声。其巧妙的借景，高超的叠石，精美的理水，洗练的建筑，在江南园林中别具一格，为山麓别墅园林之典型。从总体上说，寄畅园的成功之处在于它"自然的山，精美的水，凝练的园，古拙的树，巧妙的景"。北京颐和园内的谐趣园、圆明园内的廊然大公（后来也称双鹤斋），均是仿寄畅园而建。

目前，寄畅园属于大运河国家文化公园，是国家5A级旅游景区，太湖国家风景名胜区。

与寄畅园毗邻的惠山寺（现今已属于寄畅园园林的重要景点），距今已有一千五百多年的历史。惠山寺始于南朝刘宋时，司徒右长史湛挺把他的山庄别墅"历山草堂舍"作寺院，名"华山精舍"，此为惠山寺的前身。规模不大，但与南禅寺同属于杜牧笔下的"南朝四百八十寺，多少楼台烟雨中"。到梁大同三年（537年），寺内建大雄宝殿（大同殿），寺名"法云禅院"。唐会昌年间，武宗李炎下令毁天下佛寺，史称"会昌灭佛"，惠山寺亦遭此劫，但很快在大中年间就得到恢复。唐末寓居惠山寺的诗人皮日休有吟"千叶莲花旧有香，半山金刹照方塘"。南宋赵葵有诗曰："古木森森映碧苔，嵯峨楼阁倚天开。山僧不问朝天客，自注冰泉浸野梅。"由于京杭大运河的通航，多少文人墨客，以至帝王将相都喜欢在此下船，在惠山寺逗留。

唐宋时期，惠山寺香火旺盛，寺院范围包括了寄畅园、二泉庭院、愚公谷遗址等在内，鼎盛时有僧舍一千零四十八间。元末寺毁，明初由居住在听松庵的一代高僧普真（性海）住持重建。明清时，惠山寺曾多次重建或重修。从唐朝会昌至清朝同治的千余年间，惠山寺五次遭劫，五次重建。清康熙、乾隆南巡途经无锡时，必去惠山寺礼佛，御赐诗画、匾联、经卷等。清朝咸丰至同治年间，李鸿章的淮湘军曾与太平军在江南一带激战，惠山寺院毁于战火，仅存寺门匾额。后来，李鸿章在惠山寺的废墟上建立了"昭忠祠"，辛亥革命后改为"忠烈祠"，是无锡最大的清代祠堂建筑。民国六年（1917 年），中华佛教总会无锡分会成立，会址设在禅堂不二法门内。2002年，惠山寺庙园林被列为江苏省文物保护单位。2003 年重建惠山寺，于 2004年开放并恢复宗教活动。惠山寺的主要宗教建筑和景物有古华山门、唐佛顶尊胜陀罗尼经幢、宋大白伞盖神咒幢、金刚殿、明香花桥和日月池、天王殿、金莲桥池、乾隆御碑亭、洪武古银杏、听松石床、清砖牌科门头、大雄宝殿、龙眼泉（大同井）、不二法门、罗汉堂、地藏殿、大悲阁、藏经楼等。其中，金莲桥距今 800 多年，建于北宋靖康年间，是目前无锡地区最为古老的三孔石桥梁，因池内种满金莲花而得名。惠山寺内还有一棵树龄 600 多年的古银杏，可算是无锡市区首屈一指的树中老寿星。古银杏北侧是最具有神秘色彩、驰名全国的江南奇石听松石床。石床全长 2 米，宽厚各近 1 米，通体无刀斧痕迹，系天然断裂而成。

经幢是一种特殊的塔，有为建立功德而镌造的陀罗尼经幢，也有为纪念高僧而建的墓幢。惠山寺经幢是现今无锡地区保存最为完好，且年代最为久远的佛教石刻艺术遗珍。南侧的高 6.26 米，共十九级，建于唐乾符三年（876 年），上刻《佛顶尊胜陀罗尼经》。北侧的高 6.22 米，同为十九级，建于北宋熙宁三年（1070 年），上刻《大白伞盖神咒》。两经幢相距 10 米，都系青石质，唐、宋并立，保存完好，为江苏诸寺之最，在全国也实属罕见。惠山寺经幢幢身高大，形体华丽，雕刻精美，显示出晚唐时代的雕刻艺术风格，为研究我国古代佛教艺术和无锡地方历史提供了珍贵的实物资料，1956年 10 月即被公布为江苏省文物保护单位。

惠山寺山门两侧分别有观泉和听松门楼，听松门楼里面（北面）即是二泉书院，而观泉门楼里面（往南）就是天下第二泉。此泉由无锡县令敬澄（字源深）开凿于唐大历十二年（777 年）或前数年间，初名惠山泉或惠山石泉水。该泉经万千松根蓄存和砂岩涤滤，水质清纯甘洌。被奉为"茶圣"

的陆羽曾两度来锡，实地考察惠山泉水，在其《惠山寺记》中写道："此山泉源傍注崖谷下，溉田十余顷。"又述惠山寺前"以备士庶投息之所"的曲水亭："其水九曲，甃以文碛礜，渊沦潒瀴，濯漱移日。"称赞了惠山泉水的丰沛和水景的幽雅。他又评天下宜茶之水二十等，"常州无锡惠山石泉第二"。故名天下第二泉，简称第二泉、二泉，又称陆羽泉、陆子泉。唐代诗人李绅称其为"人间灵液"；宋徽宗钦令建亭护泉，御题"源头活水"，且誉为贡品，月进百坛，开水递之先河；宋高宗南渡下令筑亭护泉；宋代大文豪苏东坡慕名多次来品泉，有"独携天上小团月，来试人间第二泉"的传世诗篇。近代一曲"二泉映月"，闻名遐迩。因泉而建的庭院建筑，始于唐，历代均有增益，至清乾隆年间形成今存完美格局。2006年，"天下第二泉庭院及石刻"被列为全国重点文物保护单位。

2019年，国家提出建设大运河国家文化公园后，惠山古镇核心展示园成为无锡段的大运河国家文化公园，以上所有内容成为国家文化公园的重要组成部分。2020年，无锡率先在此做了大运河国家文化公园标识，惠山古镇核心展示园升级为国家文化公园。

国家文化公园属于我国首提。2017年，我国颁布了《关于实施中华优秀传统文化传承发展工程的意见》，倡导各地区各部门保护传承文化遗产，其中明确提出要"规划建设一批国家文化公园，成为中华文化重要标识"。在《国家"十三五"时期文化发展改革规划纲要》中，明确要"依托长城、大运河、黄帝陵、孔府、卢沟桥等重大历史文化遗产，规划建设一批国家文化公园，形成中华文化重要标识"。

国家文化公园属于新生概念，但从来源上可以看作对国家公园在中国特色社会主义新时代的发展和深化，是国家公园理念与保护传承中国深厚五千年文明相结合的时代创新。

国家公园最早可追溯到美国，其黄石公园可以看作世界上最早的国家公园。之后，在世界各国逐渐建立了属于本国的国家公园。虽然各国对国家公园的内涵各有偏重，且国家公园的概念也在发展中，但根据最权威的IUCN（世界自然保护联盟）的各种观点，我们可以对国家公园有相应的认识维度。

IUCN"国家公园"类别的多重维度

IUCN类别：

定义：

国家公园就是其管理目的主要面向生态系统保护和游憩活动的保护区：

236

它是一片"陆地和/或海洋上的自然区域，其指定目标是①为当代及子孙后代保护一个或多个生态系统的完整性，②排除有悖于该区域指定目的的人类开发与占用，③为精神、科学、教育、游憩活动和游客机会提供基本依托，但所有这些活动必须与环境和文化保持和谐"（IUCN，1994）。

管理目的：

为了精神、科学、教育、游憩或旅游目的，保护具有全国甚至国际性重要意义的自然与风景区；

在尽可能维持自然状态的情况下，永久保护自然地理区域、生物群落、基因和物种资源，并提供生态稳定性和生物多样性服务；为启智、教育、文化和游憩目的管理游客利用，并让该区域维持到自然或接近自然的状态；

消除并在随后防止有悖于指定目的的开发与人类占用；

坚持尊重生态、地貌、宗教和美学特征，以确保当时的指定标准；

考虑原住民的需求，包括其生存经济资源利用，但这些活动不得给其他管理目标带来消极影响。

标准：

该区域应包含主要自然区域、特征或风景的代表性样本，其植物和动物物种，栖息地和地貌遗迹具备特别的精神、科学、教育、游憩和旅游价值。

该区域应面积大，足以包含一个或多个不因当前人类占用或开发而遭遇巨大改观的完整的生态系统。

管理机制：

所有权和管理权通常应置于该国最高级的权能机构，以便有效行使管辖权。当然，也可以把国家公园的管理授权给其他层级的政府、原住民政务理事会、基金会或其他法定机构，但该区域的设置是为了长期的保育事业。

资料来源：根据 IUCN1994 改编。

从以上内容可以看出，国家公园重视对大尺度、大规模的自然生态系统的保护，保护区域可能是繁盛的森林、自然的奇迹，也可能是荒野之地等等。所有这些区域的保护，对维护自然生态系统具有重要意义。当然，其意义不限于生态价值，还可以包括旅游、科研、休憩、审美、教育等方面。从国家治理角度看，国家公园蕴含着强大的民族认同功能，通过国家公园的建设，可以强化民族的认同感，有利于国家治理。

我国提出国家文化公园，是以蕴含中华优秀传统文化和红色革命文化、社会先进文化的大尺度载体为依托的，塑造国家形象，打造中华文明标识的国家级文化公园。由于国家文化公园属于新生概念，学界对其内涵分析处于研究阶段，不过，有些学者对其内涵做了概况，指出国家文化公园至少包括三个层面的内容："首先是强调整合一系列文化遗产后所反映的整体性国家意义；其次是由国民高度认同、能够代表国家形象和中华民族独特精神标识、独一无二的文物和文化资源组成；最后是具有社会公益性，为公众提供了解、体验、感知中国历史和中华文化以及作为社会福利的游憩空间，同时鼓励公众参与其中进行保护和创造。"[①] 可以看出，国家文化公园建设具有国家意义，能够塑造国家形象，突出中华文明特征，同时，也具有科研、审美、教育、游憩等功能，对提升文化自信具有重要现实意义。

国家文化公园与一般的公园相比，除去国家属性外，无论是尺度规模还是管理机制都有明显差别。公园是供公众游览休息的园林，属于公共空间，是政府公共服务的内容之一。《公园设计规范》的公园定义是："公园是供公众游览、观赏、休憩、开展科学文化及锻炼身体等活动，有较完善的设施和良好的绿化环境的公共绿地。"公园规模可大可小，内容或是自然风景，或是人文历史，或是二者兼有，只要表达出具有空间的公共性、内容的可观性就可以确定为公园属性。文化公园在内容上则突出了公园的文化属性，目的是让公众在游览的同时沉浸到一定的文化氛围中，接受文化的熏陶，彰显文化的价值，实现文化的传承。作为国家深入推进的重大文化工程，国家文化公园"是承载国家或国际意义文化资源的重要载体，是传播传承文化、展现文化自信的重要媒介，是筑牢自然或文化生态的重要屏障"[②]。

大运河国家文化公园，是以世界文化遗产大运河为载体而建设的国家级文化公园。其特点有：①地域空间的带状性。大运河文化带是以沿线省市的文化公园为节点，以带状形式把丰富多彩的节点串联为大运河文化带，不仅彰显着大运河文化的大一统属性，也呈现着各具特色的地域文化特色，展示着大运河文化在演进过程中的流动性。②文化载体的复杂性。文化性是国家文化公园的根本特性，但大运河国家文化公园中的文化性是复杂多样的。按照《大运河文化保护利用规划纲要》的内容，大运河文化载体的复杂性首先是历史的叠加性：空间上连通着"河—岸—城"，时间上横跨了"古代—近代—现代"，内容上包括了"传统—红色—先进文化"。③文化内容的丰富

① 王学斌. 什么是国家文化公园［N］. 学习时报，2021-08-16（01）.
② 王克岭. 国家文化公园的理论探索与实践思考［J］. 企业经济，2021，40（04）：5-12，2.

性。国家文化公园与一般的文化公园相比，具有更强烈的文化传承使命感，更要突出文化的历史价值和传承利用的现代意义。历经 2500 多年的中国大运河，不仅与中华民族的历史演进如影相随，而且见证了中华民族的伟大与屈辱，是中华民族的历史见证和文化标识。建设大运河国家文化公园，是大运河文化价值的时代要求，是构筑文化自信厚重肌体的实践要求。"文化实践由各种价值所激发，而且在这一有限的意义上它们可以被称为意识形态实践。"① 大运河文化蕴含的如自强不息、革故鼎新、和合凝一、爱国主义等中华文化基因，是传承中华优秀传统文化、涵养社会主义核心价值观的历史文化资源；是提升文化自信，增强爱国主义情怀的直观文化载体；是展示国家形象，展现中华文明的亮丽名片。④文化和旅游的融合性。"建设国家文化公园符合我国新时期文旅融合发展的趋势，它将成为推动文旅融合的重要载体。"② 大运河文化遗产是祖先留给我们的宝贵财富，既是历史文化资源，又是绿色生态资源，大运河国家文化公园建设必须处理好科学保护与合理利用的现实问题。习近平总书记提出"让文化遗产活起来"，就是要在保护的前提下进行合理利用，做到保护与利用统一。大运河国家文化公园不仅要传承大运河文化，而且要合理利用大运河文化资源，通过国家文化公园形式把大运河文化资源转化为文化旅游资源，通过文旅融合，推动运河沿线城市的高质量发展；同时，还可以改善城市生态，营造场所空间的文化氛围，扩大文化供给，形成内涵丰富、适宜人居的整体环境。

惠山古镇作为无锡段大运河国家文化公园的重要组成部分，文化资源深厚且丰富，但在文化性的表达方面，地方性大于国家性。需要在深刻理解国家文化公园"国家性"和"人民性"的基础上，将区域性的吴文化与民族性的中华文化相结合，从大运河作为中华民族文化标识的高度，挖掘惠山古镇祠堂、园林等物质文化遗产与饮食、手工艺等非物质文化遗产的民族意义，在民族层面彰显运河文化的一体多元性。此外，需进一步扩大文化供给对象，最大限度满足不同层次人们的文化需求，满足人们对美好生活在不同层面的追求和向往。

---

① 马克·J. 史密斯. 文化：再造社会科学 [M]. 张美川，译. 长春：吉林人民出版社，2005：50.

② 范周. 长城国家文化公园怎么建 [N]. 光明日报，2019-10-09（07）.

第四节　运河文化遗产保护实践困境的出路

立足现实问题，以文化遗产学理论和习近平新时代中国特色文化遗产观为指导，要解决大运河无锡段文化遗产保护实践过程中存在的问题，可以从以下六个方面思考：

一、提升大运河公共文化产品的供给规模与供给质量

以"两园三带十五点"的建设成果看，大运河国家文化公园既有博物馆，也有一些琴棋书画类的展览馆，还有名师工作室，它们都是以运河为核心的公共文化场所，其供给的文化产品不仅应具有无锡地方特色，而且更应具有运河特色。但从目前情况看，这些场馆提供的公共文化产品，特别是与运河文化相关的文化产品数量有限，且在质量上与通过展示大运河文化，打造中华文明标识还存在较大差距。需要在现有各种场馆的基础上，挖掘相关运河文化，彰显运河文化的国家性与人民性，突出大运河国家文化公园的时代特色。

积极参与运河文化的宣传。无锡具有深厚的文化底蕴和运河特色，但是在对外宣传方面，运河文化特色并不突出，如在当下的一些运河文化传播展示片中，无锡经常会成为一笔带过或者被忽略的城市。例如，2021年文化和旅游部国际交流与合作局围绕宣传推介大运河文化制作的文化旅游宣传片《运河风味千万家》，该片以运河美食为切入点，从多个角度宣传展示了沿线城市的特色、文化和人们的生活方式，对于展示城市风貌、宣传城市文化、吸引世界游客具有重要意义。无锡的运河美食丰富多样，自然山水风光旖旎，城市建设文明宜居，但在宣传片中却少了无锡的身影。

运河文化，无论是在国内还是国外都是需要弘扬和传播的。它表征的是大运河和无锡发展的历史关系，是中国江南地区在传统社会、新中国建设时期、改革开放时期、习近平新时代中国特色社会主义时期苏南的缩影或典型，蕴含着深厚的历史文化基因及其在当代的传承创新。这些文化基因浸润着无锡的持续发展，推动着中国的开拓创新。在无锡走向世界，中国走向伟大复兴的新时代，无锡需要借助更多的力量，如科技、经济等实力优势，全方面、多维度地展示运河和无锡的关系，进而多方位地促进无锡文旅事业、

文化产业的高质量发展。

二、挖掘利用大运河文化元素，助推文化创意产业发展

文化创意产业是强调一种主体文化或文化因素依靠个人（团队）通过技术、创意和产业化的方式开发、营销知识产权的行业。文化创意产业能够大大促进文化消费，文化消费是人类实现精神心理满足的社会行为。文化旅游属于典型的文化消费。文化消费与文化生产是一对相对存在的概念。大运河是流淌了 2500 多年的活态遗产，大运河文化带既是文化带，又是生态带、旅游带，大运河文化消费从本质上讲，内涵应丰富多彩，形式应多种多样。因此，无锡段的运河文化创意产业园，需要结合自身的创意设计，对大运河文化元素进行挖掘和创造性转化，在此基础上，重塑属于时代特色的大运河艺术作品，以此形成以大运河文化为主题的文化产业。而后，以大运河国家文化公园为平台进行展示或展演，既可以推动城市文化产业的发展，又可以促进运河文化公园的发展。

三、推进大运河国家文化公园数字化展示工程建设

我国在"十四五"规划和 2035 年远景目标纲要中明确提出要"实施文化产业数字化战略"。数字技术将为历史文化遗产保护提供丰富多样的手段和路径。运用数字技术，能以"今"入"古"，让流传千年的古风古意联通历史和当下，实现社会效益和经济效益相统一。在大运河国家公园建设项目中，数字技术已经扮演越来越重要的角色。数字技术（Digital Technology），是一项与电子计算机相伴相生的科学技术，包括区块链、大数据、云计算、人工智能等。它是指借助一定的设备将各种信息，包括图、文、声、像等进行运算、加工、存储、传送、传播、还原的技术。应用数字技术能够大幅提高整体经济效率。它能够打破过去企业和企业之间、个人和个人之间、人和物之间的平面连接，可以建立起立体的、折叠的、交互式的架构。在文化和旅游融合发展的国家公园建设过程中，可以通过 5G 互联网、物联网、大数据、虚拟现实、人工智能等现代科技手段，挖掘、整合、展示无锡段运河两岸的文化遗产和文旅资源，构建集信息汇聚、宣传发布、展示体验、学术研究等功能于一体的服务平台。

无锡应该发挥好互联网技术在文化遗产保护利用中的优势。无锡互联网

技术全国领先。据《无锡市互联网发展状况报告（2021）》显示，无锡先后获批国家车联网先导区、国家信息消费示范城市、国家智慧城市基础设施与智能网联汽车协同发展试点城市。据"清博大数据—清博指数"研究，2020年无锡市微博传播指数最高的政务微博为无锡气象，转发量最高的是无锡市文广旅游局，这说明在新冠肺炎疫情之下，转发美景图成为网友"云旅游"的方式之一。将无锡段运河文化公园美景美图转化为数字技术，无锡拥有独特的优势。

通过数字技术在遗产地的应用，可以大大提高遗产地的旅游收入。随着旅游消费逐渐走向沉浸式、体验式的时代，通过"文化+旅游+科技"方式，实现传统产业创新，构建全新的体验，打造旅游服务新业态，已经成为旅游消费的新形式。在数字创意娱乐产品方面，应用数字技术，将景区的特点和优势相结合，可以吸引更多人进行二次消费。目前社会大力提倡的夜景旅游，更是需要数字技术将遗产地的文化遗产，通过灯光秀等形式活起来。

四、发挥文化遗产审美培育的熏陶渗透作用

美育教育是指培养学生认识美、爱好美和创造美的能力的教育，也称美感教育或审美教育，是全面发展教育不可缺少的组成部分。"美育的根本目的是使人去追求人性的完满，也就是学会体验人生，使自己感受到一个有意味的、有情趣的人生，对人生产生无限的爱恋、无限的喜悦，从而使自己的精神境界得到升华。从这个意义上来理解人的全面发展，才符合美育的根本性质。"① 美育主要包括艺术美、自然美、技术美、旅游美。艺术美，是指各种艺术作品所显现的美。自然美，是指各种自然事物呈现的美，它是社会性与自然性的统一。技术美，是人类活动的精神结晶。旅游美，是游客在旅游活动中创生出来的一种美及美感。无锡运河沿线的物质和非物质文化遗产对于培育学生，以至社会大众的审美能力具有无可比拟的优越条件。如清名桥的艺术美，运河沿线的自然美、生态美，惠山泥人的技术美、艺术美，寄畅园的山水美、文化美，以及整个文化公园的旅游美等。但目前无锡运河文化审美教育的挖掘和应用比较有限，对于游客而言，无论是对物质文化遗产的游览还是对非物质文化遗产的品鉴，基本都流于形式，对文化遗产的价值挖

---

① 邹小华 . 后物欲时代的精神困境与道德教育 ［M］. 南昌：江西人民出版社，2012：198.

掘和阐释有限。在游览参观过程中，游客只能看到一些简单的基本介绍，对其内涵及其承载的文化价值一知半解，导致缺乏参与的主动性和积极性。对于无锡市的学生而言，他们对运河沿线的文化遗产常常是熟知而非真知，老师们能够赋予的审美认识，如寄畅园的山水之美、园林之美同样有限，他们对非物质文化遗产独特魅力的认识与体验也常常浮于表面。无锡拥有的美学资源并没有得到有效发挥，故需要进一步挖掘和呈现运河沿线文化遗产具有的审美价值，发挥其在审美教育上的积极作用，在美育熏陶的同时，激发和鼓励更多的人参与到文化遗产的保护传承事业中。

五、继续优化运河沿线生态环境

　　生态环境是指影响人类生存与发展的水资源、土地资源、生物资源以及气候资源数量与质量的总称，是关系到社会和经济持续发展的复合生态系统。生态环境问题是指人类为其自身生存和发展，在利用和改造自然的过程中，对自然环境破坏和污染所产生的危害人类生存的各种负反馈效应。无锡运河沿线既是遗产保护地、旅游风景线，又是百姓的日常生活聚集地，沿线有大量的商铺和居住小区，而且道路交通四通八达，核心段属于市中心地段，车流量和人流量都很大。市区外的区域因存在工业排污、生活污水、农业排污以及船运危险品污染等情况，从整体上看，沿线污染负荷不容乐观。沿线硬质护岸偏多，水质自净能力受限，近岸缓冲带的过滤净水和保护生物多样性功能较弱。运河生态空间破碎化、空间被挤占的情况突出，环境容量趋紧。大运河两岸绿道系统有待升级规划建设，景观节点和公共设施有待继续优化，对环城运河两岸的生态环境清理需要做到日常化，对位于公园内部的饭店、运河两岸的酒店以及一些企业等需要做进一步限制，运河沿岸的生态风貌需要进一步提升。

六、创新大运河文化带建设的协同管理机制

　　大运河文化带建设是在保护大运河遗产的前提下，对运河沿线的各种资源进行集中组合，将大运河文化带真正建设成璀璨文化带、绿色生态带、缤纷旅游带。大运河文化带建设涉及遗产保护、城乡规划、土地利用、航运水利、环境保护、文化旅游等多部门、多条线，但属地管理、条块分割使多头管理现象在大运河文化带建设过程中问题突出。大运河无锡段沿线的文化资

源权属关系复杂，市区两级分治又增加了协同管理、资源整合等方面的工作难度，跨区域、多部门的协调合作机制、区域协作联动机制、文化交流机制有待形成。长期稳定的多元投入机制和完善的监测平台比较欠缺，共建共享水平有待提高，多元主体参与不够充分。

围绕大运河文化带建设，可以借鉴世界遗产运河的经验，积极推进从市委到市区、从市区到群众的管理体系，实施分区、分级、分类管理。市委要确保各个层次都能够围绕大运河文化带建设形成一个保护管理系统，在系统内进行统筹规划。具体而言，就是无锡市政府在大运河文化带建设系统中要发挥序参量作用，即发挥方向上引导、行动上指导、工作上协调的主导作用，将现有大运河文化带建设的引导机制、指导机制、协调机制日常化、具体化、实体化，引导运河建设与管理的重要事宜，监控运河保护与合理利用，在统筹协调中将大运河文化带建设纳入城市管理体系，保障大运河文化带建设与管理有法可依，稳健发展。

第六章

无锡段运河文化遗产保护利用的前景与展望

大运河无锡段是中国大运河上的"绝版地"，聚集了江南水乡的运河特色；是宣传中国形象、展示中华文明、彰显文化自信的亮丽名片；是建设大运河文化带、生态带、旅游带的样板示范带；是实现文化引领区域协调发展的示范先导段；是提升无锡城市形象和气质的特色资源。在国家政策的引导规划下，在无锡市委、市政府的统筹领导下，大运河无锡段在下一步的文化带建设中必将以高站位、高品位的先导段、示范段、样板段引领运河沿线各省市的大运河文化带建设。

第一节　科学认识大运河文化遗产保护的时代意义

2021 年 7 月，为深入贯彻习近平总书记重要指示批示精神，认真落实《大运河文化保护传承利用规划纲要》和《长城、大运河、长征国家文化公园建设方案》，高水平推进"十四五"时期大运河文化保护传承利用和国家文化公园建设，国家发展改革委牵头会同相关部门编制了《大运河文化保护传承利用"十四五"实施方案》（以下简称《实施方案》）。《实施方案》提出，到 2023 年，大运河相关世界文化自然遗产保护水平迈上新台阶，有条件的河段实现旅游通航，绿色生态廊道初具规模，大运河旅游精品线路和品牌初步创立，大运河国家文化公园建设保护任务基本完成。到 2025 年，大运河沿线各类文化自然遗产保护实现全覆盖，分级分类展示体系基本形成，力争京杭大运河主要河段基本实现正常来水年份有水，绿色生态廊道基本建成，大运河文化和旅游实现深度融合，"千年运河"统一品牌基本形成，大运河国家文化公园成为向世界传播中华文化的重要标志。《实施方案》从四个方面明确了任务：一是要强化文化遗产的保护传承，二是深化生态环境保护，三是要推进运河航运转型提升，四是深入促进文化旅游融合发展。

2021 年 8 月，国家文化公园建设工作领导小组印发《大运河国家文化公园建设保护规划》，要求整合大运河沿线8个省市文物和文化资源，按照"河为线、城为珠、珠串线、线带面"的思路优化总体功能布局，深入阐释大运河文化价值，大力弘扬大运河时代精神，加大管控保护力度，加强主题展示功能，促进文旅融合带动，提升传统利用水平，推进实施重点工程，着力将大运河国家文化公园建设成为新时代宣传中国形象、展示中华文明、彰显文化自信的亮丽名片。

从国家层面不断出台颁布的各种规划可以看出，大运河文化遗产保护对于我国经济社会、文化生态等多个领域具有重要价值，运河沿线省市要以高站位深刻认识新时代保护大运河文化遗产的时代意义。

一、遗产保护利用矛盾的中国答卷

遗产的保护与利用矛盾是自遗产保护以来就存在的世界性难题。我国在城镇化建设过程中，二者的矛盾尤为明显。如何解决我国遗产保护利用的现实问题，如何为世界其他国家提供中国方案，大运河文化带建设将遗产保护与经济建设、文化繁荣、生态建设等融为一体，开辟了一条具有中国特色的遗产保护利用之路。大运河文化带建设质量直接关系到我国遗产保护思想和保护实践在世界各国的话语权问题。沿线省市要以国际视野、中国形象的高标准建设大运河文化带。

二、地理空间上的战略枢纽

中国大运河北起北京通州，南到浙江宁波，将江南、江淮、齐鲁、中原、京津冀地区连接为一个整体。在地理空间上，中国大运河不仅贯通中国腹地，而且两端连接着海上丝绸之路与陆上丝绸之路，气贯长虹地连接了中国南北地区。大运河文化带与当下的"一带一路"、长江经济带、长三角一体化、京津冀地区相互连接，以交点之力串联了中国四大发展战略。大运河文化带建设在地理空间上对促进区域协同发展、实现共同富裕、推动民族复兴有着重要的战略意义。

三、区域协同发展的文化抓手

中国大运河连通的六省二市，无论是经济社会还是政治文化，都存在着事实上的不平衡性。国家共同富裕战略目标的贯彻实施，内在要求沿线省市之间通过区域协同发展实现共同富裕。以大运河文化遗产保护为目标的大运河文化带建设就是以文化建设为引领，促进沿线经济社会共同富裕的有效方式，也是我国以文化引领经济发展方式的探索。

四、民族复兴的文化长廊

文化的产生与地理环境密切相关。大运河贯通中国南北，形成了多元一体的文化形态，其多元性来自地理环境的多样性。大运河文化包含了吴越文化、江淮文化、齐鲁文化、中原文化、京津、燕赵六大文化高地，其中的文化基因、文化精神既是中国文化创新发展的源泉，又是中华民族伟大复兴的文化力量。大运河文化不仅是贯通中国南北的文化长廊，更是凝聚民族精神、提升民族力量的精神源泉。保护大运河文化遗产，就是对中华民族伟大复兴所需的文化力量的保护。

无锡地处长三角腹地，与"一带一路"、长江经济带、长三角一体化国家战略紧密联系；无锡是吴文化的核心，历史上存在共同富裕的文化基因和企业家精神；多年来，无锡经济实力居全国前列，科技发达，文旅产业繁荣。在国家政策的指导下，在充分认识大运河文化遗产保护的时代价值前提下，无锡有能力、有实力、有底气高质量推动大运河文化遗产的保护利用。

第二节　系统整合物质文化遗产资源促进区域协同发展

无锡运河畔的物质文化遗产类型多样，传统文化、工商文化、红色文化、园林景观、河湖景观、江南水乡等遗产应有尽有。不同层面的主管部门都做了相应的保护和开发，规划设计了一系列的遗产利用项目，并取得了明显的成果。但是，基于遗产的条块状分割管理习惯，无锡在遗产资源的整合利用和协同发展方面，需要做进一步探索。

实现资源的整合利用，首先要摸清资源数量与分布的情况，发现不同资源在地理空间、内涵演变、环境资源等方面的关联性，根据远景目标和目前保护利用实际做出可践行的整合利用方式。

一、制定了运河遗产保护利用的长期发展规划

为了能够更好地传承好、利用好大运河文化资源，中共无锡市委办公

室、无锡市人民政府办公室在 2020 年 12 月 31 日关于印发《无锡市大运河文化保护传承利用实施规划》的通知，对大运河无锡段文化带建设做出明确规划。相关内容如下：

规划对象。以大运河无锡段主河道为基础，统筹考虑网状水系特征、遗产资源分布情况，将大运河文化带无锡段划分为核心区和拓展区两个区域。核心区主要包括大运河流经的梁溪区、惠山区、滨湖区、新吴区和无锡经济开发区，拓展区涵盖无锡全市域范围，包括江阴市、宜兴市、锡山区。

适用范围。本规划用于指导大运河无锡段的保护与管理工作，遗产区内的专项规划、详细规划应符合本规划要求。

规划期限。本规划实施期为 2020—2035 年，展望到 2050 年。

到 2025 年，大运河无锡段保护传承利用格局全面形成，核心点段建设全面推进，大运河国家文化公园无锡建设保护区建成并运营。文化遗产资源全面保护，分级分类展示体系初步形成。生态保护格局全面形成，核心监控区内主要污染源和违法建设项目彻底整治，劣 V 类水体全部消除，沿线水清岸绿风貌初步形成。

水系综合利用水平进一步提高，输水灌溉、防洪排涝、高等级航运等多种功能更加完善，绿色宜居的生态空间初步形成。文化旅游基础设施条件有效提升，文化旅游与相关产业深度融合，运河精品旅游线路建设完成。

到 2035 年，传古扬今的文化带、绿色宜居的生态带、享誉中外的旅游带全面建成。大运河文化价值得到深入挖掘，现代化展示体系全面建成。生态网络全面形成，美丽运河与绿色家园和谐共生。文化旅游品牌魅力彰显，新产业、新业态融合发展。文化价值、生态价值、社会价值、经济价值高度统一。

展望到 2050 年，文化遗产焕发新的生机活力、生态环境和谐统一、文旅品牌蜚声中外。无锡运河文化全景展现、运河资源全民共享、运河故事广为传颂、运河精神有力弘扬，将无锡建成闻名海内外的江南运河名城。

二、扩容了无锡地区的运河文化资源①

规划后的大运河无锡段文化带建设范围在原有点和线的基础上，拓展涵

---

① 来源：中共无锡市委办公室，无锡市人民政府办公室关于印发《无锡市大运河文化保护传承利用实施规划》的通知。

盖了无锡全域。其中，全国重点文物保护单位 34 处 52 组：寄畅园、薛福成故居建筑群、鸿山墓群、泰伯庙和墓、惠山古镇祠堂十处、东林书院、昭嗣堂、天下第二泉庭园及石刻、阿炳故居、荣氏梅园、京杭大运河、阖闾城遗址、大窑路窑群遗址、惠山寺经幢、小娄巷建筑群 4 处、无锡县商会旧址、秦邦宪旧居、茂新面粉厂旧址、荡口华氏老义庄、徐霞客故居及晴山堂石刻、佘城遗址、兴国寺塔、适园、黄山炮台旧址、刘氏兄弟故居、国民党江阴要塞司令部旧址、江阴蚕种场、国山碑、骆驼墩遗址、宜兴窑群遗址 6 处、西溪遗址、蜀山窑群、周王庙及碑刻、泆溪徐氏宗祠。

江苏省文物保护单位 74 处 157 组：薛汇东住宅、张中丞庙、倪瓒墓、彭祖墩遗址、秦观墓、惠山镇祠堂群 4 处、无锡县城隍庙旧址、荡口华氏建筑群 6 处、清名桥及沿河建筑 17 处、荣巷近代建筑群 18 处、小娄巷建筑群 18 处、陆定一故居、无锡县图书馆旧址、钱锺书故居、蠡园及渔庄、姚桐斌故居、惠山寺庙园林（第三批惠山寺金莲桥并入）、二泉书院（第四批点易台铭四面碑并入）、大浮秦氏墓群、秦金墓、无锡县学旧址、植福庵、三公祠、扬名大桥、安阳书院旧址、三里桥天主堂、祝大椿故居、锡金公园旧址、孙冶方故居、薛暮桥故居、永泰丝厂旧址（含薛南溟旧居）、北仓门蚕丝仓库、荣德生旧居、鼋头渚近代园林（第五批横云山庄七十二峰山馆并入）7 处、宛山石塔、陆氏宅（陆定一祖居）、李金镛宅、蔡鸿生旧宅、顾毓琇故居、缪公馆、宝界桥、春雷造船厂船坞、惠山泥人厂旧址、张闻天旧居、太湖工人疗养院、华学士坊、陆墟桥、新四军第六师师部旧址、匡村中学旧址、华圻小学旧址、西漳蚕种场旧址、开原寺及汉藏佛学院旧址、圣公会十字堂、心经碑、江阴文庙、祁头山遗址、澄运河南北新桥、私立尚仁初级商科职业学校旧址、广济古泉、高城墩遗址、紫金桥、太平天国王府及壁画、新四军标语、文昌阁、东坡书院、张公洞石刻、宜兴古桥梁 10 处、螺丝墩遗址（螺蛳墩遗址）、龙头岕窑址、龙山紫砂泥矿井 3 处、徐义庄祠、瀛园、周培源故居。

无锡市文物保护单位 359 处 367 组：无锡市革命烈士墓、马山革命烈士纪念碑、黄埠墩、南禅寺妙光塔、保安寺无梁殿、龙光塔、愚公谷旧址、高子止水、忍草庵、秦氏"章庆堂""景福楼"、三㮊老屋——许叔微故居旧址、听松石床、卧云石、竹素园湖石、金匮县衙碑刻、竹炉山房石刻、邵宝墓、梁鸿墓、鸿隐堂、端居堂、同仁堂、周忱祠、玉皇殿（标志牌为"玉皇殿和文昌阁"）、华彦钧墓、荣德生墓、西水仙庙、南水仙庙、秦氏对照厅、秦淮海祠、洞虚宫玉皇殿及古井、尤袤墓、孙继皋墓、高攀龙墓、赵翼墓、二七农民革命军总司令部旧址、天井泉、朝阳禅寺（1988 年公布名为"大觉禅师供养塔"）、崇庆庵、顾宪成墓、徐寿墓、徐建寅故居、鼎昌丝厂旧址、开原寺（仅尊贤堂，其他本体已列为省保）、无锡师范钟楼及述之科学馆、荣宗敬墓、高阳墓、王莘故居、洪口墩遗址、故文台、吴王避暑宫遗址、牛塘龙窑遗址、云居道院遗址、净慧寺旧迹、祥符寺旧迹、首藩方岳坊及锡山驿遗址、荣氏迁锡始祖墓、碧山吟社旧址、新安钱武肃王祠（2003 年公布名为"南草庵"）、黄土塘老街及吴氏旧宅、横山草堂旧址、金匮县城隍庙旧址、侯桐少宰第、兴隆桥、耕读桥、迎龙桥、玉祁新桥、镇塘庵旧址、钓渚渡桥、寨门严子陵先生祠、万寿庵、巡塘桥、孔湾陵墓神道石兽、华察墓前神道石马、安国墓前神道石马、水墩庵生态保护碑、惠山石门摩崖石刻、金匮县张中丞庙戏台、梁塘桥、锡金钱丝两业公所旧址、徐氏义庄旧址、许氏旧宅、陈墅石桥群 3 处、万善桥和梓良桥及沿岸、大成桥、泰伯图书馆旧址、广福寺、宗敬别墅建筑群、纸业公会旧址、公益中学旧址、沈瑞洲故居、冯氏旧宅、钱氏慎修堂（2003 年公布名为"钱同义旧宅"）、陈氏旧宅、王禹卿旧宅、钱松嵒旧居、云蕌园、董欣宾故居、薛福成墓及坟堂屋、袁仁仪（老二）墓、清水洞石窟、王右军洗砚池旧址、蒋重珍故里状元井、太湖七桅罛船、杨氏墓园及祠堂（1986 年公布的"杨令茀墓"并入）、安公洞、安阳山古采石场遗址、支浩明墓、陈墅务本堂、陈墅姚家祠堂、严家桥同济典当行、太平桥、须家米行旧址、甘露薛家商号旧址、甘露华氏堆栈旧址、乐稼桥、资敬观玉皇殿、迎福桥、建宁府会旧址（倪瓒纪念馆）、增善堂旧址、飞虹桥、东陡门桥、马盘顾氏宗祠、前洲余氏祠堂、西漳玫瑰天主堂、礼社师范堂、蓉湖吴氏宗祠、姚湾无名牌坊、谢氏旧宅、郁家大院、张桥、河庄木行旧址、徐梦影故居、怀海义庄、钱氏素书堂、钱公桥、人杰地灵坊、春申涧坊、映山湖坊、藕塘神道石马、谈村中心桥、严家桥春源布庄、严镇公井、唐氏花厅、钱穆旧居、钱伟长旧居、华君武祖居、甘露老洋房、锡西地区烈士陵园、胡氏公立蒙学堂旧址、胡氏积谷仓旧址、界泾圩亭桥、礼社水龙宫、锡南革命烈士陵园、张卓仁旧居、周仲卿、周锡庆旧宅、丁氏景庐、邹氏延寿堂、薛氏亲仁堂、储业公所旧址、无锡县佛学会居士林、胡雨人墓、阳山古桃园、开化方泉古井、雪浪八德龙潭、惠山古泉群、罗汉松、红豆树、中山公园、古紫藤、广福寺重建观音殿记碑、王羲之换鹅碑、倪云林山水石刻、舜过井、胜水桥、夏港万安桥、渡江战役烈士墓、楚春申君黄歇墓、吴王八子墓、陶城遗址、中共江阴市第一次党代会会址、吴焜烈士埋葬处纪念碑、太平军丰功碑亭、梁武堰、周水平烈士墓、马镇大桥、奚佐尧烈士墓、吴季子墓、梁敬帝墓、姬光太子墓、陈毅同志演讲处、曹颖甫故居、三公祠碑刻、南菁书院碑刻、江苏学政节署仪门、墨华榭碑刻、杨名时墓、五云桥、武庙、古酒圣杜仲宁墓、松风亭、曹氏宗祠、苏墅桥、张大烈故居、犀带桥、承先桥、徐霞客墓、青龙桥、凌统墓、桐岐万安桥、双桥、金武祥故居、新桥、南菁书院旧址、巨赞法师故居、唐公祠、利用纱厂水塔、永安桥、广德桥、朱杏南故居、泗州大圣宝塔遗址、八字桥旧址、迎驾码头旧址、砂山石室土墩群、葛氏宗祠、沈氏宗祠、赵氏宗祠、沈家冲祠堂、吴文藻冰心故居、周少梅故居、上官云珠故居、聚奎亭、廉珉轩、夏氏贞节牌坊、吴孝子牌坊、钱土纱业公所、乐群堂（含乡公所）、唐家楼、景云楼、万源布厂、青阳茧行、建业窑与五金厂旧址、黄山标校塔、安乐唐桥、董庄桥、何彦桥、惠济桥、东坡海棠、恩荣坊、孙氏节孝坊、李复墓、补庐、吴仕楠木厅、卢忠肃公祠、南缸窑遗址、化城寺、狄家坟华表、紫云山华表、岳飞衣冠冢及岳霖墓、四方碑、任氏节孝坊、磬山塔陵、张公祠、城隍庙戏楼、中阳桥、归径桥、雪霁桥、施荡桥、大塍桥群 3 处、周氏节孝坊、瞿氏节孝坊、男留灯楼、马氏旧宅、沈氏旧居、新四军一纵纪念地、允济桥、金龙桥及石码头、黄干桥、巷大桥、南草塘桥、西城桥、万园桥、官林桥、镇龙桥、戈庄双桥、培德桥、下裴桥、道古桥群 5 处、祈雨坛、营盘遗址、戴家窑址、黄龙山北坡窑址、黄龙山东坡窑址（东窑、2 号窑、3 号窑）、黄龙山紫砂泥矿井—四号井、新安窑址、李家窑址、台新窑址、周铁城隍庙、静云禅寺、邵氏宗祠、陈氏宗祠、潘氏宗祠、葛氏旧居、鲍氏旧居、路氏节孝坊、沙彦楷故居、顾景舟故居、公立宜兴中学门楼（公立宜兴中学旧址）、升平桥、大塍太平桥、西芳桥、永思桥、后亭桥、施塘桥、凤凰桥、夏芳桥、梅前永兴桥、蒋店（坫）桥、大虞桥、桐梓桥、青龙桥、武昌桥、洋溪桥、见龙桥（现龙桥）、洋塘桥、庄前桥（2016 年将张前桥更名为庄前桥）、新渎永安桥、万安桥、江苏省宜兴陶瓷采购供销社码头、瓦屑山窑址、白塔村窑址、任氏宗祠、湖海楼遗址、渔庄万寿桥、西圩蒋氏宗祠、水北蒋氏宗祠、棠下张氏宗祠、竺西书院、平安桥、永济桥、西荡桥、江家桥、东塘桥、衔哺桥、姚溪桥、裕兰桥、双圩桥、蒋墅桥、范道桥、和桥永宁桥、芳庄水码头、吕公桥、善卷洞石刻（1996 年的"碧鲜庵碑"并入）、闵惠芬故居、贾士毅故居、西桥工学团旧址、中共宜溧县委、宜溧县抗日民主政府办公驻地、三洲实业中学旧址、白泥洗泥场遗址。

三、探索打造无锡段运河文化 IP

明确了无锡全域运河文化遗产的家底，就为运河文化遗产的资源整合奠定了良好的基础。无锡，不仅城市和乡村发展不平衡，就连城区本身发展也存在着明显的不平衡现象。在摸清运河沿线遗产的前提下，以运河沿线遗产为核心，对城镇发展实现区域规划，将点、线、面有机结合为一个整体，通过市区核心段的资源向四面扩散，可以有效推动区域发展一体化，进而可以在无锡全域改善交通设施、提升生态环境，促进乡村振兴，使无锡作为中国宜居城市的依据指标进一步提升。魅力无锡，不仅经济有魅力，文化更有魅力。

梳理整合无锡全域的运河沿线文化遗产，为保持和发扬城市特色奠定了坚实基础。每一个古代城镇都有其自己独特的发展特点，这些特点蕴含在大量的遗产中，无锡"龟背城"的城市格局，就是运河穿城而过、民居依河而建的历史结果。通过资源的整合利用，规划设计考察城市原有的街巷肌理、文脉的历史痕迹、城市的演变历程等文旅路线，将无锡的历史内涵以多样形式呈现出来。

在资源整合中打造无锡运河遗产的 IP。IP 是 Intellectual Property 的缩写。"知识"和"产权"构成 IP 的两大要素，知识是人类通过实践创造的，产权则是一种权利的象征。IP 的知识，不仅具有独特性，而且是通过实践创造出的唯一的物质或精神的产品，它使 IP 变得不可替代；IP 的权力，就是 IP 的所有权、使用权，这些权利的归属决定了 IP 产生价值的主体。

运河遗产的整理记录与入档，为无锡全域进一步挖掘城镇特色，展示城镇历史信息提供了可靠资料，更为旅游景区把历史性故事展示在参观者面前提供了可能性。以无锡全域的运河文化遗产为依据，挖掘无锡段运河的特色 IP。得 IP 者得天下。在明确无锡运河文化 IP 之后，无锡运河文化品牌、无锡运河文化旅游必将在现有成就的基础上，以方向明确、目标一致的发展指向，高质量推进大运河无锡段文化带建设。

第三节　营造体验式场景驱动非物质文化遗产的保护传承

我国非物质文化遗产大多是农业社会的文化凝结，其活动场景与农业社会人们的生产生活方式不可分割。保护和传承非物质文化遗产，需要营造特定的场景，以遗产本身与场景的一体性帮助人们认识非遗的当代价值。

无锡大量的非物质文化遗产是伴随运河及其漕运而产生发展的，它们不仅代表着无锡人的生产生活方式，而且蕴含着中华民族的人文智慧、工匠精神、美学向往、理想追求等，是回望历史、认识当下、走向未来的深厚文化资源。

就如何传承发展非遗，我国相关部门颁布了一系列规划，从国家层面指出了非遗传承的方向和路径。2021 年 6 月，文化和旅游部发布《"十四五"非物质文化遗产保护规划》（以下简称《规划》）。《规划》明确了"十四五"非物质文化遗产保护的总体要求、主要任务和保障措施，系统部署"十四五"时期非遗保护工作。要求"到 2025 年，非遗代表性项目得到有效保护，工作制度科学规范、运行有效，工作体系更加完善，保护传承体系更加健全，创造创新活力进一步激发，人民群众对非遗的认同感、参与感、获得感明显提高，非遗服务当代、造福人民的作用进一步发挥。到 2035 年，非遗得到全面有效保护，传承活力明显增强，工作制度更加成熟、更加完善，传承体系更加健全，保护理念进一步深入人心，国际影响力显著提升，在推动社会经济可持续发展和重大国家战略中的作用更加彰显。"2021 年 8 月 12 日，中共中央办公厅、国务院办公厅印发了《关于进一步加强非物质文化遗产保护工作的意见》（以下简称《意见》），对进一步加强非物质文化遗产保护工作提出意见，在总体要求和主要任务的前提下，进一步要求健全非物质文化遗产保护传承体系，提高非物质文化遗产保护传承水平，加大非物质文化遗产传播普及力度。针对《意见》，文旅部提出了开展社会实践和研学活动，建设一批国家非物质文化遗产传承教育实践基地，要求"引导社会力量参与非遗教育培训，广泛开展社会实践和研学活动，建设一批国家非遗传承教育实践基地"。

非遗传承的重点人群在学校，学校教育是培育非遗传承人的有效场所。2021 年 7 月，中共中央办公厅、国务院办公厅印发《关于进一步减轻义务教育阶段学生作业负担和校外培训负担的意见》（以下简称《意见》）。《意见》指出，要坚持以习近平新时代中国特色社会主义思想为指导，全面贯彻党的教育方针，落实立德树人根本任务，坚持学生为本、回应关切，依法治理、标本兼治，政府主导、多方联动，统筹推进、稳步实施，强化学校教育主阵地作用，深化校外培训机构治理，构建教育良好生态，促进学生全面发展、健康成长。2021 年 8 月，江苏省教育厅、发改委、财政厅、人社厅四部门联合印发《关于全面推进中小学课后服务进一步提升课后服务水平的实施意见》（以下简称《实施意见》），《实施意见》将民间艺人、能工巧匠、非物质文化传承人等具备资质的社会专业人员或志愿服务力量都纳入了国民教育的师资配备，从国家和教育层面为非物质文化遗产传承人的传承工作指明了新的方向。

　　2022 年 2 月 21 日，文化和旅游部办公厅、教育部办公厅、国家文物局办公室联合发布《关于利用文化和旅游资源、文物资源提升青少年精神素养的通知》（以下简称《通知》）。《通知》指出，为进一步整合文化和旅游资源、文物资源，利用学生课后服务时间、节假日和寒暑假，面向青少年开展社会主义先进文化、革命文化和中华优秀传统文化教育，培育广大青少年艰苦奋斗、奋发向上、顽强拼搏的意志品质，丰富青少年文化生活，提升青少年精神素养。

一、非遗传承活动走入校园

　　目前，无锡仅初级中学就有一百多所，所有这些学校为非物质文化遗产等中华优秀传统文化的传承和弘扬提供了广阔的平台。在教育部门的指导下，鼓励学校与当地相关的文旅管理部门建立长效合作机制，支持引导博物馆、爱国主义教育基地、非遗传承人工作室等成为传承中华优秀文化、培养爱国主义情怀的大中小学实践基地，特别是有条件的场所，营造沉浸式体验氛围，让学生们在情景式的学习氛围中感受学习内容，提升情感体验，深化认知。其中，无锡机电高等职业技术学校的"匠心·传承非遗工作坊"被认定为江苏省中小学生职业体验中心。

　　非遗已经走进无锡各高职院校。目前，无锡工艺职业技术学院与中国管理科学院文物艺术品金融及标准化研究所共同牵头成立了全国非遗文化传承职教联盟，汇聚政行校企多方力量，积极培育非遗人才，大力推动非遗创造性转化和创新性发展，为建设社会主义文化强国提供有力的人才支撑，凝聚强大的精神动能。无锡商业职业技术学院将剪纸、留青竹刻、惠山泥人、舞龙、太湖传点五个非遗项目引入校园，为每位收徒授课的无锡非遗传承人设置大师工作室，并拨专款推动这些非遗文化的普及、生根和发芽。太湖创意职业技术学院也将行业大师请进教室，实现工厂化教学。无锡科技职业技术学院则利用学院资源，开设了《吴文化艺术鉴赏》特色文化课程宣传吴地非遗。

江南大学拥有"江苏省非物质文化遗产研究基地"（唯一服饰类汉族服饰类非物质文化遗产研究基地），基地以民间服饰传习馆为研究载体，本着传承汉族民族文化、兼顾文化创新的原则，致力于对汉族民间服饰文化、家纺设计与文化、现代服装工程与技术、服装设计与品牌的开发研究。设有"衣装文化与创意""家纺设计与文化""服装设计与品牌""服装工程与技术"四个研究方向，以服饰文化为研究基础，探讨其中蕴含的历史、社会、心理、美学及物质等方面的含义。基地每年都会对相关非遗传承人进行教学培训，帮助他们更好地认识非遗、传承创新非遗。

随着国家政策的逐步完善成熟，随着非物质文化遗产等中华优秀传统文化在学校传承工作成效的逐渐显现，大运河无锡段的非物质文化遗产等优秀传统文化的保护传承利用实践必将是丰富的、活态的、多元的。在2022年6月国家十部门联合发文推动传统工艺高质量传承发展的引导下，无锡特有的非遗手工业技术将在现有传承发展的基础上得到进一步深化。

二、创设沉浸式非遗体验场所

在旅游产业成为我国乃至全球的重要支柱产业的时代，旅游形式在悄然发生变化，即从传统的对旅游地的观光游览转变为对旅游地的多元体验，体验式旅游将成为旅游发展的未来趋势，并将成为一种新的经济形态。"体验经济是继农业经济、工业经济和服务经济之后的新经济形式。在体验经济时代，随着旅游者旅游经历的日益丰富而多元，旅游消费观念的日益成熟，旅游者对体验的需求日益高涨，他们已不再满足于大众化的旅游产品，更渴望追求个性化、体验化、情感化、休闲化以及美化的旅游经历。"① 对于游客的体验，大概可以从以下六个方面考虑：全时空体验、双时空体验、特质性体验、情感性体验、叙事性体验、双向性体验。惠山古镇核心展示区，在体验

---

① 雷万里. 大型旅游项目策划［M］. 北京：化学工业出版社，2017：135.

旅游方面已经做了很多努力，并取得了明显成效。游客进入惠山古镇，自始至终都会体验到惠山古镇作为地理和人文完美结合的游憩空间感，行走在祠堂中，确实有一种真实和虚拟融合的双时空感觉等。但是，惠山古镇上大量非物质文化遗产店面能够被游客体验到的机会比较少，比如著名的惠山泥人工作室，能提供给游客的只是探头看看而已。深化惠山古镇的旅游体验，需要在非物质文化遗产体验方面进行创新。

目前无锡正在打造惠山古镇二期工程，二期总占地面积82409平方米，规划总建筑面积56598平方米，将启动"舌尖上的无锡""指尖上的无锡"和"耳尖上的无锡"建设工程项目。相比于已开放的一期部分，二期功能区的划分更加明显，将集中给游客带来美食、非遗、音乐等盛宴，同时，还会增加沉浸式互动元素，让游客更有参与感。目前，烧香浜正着力打造"舌尖上的无锡——无锡传统美食体验区"。油而不腻的三凤桥酱排骨、皮薄爽韧的王兴记馄饨、馥郁芳香的玉祁黄酒、晶莹剔透的太湖三白……你能想到的无锡老字号、传统小吃、经典名菜，都会在烧香浜区"群英荟萃"，游客还能现场参与制作，比如想吃惠山油酥，可以跟着大厨一起揉面、起酥。另外，"大白兔"等现代"国潮"美食品牌也将入驻，舌尖体验在这里将会变得丰富起来。

"指尖上的无锡——无锡手工技艺体验区"，将会汇聚无锡非物质文化遗产传承人的现场展示和教学实践。一个漂亮的泥人，一张精致的剪纸，一把原味的紫壶，一段吴语的锡剧等，让游客在观光游览中沉浸其中，体验互动学习的快乐，提升旅游质量，同时培养生活情趣。

"耳尖上的无锡——无锡音乐和实景演出体验区"，将集中打造一条约260米长的"音乐街"。如将《二泉映月》等乐曲和无锡的历史文化、园林文化等融合在一起，通过歌舞表演、舞台变幻、戏曲、音乐与高科技影像技术相结合的互动式情景剧院，唯美的展示出无锡的前世今生。另外，体验区也会致力于发展民族音乐，创办传统文化音乐节。丝竹声声，光影交错，漫步古镇街头，犹如穿越了时光，在历史时光中畅享音乐盛宴。

为了能让游客有更好的体验感，烧香浜还将打造水上游线、夜游项目，在江南水汽蒸腾中，一边品尝佳肴，一边观赏锡山龙光塔的倒影，听着桨橹划过水面的妙音，必是一次难忘的深层次的旅行体验。

唤醒惠山古镇真实和虚拟的游憩资源，以体验式、沉浸式旅游促进惠山古镇核心展示园的升级发展，必将以现实的强大力量激活无锡非物质文化遗产的现实生命力，非物质文化遗产传承人不再仅仅依靠政府的扶持勉强传承非遗，而是依靠非遗本身在合适环境中的强大生命力推动非遗的传承创新。

第四节　创新传承方式用好用活红色文化资源

红色文化是中国共产党领导中国人民在革命战争年代将中华优秀传统文化与马克思主义理论相结合而产生的中国特色文化，表征着伟大的革命精神，崇高的社会理想，坚定的信念追求，是新时代进行爱国主义教育、实现民族伟大复兴的生动教材。我党历来重视红色文化资源在社会主义革命和建设年代的积极作用。习近平总书记指出："红色文化资源是我们党的宝贵精神财富，红色基因是共产党人的精神内核。""共和国是红色的，不能淡化这个颜色。"2021年5月16日，《求是》杂志发表习近平总书记重要文章《用好红色资源，传承好红色基因，把红色江山世世代代传下去》。文章指出，要在党史学习教育中做到学史明理，明理是增信、崇德、力行的前提。要从党的辉煌成就、艰辛历程、历史经验、优良传统中深刻领悟中国共产党为什么能、马克思主义为什么行、中国特色社会主义为什么好等道理，弄清楚其中的历史逻辑、理论逻辑、实践逻辑。要运用红色资源，教育引导广大党员、干部坚定理想信仰，增强"四个意识"、坚定"四个自信"、做到"两个维护"。文章强调，革命博物馆、纪念馆、党史馆、烈士陵园等是党和国家红色基因库。要把红色资源作为坚定理想信念、加强党性修养的生动教材，讲好党的故事、革命的故事、根据地的故事、英雄和烈士的故事，加强革命传统教育、爱国主义教育、青少年思想道德教育，把红色基因传承好，确保红色江山永不变色。

2021年7月，为深入贯彻落实习近平总书记关于革命文物工作和高校思想政治工作重要论述精神，用好红色资源、赓续红色血脉，国家文物局、教育部联合印发文件，全面部署充分运用革命文物资源加强新时代高校思想政治工作。文件要求，各级教育主管部门、高校以及各级文物主管部门、革命博物馆纪念馆、革命旧址保护管理机构（以下简称"革命场馆"）要坚持政治引领、传史育人、守正创新原则，推进革命文物资源深度融入高校思想政治教育、日常教育体系、师德师风建设和校园文化塑造，推进党史学习教育、"四史"宣传教育在高校广泛覆盖、落地生根，增强高校思想政治工作的感染力、说服力、吸引力，让红色基因、革命薪火代代相传。

一、推动运河沿线红色文化资源与高校思政教育相结合

无锡运河两岸遗存有很多红色文化资源，是新时代赓续红色血脉的重要载体，是新时代高校思想政治课程创新教学内容和教学方式的宝贵资源，是革命文物资源走进高校思政教室的有效资源。2020 年，无锡开展了党史教育进校园系列活动。活动通过举办"校园红色故事宣讲会"、开展"大手牵小手——重走红色之路"主题活动、"云参观"无锡市党史教育基地、举办校园红色故事情景剧、设立"红色阅读角"五项活动，旨在把地方党史教育与思想政治教育、校园文化建设结合起来，全方位、多渠道在全市青少年学生中开展党史知识教育和革命传统教育，以激励引导无锡青少年学生了解党的光辉历史、传承党的红色基因、弘扬党的优良传统，以史励志、以史铸魂，刻苦学习，增强本领，为实现中华民族伟大复兴的中国梦不懈奋斗。

红色文化资源需要走进高校融入"大思政课"中。无锡市相关文保单位和无锡所有的高校应相互携手，支持高校推进革命文物理论体系和教学体系建设，围绕革命文物开展跨学科研究。支持革命场馆与高校共建协同研究中心、特色新型智库。同时，相关部门可共同联合，组织开发"纪念馆里的思政课"，支持开展现场教学等活动。支持推动高校教师特别是思政课教师赴场馆进行培训研习、联合科研等。在把运河两岸的革命文物资源禀赋创造性转化为高校思想政治教育教学优质资源的同时，从根本上推进运河文化遗产的保护传承利用。

二、协同打造沿运红色文化精品路线

与运河线路叠加，打造沿运红色文化精品路线。无锡众多的红色资源，分布在运河沿线，与运河遗产相互融合叠加。为了大力挖掘红色资源和红色文化故事，特别是与运河文化遗产叠加的历史文化资源，使红色文化和运河文化相互映衬，共同塑造沿运红色文化精品路线。无锡市在清名桥街区已经打造了一批红色地标，实现了运河文化和红色文化的相互融合。为庆祝中国共产党成立 100 周年，无锡还以南长街古运河为中心，专门打造了"古运河红色专线"，为进一步探索运河沿线的红色文化精品路线奠定了良好基础。

在此基础上，可以在古运河环城水上巴士线路上打造红色地标，实现水

上红色游精品路线。无锡水上巴士是继公共汽车、出租车、地铁后的第四套公交系统，兼具城市公交和旅游观光双重功能。水上巴士全程都行进在古运河上，是按照"河为线、城为珠、珠串线、线带面"思路的具体实践。古运河环城水上巴士线路也有红色文化遗产点，这些遗产点需要和水上巴士站点相结合，在环城观光中增添红色力量。

三、促进红色文化与运河文化创意产品深度融合

2021 年 9 月，文化和旅游部、中央宣传部、国家发展改革委、财政部、人力资源社会保障部、市场监管总局、国家文物局、国家知识产权局共同印发了《关于进一步推动文化文物单位文化创意产品开发的若干措施》的通知，提出为了推动中华优秀传统文化创造性转化、创新性发展，培育和弘扬社会主义核心价值观，建设社会主义文化强国，要求各文化文物单位要加强文化创意产品开发工作，使文化创意产品成为广大人民群众感悟中华文化、增强文化自信的重要载体。具体到增强文化创意产品开发主体活力方面，要求加强市场主体培育扶持，搭建展示推广和交易平台，提升文化创意产品开发科技应用水平，推动旅游商品提质升级。

无锡运河两岸，运河文化和红色文化资源既丰富又集中，加以沿线众多的文化创意园，为培育一批文化创意产品开发提供了良好的物质基础。各类行业展会、商品博览会等平台，为展示推介优秀文化创意产品提供了现实可能性。目前，京东等电子商务平台已经推出了非遗产品，这为文化创意产品的推广提供了广阔平台。无锡被称为中国物联网产业的"首航之城"，为加强大数据、物联网、人工智能等技术在文化创意产品开发领域的应用提供了技术支持。推动文创产品的发展，就政府方面而言，需要出台相关的政策，大力引导和支持文化文物单位创新利用虚拟现实、增强现实、全息成像、裸眼三维图形显示（裸眼 3D）、交互娱乐引擎开发、文化资源数字化处理、互动影视等技术，以此增强文化创意产品的文化承载力、展现力和传播力。在此基础上，深入推进"创意进景区"模式，鼓励文创单位以创意设计提升旅游商品价值，扩大文创产品的消费范围和消费对象。此外，鼓励个体经营者在科技引领下，以数字化生产、网络化传播、个性化消费等方式，推动红色文化与运河文化深度融合，使更多的优秀红色文创产品"火"起来，使更多红色文化资源"活"起来。

第五节 挖掘建构遗产价值打造无锡特色样本

结合"十四五"规划，无锡市已经出台《无锡市大运河文化保护传承利用实施规划》，结合国土空间规划修编，完善《大运河（无锡段）遗产保护规划（2010—2030年）》和《无锡市古运河风光带沿线城市设计》。大运河无锡段作为南方城区段运河的典型代表，其保护传承利用工作需要以高站位和大格局，建设一条与大运河无锡段历史地位相匹配的运河文化带。一要塑造无锡作为吴文化和近代工商文化的发源地形象，凸显文化影响力，提升文化凝聚力。二是要结合无锡经济发展实际，把大运河文化带建设与文化经济产业相融合，提升无锡经济的内在动力，推动经济发展的绿色转型。三是要秉持大运河江苏段文化带建设的高战略和高眼光，持之以恒坚持"高品位的文化长廊、高颜值的生态长廊、高水平的旅游长廊"的建设目标。未来大运河无锡段无论是在保护理念、传承手段、利用方式上，都应该是大运河文化带建设中的先导段、示范段、样板段。

无锡样本是无锡在运河沿线树立的保护运河的榜样，它既来自无锡保护管理的不断创新，也来自对无锡运河遗产价值的不断挖掘和利用。在持续不断的保护实践中，无锡以运河遗产特色为抓手，结合本地管理实际，以突出的保护实践成效展示于公众面前。

一、统筹规划与片区细化结合

针对无锡段运河的生态问题，在无锡市委、市政府统筹规划指导下，提出到2025年，无锡运河沿线水清岸绿风貌初步形成，大运河无锡段生态保护格局全面形成。为了保证目标的实现，在梁溪区、惠山区、新吴区等运河沿线板块，已经为辖区内大运河文化带的规划保护"划重点"：惠山区围绕京杭大运河惠山段，按照河道管理范围线10米的要求，开展对锡西大桥、洛社大桥等重要节点的环境提升打造，加快实施江南运河主题公园建设；梁溪区审议通过了《2021年梁溪区大运河文化带和国家文化公园建设工作要点》，将进一步整合资源、闭合成环，加快打通大运河和古运河的连接，实现"两河"功能互补；新吴区严格对照市"美丽河湖"三年行动实施意见，设立了大运河文化发展建设有限公司，以"一盘棋"的工作格局扣紧责任链条，全面推进河湖环境集中整治提升。

二、持续擦亮运河文旅"无锡牌"

新时代下的大运河，已经成为无锡城市发展的重要空间轴。为建设传古扬今的文化带，无锡布局"两园三带十五点"，全方位立体展现运河的独特风华。随着大运河国家文化公园建设的加快推进，大运河文化带无锡段的建设也持续加速：2021年上半年，贺弄、圣塘里等文化街区，锡钢浜1号厂房等城市更新项目"组团亮相"，为挖掘遗产价值、讲述运河故事、塑造运河地标、链接当下生活再添新动能；江南古运河旅游度假区正加紧编制《无锡江南古运河旅游度假区创建国家级旅游度假区提升规划》，将从生态度假、休闲观光、城市庆典、艺术集群、品质居住等多重功能入手，实现运河空间的再提升；钱绍武艺术中心、羊腰湾古运河慢行桥、接官亭老字号产业园等运河重点项目开始规划实施……可以预见，在古运河与无锡城的交融共生中，这条流动着的千年文脉，必将以更加生动而多姿的面貌展现在我们眼前。

此外，无锡还将以大运河国家文化公园为纽带，开展大遗址保护的总体规划修编，坚持大遗址保护与遗址公园、博物馆建设相结合，在鸿山国家考古遗址公园、阖闾城国家考古遗址公园建设的基础上，打造文旅融合的大遗址保护利用范本。同时，创新"互联网+大运河遗产"展示模式，大运河综合博物馆群、大运河沿线非遗传承人研修研习基地都将与沿线景区景点结合，以联动方式深度擦亮无锡文旅融合的"运河牌"。

结　语

　　遗产是事实的存在，但遗产又是选择的结果。文化遗产是文化和遗产的融合，强调了遗产的文化属性，文化遗产的价值不可避免地带有社会建构性。其中，人是文化遗产的灵魂，文化遗产的价值建构是以人为中心的。人的需求是丰富的，也是不断变化的，文化遗产的价值也不是固定不变的，文化遗产的价值总是在行动中产生的。无锡在大运河文化带建设和长三角一体化进程的行动中，将会不断赋予大运河文化遗产价值新的认识，价值的持续性挖掘和阐释，必将不断提升对大运河文化遗产的保护传承利用。

　　价值判断在主客体之间产生，遗产价值判断的主体是现实的、生活于当下的人。文化遗产价值判断中的主体既包括专家学者，也包括外来游客，更包括当地百姓，文化遗产的价值应该是政府、学者、社会大众共同参与协商的结果。无锡作为一个文化底蕴深、经济水平高、旅游市场大、民众受教育程度高的江南城市，可以率先在全国走出一条多主体协商价值的新路来，以此实现国家倡导和政府引导下的多主体共同保护文化遗产的社会目标，进而以无锡样本推动大运河文化带建设的高质量发展。

参考文献

[1] 郦道元. 水经注：济水 [M]. 北京：中华书局，2009.

[2] 房玄龄. 晋书：卷三七~卷八一 [M]. 长春：吉林人民出版社，1995.

[3] 袁康. 越绝书 [M]. 上海：商务印书馆，1937.

[4] 左丘明. 左传 [M]. 蒋冀骋，点校. 长沙：岳麓书社，2006.

[5] 吴玉贵，华飞. 四库全书精品文存：第 1 卷 [M]. 北京：团结出版社，1997.

[6] 欧阳修. 百衲本二十四史：新唐书 7 [M]. 北京：商务印书馆，1936.

[7] 吴自牧. 梦梁录：第 20 卷 [M]. 杭州：浙江人民出版社，1980.

[8] 班固. 汉书 [M]. 赵一生，点校. 杭州：浙江古籍出版社，2000.

[9] 司马迁. 史记 [M]. 长沙：岳麓书社，1988.

[10] 司马光. 资治通鉴 [M]. 北京：古籍出版社，1956.

[11] 周礼 [M]. 陈戍国，点校. 长沙：岳麓书社，1989.

[12] 萧子显. 南齐书：卷一~卷五九 [M]. 陈苏镇，等点标. 长春：吉林人民出版社，1995.

[13] 杨守敬. 水经注疏卷 [M]. 南京：江苏古籍出版社，1989.

[14] 司马光. 资治通鉴 [M]. 太原：三晋出版社，2008.

[15] 裴大中，倪咸生，秦缃业，等. 光绪无锡金匮县志 [M] // 卞惠兴. 中国地方志集成：江苏府县志辑24. 南京：江苏古籍出版社，1991.

[16] 陈延恩，金咸，李兆洛，等. 无锡文库：第一辑 [M]. 南京：凤凰出版社，2011.

[17] 张国维. 吴中水利全书 [M]. 南京：广陵书社，2006.

[18] 徐永言. 无锡文库. 第一辑 [M]. 南京：凤凰出版社，2011.

[19] 王仁辅，等. 无锡文库. 第一辑 [M]. 南京：凤凰出版社，2012.

[20] 胡阿祥. 宋书州郡志汇释 [M]. 合肥：安徽教育出版社，2006.

[21] 联合国教科文组织世界遗产中心，国际古迹遗址理事会，国际文物保护与修复研究中心，等. 国际文化遗产保护文件选编 [M]. 北京：文物出版社，2007.

[22] 姚汉源. 中国水利史纲要 [M]. 北京：水利电力出版社，1987.

[23] 无锡纺织工业协会. 无锡纺织志 [M]. 南京：无锡纺织工业局，1978.

[24] 无锡县志编委会. 无锡县志 [M]. 上海：上海社会科学出版社，1994.

[25] 无锡市政协学习史料委员会. 古运河的呼唤 [M]. 南京：无锡文史资料编辑室，1999.

[26] 郁有满. 无锡运河志 [M]. 西安：西安地图出版社，2008.

[27] 沈锡良，邹百青. 无锡运河记忆 [M]. 苏州：古吴轩出版社，2009.

[28] 宗菊如，周解清. 无锡通史 [M]. 南京：江苏人民出版社，2003.

[29] 顾一群. 运河名城：无锡 [M]. 苏州：古吴轩出版社，2008.

[30] 陈璧显. 中国大运河史 [M]. 南京：中华书局，2001.

[31] 安作璋. 中国运河文化史 [M]. 济南：山东教育出版社，2006.

[32] 蔡桂林. 千古大运河 [M]. 北京：文化艺术出版社，2007.

[33] 嵇果煌. 中国三千年运河史 [M]. 北京：中国大百科全书出版社，2008.

[34] 于海广，王巨山. 中国文化遗产保护概论 [M]. 济南：山东大学出版社，2008.

[35] 王立人. 吴文化与工商文化 [M]. 南京：凤凰出版社，2008.

[36] 刘士林，耿波，李正爱，等. 大运河城市群叙事 [M]. 沈阳：辽宁人民出版社，2008.

[37] 王文章，喻湘涟，王南仙. 手捏戏文：惠山泥人世家喻湘涟王南仙口述史 [M]. 王连海，整理. 北京：中央编译出版社，2010.

[38] 王剑. 无锡文库：第二辑 [M]. 南京：凤凰出版社，2012.

[39] 张文珺. 惠山泥人 [M]. 南京：江苏人民出版社，2014.

[40] 吴多兴. 姬吴史踪 [M]. 北京：五洲传播出版社，2016.

[41] 政协无锡市梁溪区委员会. 梁溪区文物古迹集 [M]. 苏州：古吴轩出版社，2018.

［42］张强．江苏运河文化遗存调查与研究［M］．南京：江苏人民出版社，2016.

［43］江苏省地方志编纂委员会．江苏省志：水利志［M］．南京：江苏凤凰教育出版社，2017.

［44］陈建强，马旭明，任宝龙．无锡文物考释［M］．苏州：古吴轩出版社，2017.

［45］彭兆荣．文化遗产学十讲［M］．昆明：云南教育出版社，2012.

［46］曹兵武．文物与文化：曹兵武文化遗产学论集［M］．北京：故宫出版社．2013.

［47］谭徐明，王英华，李云鹏．中国大运河遗产构成及价值评估［M］．北京：中国水利水电出版社，2012.

［48］俞孔坚，等．京杭大运河国家遗产与生态廊道［M］．北京：北京大学出版社，2012.

［49］朱偰．中国运河史料选辑［M］．南京：江苏人民出版社，2017.

［50］何一民．从农业时代到工业时代：中国城市发展研究［M］．成都：四川出版集团巴蜀书社，2009.

［51］沃里克·弗罗斯特，C.迈克尔·霍尔．旅游与国家公园：发展、历史与演进的国际视野［M］．王连勇，译．北京：商务印书馆，2014.

［52］胡惠林．文化经济学：第2版［M］．北京：清华大学出版社，2014.

［53］雷万里．大型旅游项目策划［M］．北京：化学工业出版社，2016.

［54］邹逸麟．舟楫往来通南北：中国大运河［M］．南京：江苏凤凰科学技术出版社，2018.

［55］单霁翔．城市化发展与文化遗产保护［M］．天津：天津大学出版社，2019.

［56］单霁翔．大运河漂来紫禁城［M］．北京：中国大百科全书出版社，2020.

［57］张崇．因时随事：遗产实践话语建构的中国范式［M］．杭州：浙江大学出版社，2019.

［58］张翠英．大运河文化［M］．北京：首都经济贸易大学出版社，2019.

［59］《京杭大运河光影实录》编委会．京杭大运河光影实录：江苏卷［M］．北京：北京美术摄影出版社，2019.

［60］郭王．遇见无锡［M］．南京：译林出版社，2019.

[61] 沙无垢. 无锡园林十二章 [M]. 北京：中国建筑工业出版社，2019.

[62] 朱震峻. 中国无锡近代园林 [M]. 北京：中国建筑工业出版社，2019.

[63] 杜晓帆. 文化遗产价值论探微：人是文化遗产的灵魂 [M]. 北京：知识产权出版社，2020.

[64] 劳拉·简·史密斯. 遗产利用 [M]. 苏小燕，张朝枝，译. 北京：科学出版社，2020.

[65] 刘保山. 走向新遗产 [M]. 北京：中国建材工业出版社，2020.

[66] 汪春劼. 无锡：一座江南水城的百年回望 [M]. 上海：同济大学出版社，2018.

[67] 王云霞. 文化遗产的概念与分类探析 [J]. 理论月刊，2010 (11).

[68] 王健. 大运河文化遗产的分层保护与发展 [J]. 江阴工学院学报，2008，17 (2).

[69] 朱震峻，严晨怡，王欣，等. 论无锡近代园林的历史地位 [J]. 中国园林，2017，33 (10).

[70] 陈曦. 无锡近代工商文化及其精神特质研究 [J]. 无锡职业技术学院学报，2018，17 (06).

[71] 李海阳. 无锡近代工业遗产追踪 [J]. 休闲读品（天下），2018 (03).

[72] 项东红. 论无锡惠山泥人文化的传承与发展 [J]. 文化创新比较研究，2019 (10).

[73] 陈娅，朱蓉. 惠山古镇祠堂园林设计特色解读 [J]. 设计，2021，34 (03).

[74] 连冬花，李敏. 长三角一体化背景下无锡段运河文化遗产的时代价值 [J]. 江南论坛，2022 (02).

[75] 何恬. 江南古典园林中的绘画美：以寄畅园为例 [D]. 南京：江南大学，2001.

[76] 霍艳虹. 基于"文化基因"视角的京杭大运河水文化遗产保护研究 [D]. 天津：天津大学，2017.

后 记

听说大运河，是在中国大运河申遗成功不久的 2014 年 10 月中下旬。当时的笔者，正处于学术研究的瓶颈期，努力在科技哲学领域探求适合笔者在江南大学的研究方向。大运河是一项水利工程，且学校所在的无锡就是一座运河穿城而过的城市，从工程哲学角度研究大运河应该具有可行性。当笔者真正接触并研究大运河时，发现从文化学，特别是文化遗产学角度研究大运河文化遗产更具有现实针对性。于是，获得科技哲学博士学位，在马克思主义学院从事马克思主义理论教学工作的笔者，转向对文化遗产学与大运河文化遗产保护的研究。学术研究偏离马克思主义学院要求的轨道，不时地被领导提醒要注意研究成果的学科属性。鉴于硕士的论文指导方向，因此笔者必须在马克思主义理论学科范围内从事大运河文化遗产保护研究，于是，如何将大运河文化遗产保护与马克思主义理论相结合就成为笔者必须思考的现实问题，这是一个艰辛而缓慢的探索过程。

2019 年，中共中央办公厅、国务院办公厅印发《大运河文化保护传承利用规划纲要》，对大运河文化的保护传承利用提出了明确要求，2019 年 9 月 11 日，在江苏省大运河文化带建设研究院的指导下，无锡大运河文化带建设研究院在江南大学成立。作为大运河遗产保护与文旅融合研究中心负责人，需要为研究院做些实实在在有利于大运河无锡段文化遗产保护利用的事，于是，在四年多学术研究积累的基础上，该书便孕育而生。

该书的写作过程，是一个不断得到帮助和鼓励的过程。在写作初期，得到曾任研究院副院长、现任江南大学社科处处长王建华教授的鼓励；在写作过程中，得到市委宣传部谢记科、梁溪区委宣传部陈从广、梁溪区作家协会阮夕清等同志提供的资料与线索；在即将付梓之际，得到江南大学党委书记朱庆葆教授的关心，以及江南大学马克思主义学院院长、江南文化研究院、无锡大运河文化带建设研究院执行院长刘焕明教授的大力支持，同时，也得到《江南论坛》范达主审对该书的关注和支持。

　　该书的完稿，是师生合力的结果。感谢江南大学人文学院的罗静、商学院的张晴同学对该书第一章、第三章资料的收集整理工作，感谢崔贤、武梦美、李丽芳对该书出版付出的辛苦。

　　《大运河无锡段文化遗产及其保护实践》的出版，只是将大运河文化遗产保护与马克思主义理论相结合过程中迈出的一小步，其中难免存在不妥之处，诚恳地欢迎大家批评指正，以便笔者能在这条探索的道路上继续勇敢地走下去。

2022 年 7 月 15 日于江南大学蠡湖家园